古代中国文化讲义

葛兆光 著

人民文学出版社

著作权合同登记号 图字 01-2022-3577

著作财产权人：© 三民书局股份有限公司
本著作中文简体字版由三民书局股份有限公司许可上海九久读书人文化实业有限公司在中国大陆地区发行、散布与贩售。
版权所有，未经著作财产权人书面许可，禁止对本著作之任何部分以电子、机械、影印、录音或任何其他方式复制、转载或散播。

图书在版编目（CIP）数据

古代中国文化讲义 / 葛兆光著. -- 北京：人民文学出版社，2020（2024.4重印）
ISBN 978-7-02-015350-3

Ⅰ. ①古... Ⅱ. ①葛... Ⅲ. ①文化史－中国－古代 Ⅳ. ① K203

中国版本图书馆 CIP 数据核字 (2019) 第 111596 号

责任编辑　李　娜　吕昱雯
装帧设计　李　佳　李苗苗

出版发行　人民文学出版社
社　　址　北京市朝内大街 166 号
邮政编码　100705

印　　制　杭州钱江彩色印务有限公司
经　　销　全国新华书店等

字　　数　250 千字
开　　本　635 毫米 ×965 毫米 1/16
印　　张　16.5
版　　次　2020 年 1 月北京第 1 版
印　　次　2024 年 4 月第 4 次印刷
印　　量　16001-19000
书　　号　978-7-02-015350-3
定　　价　85.00 元

如有印装质量问题，请与本社图书销售中心调换。电话：010-65233595

# 自 序

## 揣一张地图去古代中国旅行

### 一

随着时间流逝,古代渐渐离我们远去,古代的那个中国文化世界,现在想想也只是一些"记忆",当"过去"成为"历史",而"历史"变成"文献",我们靠着"文献"唤回"历史记忆"的时候,彷佛雾里看花,这个世界就有些面目不清了。说一下我的经验吧,大概在几十年以前,我还在读小学二年级,偷偷地看过《万花楼》《三国演义》和《水浒》,那时候,古代中国在我的印象里,"社会"由好汉、英雄和恶人组成,要说"文化",印象里就是豪气干云和尔虞我诈。再过十年,在那一场大混乱里面,偶像坍塌,传统崩溃,在政治预谋和集体意识共同制造的想象中,古代彷佛又在我心里变成了一个很残酷和很恐怖的专制社会,被贴上"奴隶"和"封建"标签的古代中国,没有了《清明上河图》中那种熙熙攘攘的生活图像,只剩下了鲁迅《狂人日记》里面背后写了"吃人"那几页冷冷的文字。再过十年,随着文化热的兴起,古代中国的文化图像又一次变得朦胧暧昧,一半是唐诗宋词老庄佛禅中那种超脱的飘逸,一半是《大诰》《圣谕》制造出来那种心灵的禁锢,对飘逸的向往是想象的境界,对禁锢的恐惧似乎仍然在心头蔓延。好在那个时候,对于中国传统、历史与文化的观念,也渐渐地显出心平气和来,五四以来形成的让传统为现代还旧债,叫历史替现实背黑锅的方式,也渐渐被反省。

我总觉得,五四时代以及后五四时代对古代中国文化的描述,多少有点问题。一方面,是因为一些人把不断变化的文化传统,描述成为一个永恒固定的传统文化,这使得我们的阅读者以为,我们承继的就是这样一个"历史"。于是,要么把它当成负担不起的沉重包袱,要么把它当成消受不尽的巨大宝库,正反双方彷佛领了规定题目的大专辩论会队员,永远固执在自己的立场上没完没了地辩论下去。另一方面,他们为了确立现代的价值而否定古代的意义,于是,在没有很好地作历史研究的时候,就匆匆忙忙地勾勒一个叫做"传统"的假想敌,藉了批判这个假想敌来确认"现代"的合理性,可是,如果我们检讨一下这个时代的批判,我们发现,他们批判的,可能只是一个"想象的传统",用现代西方理论术语来说,就是"发明的传统",而真正大体符合这个传统的特征的时代,在漫长的两三千年里面,也许只有明代初期到中期那很短的一个时间。

可是,正像我一开始说的那样,"随着时间流逝,古代渐渐离我们远去,古代的那个中国文化世界,现在想想也只是一些记忆",那么,我们如何在记忆中重新理解古代中国的传统和文化?

## 二

我曾经几次用"旅游"来比喻"历史"。旅游当然是一种空间的移动,从你熟悉的此空间,到你不熟悉的彼空间,寻找陌生、惊异与新奇,按照克洛德·列维-斯特劳斯(Claude Lévi-Strauss)的说法,这种空间上的旅行,也可以看作是时间上的旅行,因为当人们从城市到乡村,从现代生活空间移向传统生活空间时,彷佛回溯了历史。其实,身在现代,而去认识古代中国的历史,也彷佛是参加旅游,如果我们把这种在时间上的回忆当成在空间上的寻找,我们也一样在进入一个陌生、惊异与新奇的,被叫做"过去"或者"传统"的世界,这个世界的名称就叫做"古代中国文化"。

不过,旅游者常常有一种经验,就是在参加旅行团的时候,总是被一些按照旅行社预先设计好的路线图进行讲解的导游所误,他们热情地向不同的旅行者介绍相同的风景名胜,按照规定的路线一一走去,这使得被动接受这个路线图的不同旅行者,得到的都是一样的印象,我想,过去的古代中国文化论著,就常常是这样的好心导游,他们凸显了一些传统,却可能遮蔽了一些历史。据一个旅游业内的人说,旅游最后常常会发展到"自助旅游",我在欧洲和日本看到过很多这样的自助旅行者,他们并不按照规定的路径,走大教堂、逛大商场、看大名胜,而是自己带着地图,穿越小径,露宿郊野,走过市集,他们看到的是另一个欧洲、另一个日本。我总是希望能够为读者绘制一幅古代中国文化的地图,让阅读者更多地依靠自己的阅读和体验,了解古代中国的文化和传统。

我也许没有能够做到,但我希望有人能够做到。

## 三

现在呈现在各位面前的这部书，是我过去若干年来在日本、中国、及中国香港地区各个大学讲课的课堂记录，作为这门课程的教材，我曾经在北京的清华大学出版社出版过一册《古代中国社会与文化十讲》，里面有一些简略的纲要、一些可供参考的文献以及为大学生准备的思考题，可这里是讲课的全记录，不仅字数增加了三倍，而且还增加了一些篇章。特别是，我为了使它更容易被阅读者接受，特意在这个暑假里，用了很多精力和时间，把它变成半是讲话，半是随笔的形式。

顺便交代的是，在这本书里面，我不想把"古代中国"和"现代中国"泾渭分明地划开，也不想特别偏重"精英文化"或者"一般文化"，我只是想让阅读者了解并且感受"古代中国文化世界"。所以，这里的内容，有古代中国观察世界的方式，它影响了一直到今天的中国人面对外部世界的立场和态度，也有古代的婚礼丧仪，因为它可以了解到中国的家族制度，甚至了解到儒家和政治，我想这是古代与现代中国文化最重要的方面，它构造着中国人对内部世界的秩序感。佛教可能是西洋文明来到中国之前，对中国冲击最大的外来文化，需要追问的是，到底它如何影响了中国古代和现代的生活世界？而道教呢，则是土生土长的中国宗教，至今中国人的生死观念和幸福观念，好像还在古代道教的延长线上。尽管前面儒、释、道都有了，但是，为了让阅读者了解一个更真实更普遍的古代中国，我也在书中勉力去谈普通民众的宗教信仰，特别是专门讲了一下流行于中国的风水，因为，在风水背后是影响整个汉族中国人思维的阴阳五行知识。

近年来我总觉得，历史研究者有时候有点像犯了"自闭症"，常常孤芳自赏地昂着高傲的头，自顾自地离开公众领域，把自己锁在象牙塔里面，可是历史研究的意义是什么呢？如果它不是借着对过去的发掘，让人们理解历史的传统和现在的位置，如果它不是通过历史的讲述，去建构一个族群、一个国家的认同，如果它仅仅作为一种专门知识，一种大学或研究所里面陈陈相因的学科技术，成了只在试验室的试管里，永远不进入临床的药物，成了找不到对象下手，只能孤芳自赏的"屠龙之技"，它还会有生机吗？

**2004 年 9 月 29 日于北京**

# 目录

自　序　｜揣一张地图去古代中国旅行

第一回　｜古代中国的"天下"，近代世界的"万国"　　001
　　　　　引子：《坤舆万国全图》象征古代中国将走进近代世界　　001
　　　　　一、近代西方人的世界观和古代中国人的天下观　　002
　　　　　二、九州和五服　　004
　　　　　三、天圆地方：空间的想象　　006
　　　　　四、四方复四方：从谈天衍的想象到张骞的凿空　　008
　　　　　五、知识和观念的分离：固执的中国天下观　　010
　　　　　六、佛教没有征服中国，但是佛教曾经给了中国一个机会　　012
　　　　　七、佛教观世界和佛教世界观　　013
　　　　　八、关于"世界"的想象与心情　　016
　　　　　九、学术研究的基本立场：拿证据来　　017
　　　　　十、利玛窦《舆地山海全图》之后：中国世界观的转变　　018
　　　　　十一、从天下到万国　　020

第二回　｜从婚礼丧仪想象古代中国　　022
　　　　　引子：想象古代，如何想象？　　022
　　　　　一、从格罗特在厦门看到的葬礼说起　　023
　　　　　二、未知死焉知生："为死人的葬礼都是做给活人看的"　　025
　　　　　三、称谓：汉族人的亲族分别　　027
　　　　　四、男女有别：同姓与不同姓　　028

五、合两姓之好：古代汉族人的婚礼　　029

　　六、大观园里小社会：从林、薛、史、王与贾宝玉的关系说起　032

　　七、长幼有序：孝和悌　　034

　　八、家庭、家族与家族共同体：同心圆的逐层放大　　035

　　九、丧葬仪礼与丧服制度：衣服绝不仅仅是衣服　　036

　　十、五服制：认同、等差与区别的标志　　038

　　十一、近代中国的葬礼：俗世的改变　　040

　　十二、家谱族谱和祠堂祭祀：死去的祖先荫及子孙　　042

　　十三、家族与仪式在古代中国社会生活中的意义　　044

第三回 | 家国秩序——国家、社会与儒家　　046

　　引子：从"家"到"国"，从"礼"到"法"　　046

　　一、家有家规，国有国法：从家庭、宗族到国家　　047

　　二、国家国家：国在家之上　　048

　　三、国家与秩序的需要　　049

　　四、儒家的礼：礼貌、礼节与礼制　　051

　　五、仪式：靠象征建立秩序、合法性　　053

　　六、什么是"儒"？"吾与史、巫同途而殊归也"　　055

　　七、穿衣戴帽，不仅仅是穿衣戴帽　　058

　　八、从礼到法的提升：家庭秩序到国家秩序　　059

　　九、名分："必也正名"　　061

　　十、"敬"与"仁"：和睦、等级与尊卑　　062

　　十一、儒学的确立与瓦解　　064

第四回 | 佛祖西来？——众说纷纭的佛教传来途径　　066

　　引子：1900年斯文·赫定的发现　　066

　　一、"发现"，什么是"发现"？　　067

　　二、进入话题：中外交流的通道　　068

三、外面的世界很精彩：路在何方？　　069

　　四、楼兰：古道西风　　070

　　五、佛教自西来：普遍的看法　　072

　　六、真的是这样吗？伯希和、梁启超与胡适的疑问　　074

　　七、另辟蹊径：有关的猜测　　076

　　八、西南通道：想起了马帮和史迪威公路　　077

　　九、南海通道：《理惑论》的启迪　　081

　　十、结语：条条大路通世界　　082

## 第五回 | 佛教征服中国，还是中国征服佛教？　　084

　　引子：从山门逛到藏经阁　　084

　　一、印度佛教的传说　　086

　　二、佛教对人生的基本判断：十二因缘　　088

　　三、解脱之道："苦集灭道"四谛　　091

　　四、解脱之法："戒定慧"三学　　094

　　五、佛教传入中国　　096

　　六、异域的礼物：新思想和新知识　　098

　　七、天下更大时间更长：佛教的宇与宙　　101

　　八、沙门不敬王者，可以吗？　　103

　　九、佛教启示录　　105

## 第六回 | 似佛还似非佛——话说《坛经》与禅宗　　107

　　引子：本来无一物，何处惹尘埃？　　107

　　一、六祖之争的思想史意义：从印度佛教到中国佛教　　109

　　二、说"空"：空空如也　　111

　　三、渐修：神秀代表北方的禅　　113

　　四、顿悟：惠能代表南方的禅　　115

　　五、《坛经》的故事　　117

    六、胡适的发现：《坛经》的著作权出了问题　　120
    七、《坛经》的关键词之一：自净　　122
    八、《坛经》的关键词之二：无念无相无住　　123
    九、《坛经》的关键词之三：不立文字　　126
    十、《坛经》的关键词之四：顿悟　　129

第七回 | 大慈大悲观世音——民众的佛教想象　　131
    引子：大慈大悲与救苦救难　　131
    一、佛教经典里的观世音菩萨　　133
    二、有关观世音菩萨来历的传说　　135
    三、观世音菩萨的各种形象及其故事　　137
    四、古代中国关于观音菩萨的另类想象　　140
    五、观音故事中的文化接触问题　　143

第八回 | 古代中国的道家——从老子到庄子　　150
    引子：道家与道教　　150
    一、道可道：那个关心身外事的时代　　152
    二、非常道：道家也不同　　152
    三、不得不说的，和"不可说可不可说非常不可说"　　155
    四、模棱三可："道"的多重涵义　　156
    五、虚玄的与实在的　　158
    六、同是道家，老子、庄子也不同　　159
    七、无待：浑沌凿七窍的故事　　161
    八、蝴蝶、乌龟与骷髅　　163
    九、无心是道：心斋与坐忘　　164

第九回 | 永生，如何永生？——话说古代中国的道教（上）　　166
    引子：这是"中国的"宗教　　166

|  | 一、从秦汉到明清：两千年道教简史 | 167 |
|---|---|---|
|  | 二、九转还丹：为永生的炼丹术 | 168 |
|  | 三、凭什么相信外丹能给你永恒？ | 170 |
|  | 四、经历九转方成丹：丹炉与丹药的炮制原理 | 172 |
|  | 五、内丹：古代中国思想世界的产物 | 174 |
|  | 六、气：内丹的根本道理 | 175 |
|  | 七、内丹的基本方法 | 177 |
|  | 八、永生的追求 | 180 |

| 第十回 | 幸福，如何幸福？——话说古代中国的道教（下） | 182 |
|---|---|---|
|  | 引子：神灵佑我得平安 | 182 |
|  | 一、多神与一神：从永乐宫三清殿壁画说起 | 183 |
|  | 二、神仙系谱：三清、玉皇与众仙 | 185 |
|  | 三、斋醮仪式：沟通神鬼人 | 190 |
|  | 四、解决世俗困厄的法术：念咒 | 193 |
|  | 五、解决世俗困厄的法术：画符 | 194 |
|  | 六、解决世俗困厄的法术：法器 | 197 |
|  | 七、道教是一种宗教，是一种中国的宗教 | 199 |

| 第十一回 | 古代中国的两个信仰世界 | 201 |
|---|---|---|
|  | 引子：实际的和书本上的 | 201 |
|  | 一、上下分流：两个不同的观念世界 | 202 |
|  | 二、大传统与小传统 | 204 |
|  | 三、不分儒、道、佛：混融的信仰 | 207 |
|  | 四、信仰什么，祈求什么？ | 208 |
|  | 五、民众宗教信仰的基本观念 | 212 |
|  | 六、民众宗教观念的传播 | 214 |

## 第十二回 从风水说到阴阳五行　217
引子：从风水说起　217
一、风水之源　218
二、想象大地：风水的思想背景　219
三、儒者与风水　222
四、降而为风水先生　224
五、阴阳五行，为什么是阴阳五行？　226
六、"相其阴阳，观其流泉"　227
七、在历史中看才是公平的　229

## 结　语　文化，什么是中国的文化？　231
引子：从"古代"走到"现代"的中国　231
一、回首已是百年身：唤回历史记忆　232
二、文化与文明：不得不分辨的两个概念　234
三、家族与亲情：中国（汉族）文化的若干侧面　235
四、历史与现实：合理的与不合理的　236
五、天人之际：中国（汉族）文化的若干侧面（续）　237
六、数字式概念：阴阳五行八卦九宫十二月　239
七、东西大不同：这理性不是那理性　240
八、汉字如魔方：中国（汉族）文化的若干侧面（再续）　242
九、文化分类：究竟什么是"中国的"文化？　244
十、重新思考中国文化　246

**建议阅读文献**　248

# 第一回

## 古代中国的"天下",近代世界的"万国"

**引子:《坤舆万国全图》象征古代中国将走进近代世界**

2001年的秋天,我去北京的意大利使馆看一个关于传教士与中国的展览。

伫立在那个不大的展览厅,我凝视着一幅著名的、叫作《坤舆万国全图》的世界地图,那上面有五大洲,有四大洋,也有着奇奇怪怪的异兽怪鱼,彷佛回到历史。千万不要小看这幅地图,这幅地图是一个标志,象征着在古代中国观念世界的一个大变化,是什么大变化呢?就是中国人面前以自我为中心的"天下",突然变成了"无处非中"的"万国",因此,中国要生存在这万国林立的"世界"上。如果说,现在是"全球

现存于南京博物院的《坤舆万国全图》

化"的时代,那么,"全球化"从这幅世界地图给中国人展示一个互相联系、共同存在的"万国"图像时,就已经悄悄地开始了。

原来是六幅屏风,这幅地图,年代长了,架子已经没有了,原来分在六扇屏风上的图,被后人缀合成了这么大的一幅,据专家研究,这幅屏风地图,是四百多年以前根据一个叫利玛窦(Matteo Ricci)的传教士画的世界地图《舆地山海全图》重新绘制出来的。利玛窦是来自欧洲的耶稣会士,本不是地图学家,这幅地图是他根据欧洲人奥代理(Ortelius)的世界地图绘制出来的,所以仍然很精确,是不是这样?我不知道,2000年,我曾经特意去比利时安特卫普参观当年印刷奥代理地图的工厂,也看到当年出版的各种地图,知道四五百年前欧洲人的世界知识,随着他们的航船环行已经相当发达,连传教士也学到了这些新知识。生活在那个知识世界的传教士们把它带到中国,其实只是"无心插柳柳成荫",当年,利玛窦其实想的并不深,只是觉得这是一个可以取悦好奇的士人和官员的途径,使天主教传教士更容易进入中国,享有更大的传教自由,虽然想到了用万国图来破除中国人中国即天下的自大,但还没有更深入地往下想,也绝对没有想到他的地图在思想世界的深远影响。可是,就像中国那句俗话说的那样,"言者无意,听者有心",在阅读世界地图者的心中,却常常会生出相当深刻的联想,让古代中国人开始隐隐约约地意识到,原来天下还有这么大,国家还有这么多,我们中华,原来并不像想象的那么大。

## 一、近代西方人的世界观和古代中国人的天下观

说到这里,也许你会问我,在利玛窦地图绘制出来以前,中国人是怎么看世界的?

且慢,你要知道,汉魏以前,古代中国人通常不说"世界","世界"是佛教的词儿,现在当然大家都习惯说"世界"了,可是,古代很长的时间里面,汉族中国人通常说的是"天下",就是"溥天之下,莫

非王土"的那个"天下","天下"就是天底下的那个"世界"。

现在,当然每一个稍有知识的人都知道,世界很大,地球是圆的,中国只是在亚洲,东半球与西半球相对,大海对岸有另一些国家,到另一些国家去要办理护照和签证。可是,这都是现代的事,是哥伦布发现新大陆、麦哲伦环游世界以后的事情了。近代的"国家"观念的形成与"世界"图像的确立,是很晚的事情,在十四、十五世纪之前,至少中国人并不这么理解国家、世界或者说是中国和他国。说起来,欧洲人哥伦布发现新大陆、麦哲伦环绕地球航行,有人说是殖民主义,有人说是文明推进,有人说是地理大发现,有人说那地方本来就在那里,又有人住,怎么叫发现,充其量就是欧洲人到达那里,这当然有点像是后殖民理论的说法。可是,无论现在看上去有多少争论,在过去几百年里,它都被认为是历史上最值得骄傲的大事件。因为这象征着人类终于完整地认识了自己居住的这个"地球"、这个"世界"。而且,特别是从西方人的眼睛里看去,看到了世界上原来还有各种各样的文化和传统,有各种各样不同的民族和地域。

这对于西方人来说很重要。因为:第一,他们关于世界的知识系统中终于有了一个完整的球形的世界图像,对自己所生活的这个地球的完整认知,对于人来说是很重要的;第二,他们在异地民族文化传统的比较中,确立了自己处于中心的或较高的地位,在他们的知识谱系中,特别是在当时普遍追求富庶、文明的价值观中,由于有了"未开化民族"、"东方人"、"蛮族"等"他者"(the others),于是确立了西方人自己的世界中心与巅峰地位;第三,由于对自己的地理与文化位置的确认,使西方充满了把握世界的自信心。我们知道,人不能单独地观察自己,就像人要照镜子一样,要确立自己的位置和形象,就要借助其他的东西,就要照镜子,而就连镜子,也要靠那层不透明的膜来反射,才能映照物体。西方人在扩张的时候发现的异文明,对他们来说,就像是找到了一面镜子,看看其他民族和文明,然后再看看自己,这时就发现自己长得如何,是丑还是美,在没有认识其他人之前,对自己是不会知道得那么清楚的。西方为什么会发展起人类学来,就是这个原因。所以,这三点在近代西方知识史上，在确立自身价值的意义上是很重要的。

反过来看我们自己，也很有意思。中国古代人很早也曾经有过一种让中国人很自豪的世界观，大约是在两三千年前，虽然那时古代中国人还没有完整地到达世界各个角落，但是古代中国人也在自己的经验与想象中建构了一个"天下"，他们想象：第一，自己所在的地方是世界的中心，也是文明的中心；第二，大地彷佛一个棋盘一样，或者像一个回字形，四边由中心向外不断延伸，第一圈是王所在的京城，第二圈是华夏或者诸夏，第三圈是夷狄，大约在春秋战国时代，形成了与南夷北狄相对应的"中国"概念；第三，地理空间越靠外缘，就越荒芜，住在那里的民族也就越野蛮，文明的等级也越低，叫做南蛮、北狄、西戎、东夷。

那么，接下来的问题就是，这个"天下"图像是怎样制造出来的呢？

## 二、九州和五服

我们来看看古代文献是怎么记载的。

**在《尚书·禹贡》中，有"九州"、"五服"的记载。"九州"** 就是冀州、兖州、青州、徐州、扬州、荆州、豫州、梁州、雍州，大体上，如果上北下南来看的话，是顺时针方向从北向东、向南、向西，划出了一块地区，大约包括的只是今河北、山东、江苏、湖北、湖南、河南、四川、陕西、山西这一圈，这就是古代中国人的"天下"，大体上是现在纯粹的汉族区域。据说，这是大禹治水的时候，他所关怀的那个空间，它和"华夏"好像可以重叠，"夏"就是"雅"呀，那么，什么是华夏呢？就是古代中国人相信比较文明的地方，这就是"天下"。**"五服"** 是说除了东周那个时候，"王"所在的洛阳一带为"中心"以外，环绕着中心"王畿"的，是五百里甸服，甸是郊外之郊外，古都城外百里为"郊"，"郊"外为"甸"。五百里侯服，就是封侯管辖的地方，像封商的后代在商丘建宋国，封姬姓在河南为郑侯，封姜姓在山东为齐侯等。五百里绥服，"绥"本指车上用以拉扶的绳子，这里指安抚，比如"绥靖"这个词儿，好像车边的绳子，可以扶着，但不可以依靠。五百里要服，"要"是约定，只是由双边条约来管辖，实际上王对他们有些睁一只眼闭一只眼。以及荒服，这里是荒蛮之地，好像可以让他们自由自在，反正也离得远了。这样，五百里出去，就有五千里方圆的地方，这就是古代中国人想象的一个类似于"回"字形的大地。

《禹贡》大约是战国人的作品，这个想法大约到战国时代已经很普遍，于是，这时开始有了一个早期汉民族的共同空间，那个时候的古书《国语·周语》上记载了"五服"（甸、侯、宾、要、荒），稍晚一点的《周礼·夏官·职方氏》更添油加醋地想象，有一个机

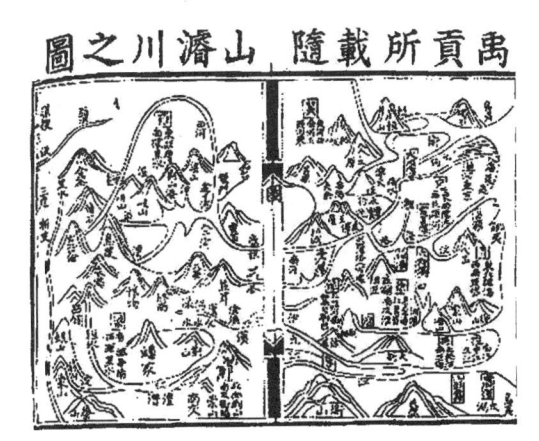

明刻《禹贡九州图》

构专门管理国土，而且把这个"五服"扩大成了"九服"（侯、甸、男、采、卫、蛮、夷、镇、藩）。不过，这并没有改变这种中心向边缘延伸的空间结构，也没有改变这种从中心到边缘，文明等级逐渐降低的观念，请看后面的几个名称："蛮"、"夷"、"镇"、"藩"，就越来越有瞧不起的意思，蛮夷就不消说了，后面的"镇"是"压服"、"威服"的意思，"藩"就是扎的藩篱，引申为"屏障"，意思是边界要扎篱笆，因为外面就不是人住的"世界"了。

大概很多人听说过古代有《楚辞》《庄子》《穆天子传》《山海经》这些书，这些古代的书里常常会想象中国周围的世界，像什么西面的昆仑、东面的蓬莱、周穆王去西面昆仑山见了西王母，有人到东面的蓬莱仙岛就得到了长生不死药，这里面最有意思的是大概很多人都看过或听说过的《山海经》。《山海经》记载的就是一个古代人想象的世界，各地有许多各种各样古怪的事物，什么奇肱国的飞车、騩山的飞鱼、东海

流波山的一足之夔，这种想象一直到清代人李汝珍写的小说《镜花缘》里还有，什么君子国、大人国、毛民国、深目国等。但仔细一看，原来这个想象的空间世界，还是一个中心与四方构成的大地。据说，《山海经》原来是有图的，陶渊明有首诗就说"泛览周王传，流观山海图"，现在的《山海经》传说是图的解说文字，这部书的文字记载的分别是山（南山、西山、北山、东山、中山）、海内（海内南、海内西、海内北、海内东）、海外（海外南、海外西、海外北、海外东）、大荒（大荒东、西、南、北），也就是说，如果现在还能看到原来的图像的话，它还是一个以中山为中心，四周山，再外是海内、海外，边缘是"大荒"的方形宇宙。边缘的民族，是北狄、西戎、东夷、南蛮，反正都是野蛮人。

### 三、天圆地方：空间的想象

那个时代的中国人有没有到过四方更远的地方，我们不知道，有人说是有的，但至少在文献记载里没有。可是，没有去过更远四方的他们，怎么知道大地就是这样的呢？我猜想，这个观念可能来自古代中国人关于天地的想象，古代中国人相信"天圆地方"，在他们的想象中，**天是圆的，像一个斗笠一样，覆盖在大地上，中心是北极和北斗星的位置，**

汉武梁祠画像石《斗为帝车》，以北斗七星作为车子的框架

**大地是方的，就像棋盘，中心是洛阳一带**，《周髀算经》里就这么说的，《吕氏春秋》也这么说的，这叫"大圜在上，大矩在下"。在有名的汉代武梁祠画像石里面，就有"伏羲女娲"像，伏羲拿矩，女娲拿规，一个画方形的大地，一个画圆形的天，方的大地和圆的天穹好像盖不上合不拢，所以也有人质疑说，如果是这样的话，那么大地的四个角，不就露在外面了？或者全部盖住的话，岂不是有的地方又有天无地吗？可是，尽管如此，人们一直相信这种观念。

道理很简单，因为这和他们关于"天"的视觉经验，关于"地"的想象推测一致。你看，白天看太阳，晚上看月亮、星星，都在从东向西，或者说从右向左，环绕一个北方的"轴"在转，可不是天如"盖笠"？所以，很多古代

古代玉琮　张光直先生说它之所以能够成为祭祀时的神物，是因为它的形状象征着天圆地方，可以通天地。

关于天地的最重要的东西都是模仿这种空间的，举一些例子：古代用来占卜并且模拟天地的"式盘"，是天盘圆、地盘方这种形状，古代的棋盘、博局也是这种形状，现在围棋的中心还叫"天元"，祭祀天地的明堂、圜丘，也是这种形状，古代王宫也是这种中心向四边扩展的形状，古代都城也是这种由都城中心向四廓延伸的形状。因此，古代中国人的观念上，也认为自己所处的中央，在文明的位置上高于四裔，而四边无论是在文明上还是在财富上，都远远低于中央，应该受

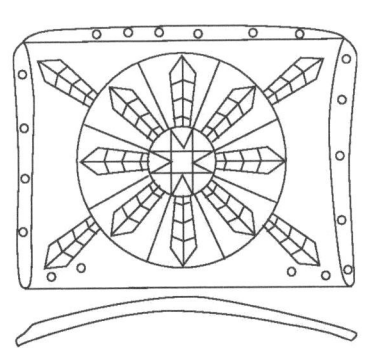

安徽含山凌家滩四号墓出土玉片，也象征了"天圆地方"的观念

湖北随县曾侯乙墓漆箱二十八宿图，这是环绕北极，
由北斗转动而画出来的圆形的"天"

到中央的制约与管辖，古代中国人相信，什么是天下？这就是"天下"，"中国"就是应该傲视"四夷"，中国文明就是应当远远地辐射和教育四边的戎夷狄蛮。

这并不奇怪，西人说"无处非中"（There are not background and not center in the world），大凡人都是从自己的眼里看外界的，自己站的那一点，就是观察的出发点，也是确定东南西北前后左右的中心，离自己远的，在自己聚焦关注的那一点后面的，就是背景，我是你的视点，你也可能是我的焦点，但是可能你也是另一个东西的背景，我也可能是他的背景，古代中国人站在中原江河之间，他们当然可能要以这一点为中心，把天下想象成一个以我为中心的大空间，更何况那个时代中国文明确实优越于他们周围的各族。

## 四、四方复四方：从谈天衍的想象到张骞的凿空

话说回来，古代中国也有人对这种世界图像产生怀疑，也曾经大胆幻想过，外面是不是有一个更广袤的世界？据说，战国时代有一个后来被称为"谈天衍"的邹衍，他是齐国人，后来人常常说，齐国临海，海

阔天空，可能想象的空间会大一点儿，所以，他就有"大九州"的说法。邹衍想象，中国这个"九州"只是天下八十一分之一，叫"赤县神州"，它的外面还有八个州，这才是一个大九州，外面有海环绕，而在这个九州之外，还有八个"大九州"，各有海环抱，这才是整个天下。到底这种想法有没有根据，是邹衍的想象，还是一些传闻？我们不清楚。也许古代中国早就与世界有了各种各样的交往，《逸周书》里就有《王会》一篇，描写四方异族的聚会，西晋出自汲郡魏襄王墓的竹简《穆天子传》（约战国中期）也记载周穆王到西域与西王母会面，这里面是不是有真实的交通背景？确实很难说。不过，很奇怪的是，这种想象并没有改变中国人的天下观，从先秦到秦汉，古中国人还是自居天下之中，居高临下地俯视着四边的蛮夷。

这种情况到汉代出现了一个转变的机会，这是一个很重要的机会。公元前138—前126年，也就是汉武帝建元三年到元朔三年，张骞奉命出使西域，经历千辛万苦，回到汉帝国，把大宛（今塔什干附近）、康居（今塔吉克斯坦、阿塞拜疆、乌兹别克斯坦及哈萨克斯坦南部）、大月氏（今帕米尔高原以西、阿富汗境内）、大夏（今印度西北、巴基斯坦、克什米尔附近），以及他听说的乌孙、安息（伊朗境内）、条枝（叙利亚一带）、身毒（印度）的情况，介绍回来。应该说，这件事是很重要很重要的，因为，**第一**，它把中国人对于周边世界的实际知识，从东亚扩大到了东至日本、朝鲜，北到蒙古及西伯利亚，南到南海、东南亚，西到巴基斯坦、阿富汗、叙利亚、印度、伊朗一带，也就是说大体上已经了解到了今天整个亚洲甚至更广的一个区域，过去可能了解的只是现在的东亚，比如日本和朝鲜，日本九州出土过汉代赐给倭国王的金印，说明很早中日有过交往。**第二**，它刺

三星堆出土铜器，是来自远方文明的器物吗？

激了中国人与外部世界的交流与探索的欲望，在张骞出使西域以后，还有张骞通西南、班超、班勇父子开拓西域交通，甘英到达波斯湾等举动。**第三**，观察不同经济与文化的背景与舞台，开始由中原的汉帝国变成了整个亚洲甚至欧、亚之间，丝绸之路的开拓和后来佛教的传入，更是在这个背景下进行的，从此以后，中国的历史就是一个世界的历史了。

不过，可惜的是，不知道为什么，这并没有真正改变古代中国人心灵深处的"天下观"，汉代以后，虽然张骞、班超、甘英和很多人都到了很远的地方，但是中国人想象的"天下"还是以"中国"为中心的，加上日益扩大的"四夷"。但是这幅图像，只是中心明确，四边却很模糊，这是中国人的常识，虽然印度、阿富汗、伊朗、巴基斯坦等中亚与西亚诸国加在一起，再算上日本、朝鲜、东南亚，以及北边的广袤土地，远远比中国要大得多，但从汉到唐，中国人仍然觉得他们彷佛在文化上无声无息，所以没有觉得外面有个另外的"世界"。

## 五、知识和观念的分离：固执的中国天下观

很长时间以来，古代中国人对这一点一直很固执，为什么固执？我想，原因可能是，除了佛教以外，中国从来没有受到过真正的外来文明的挑战，所以中国人始终相信自己是世界中心，汉文明是世界文明的顶峰，周边的民族是野蛮的、不开化的民族，不遵循汉族伦理的人是需要拯救的，拯救不了就只能把他们隔离开来。说起来，中国人不大用战争方式来一统天下，常常觉得凭着文化就可以"威服异邦"，这叫"怀柔远人"。

不过，有时候中国人已经控制不了局面了，所以反过来又有些怨怼，怨怼之后便生出一些气愤，所以，在西晋的时候，有个叫江统的人，曾经写过一篇《徙戎论》，想把汉族和其他民族在居住空间上分开，可是，这种区分华夷的想法，好像影响并不大。**我们要知道，古代中国人的"中国"常常是一个文明的空间观念，而不是一个有明确国界的地理观念。**

传阎立本《职贡图》

所以，凡是周围的国家，中国人就相信他们文明等级比我们低，应当向我们学习、进贡、朝拜。像古代很爱画的"职贡图"，画的是各边缘民族的代表向中央王朝进贡，总是把中国人的皇帝画得特别大，而外族人的使节就很矮小。而古代的各种地图，像宋代留下来的那几幅图，有的叫"华夷图"，就是华夏加上四夷，有的叫"舆地图"，就是说车可以通的地方都算上，有的叫"地理图"，就是所有的地理。但是你看一看，在这些地图里面，还是以中国为中心的一圈，虽然有时也把周边国家画上，但画得也很小，小得好像他们真的是依附在我们这个大国身上的"寄生物"一样，只要大国轻轻一抖，这些附属物就会掉到海里去。

这和中国人对于世界的实际知识没有关系，我们知道，汉代张骞以后，已经打通了欧亚大陆交往的丝绸之路，唐代中国与外界交往更多，连首都长安都住了十万"胡人"，像"昆仑奴"即黑人奴隶、"胡旋舞"即外国的舞蹈音乐、"胡服"就是外国时装，都很流行了……至于元代帝国的疆域，几乎无远弗届，当时从阿拉伯来的札马鲁丁也制造过"地球仪"，并且画了经纬线，说明了地球是"三地七水"。到了明代初期永乐年间，三宝太监郑和率船队下西洋，尽管我们并不相信一个叫孟席斯的英国业余历史学家所说的，郑和发现新大陆，但是他至少已经到了非洲的东岸，他的实际经历的空间也远远超过了中国本土无数倍，人们知道的各种文明的情况也已经很多。但是，有趣的是，古代中国关于"天下"、"中国"、"四夷"的思想与想象，却始终没有变化。

## 六、佛教没有征服中国，但是佛教曾经给了中国一个机会

　　历史学家当然不能想象历史重演，不过，历史学家也是普通人，有时也会设想一下"如果历史……"。当我回头看中国古代历史的时候，也觉得古代中国的天下观念，其实曾经有过一次改变的机会。

　　我们知道，有国际认可的明确的疆界，有国家的主权观念，也就有了"民族—国家"，这还是近现代的事情。古代中国也有"国家"这个词，汉代铜镜背面铭文有很多"多贺国家人民息，胡虏殄灭天下服"这样的铭文。不过，就像我们前面提到的，大体上说来，古代中国的"国家"是中心明确、边界模糊的一个"文化概念"，"凡我族类，其心必同"，就是说凡是和我同一个文化的，都可以是一个国家，而且国家和天下也不是一个特别清楚的东西。"非我族类，其心必异"，凡是和我文化有差异的，就是四夷，不属一个国家，甚至不是一个天下，叫作"不共戴天"。其认同标准是"心同"，陆九渊说"四海之内，心同理同"，这是天下一家的普世主义，他的认同标准是文化，所以边界的法律划定是不关紧要的，《礼记·王制》里说："中国、戎夷、五方之民，皆有性也，不可推移"，凡是文化上臣服、认同的，都可以划进来作为"华夏之藩属"，都是一个"天下"，因为"溥天之下，莫非王土，率土之滨，莫非王臣"。凡是文化上不服从、不认同的"异邦异俗"也就算了，就当你不在"天下"之内，所以在古代中国，国家／文明／真理是重叠的，于是，"天下一家"、"海内存知己"、"四海之内皆兄弟"。这背后，一方面是中国中心的特殊主义，一方面是普遍主义的世界观，既是只有一个文明中心的世界观，又是文明普遍适用，放之四海皆准

的世界观。

可是，尽管从汉代以来，就有汗血马、葡萄、玻璃、苜蓿的输入，尽管一直有深目隆鼻的异域人的进入，但他们并未对中国固有文明产生冲击。原因很复杂，一方面，历史上的"中国"，它的疆域变化虽然很大，但是大体上是以汉族居住的"九州"为中心的，东临大海，西为高原与雪山，北为冰天雪地，加上有匈奴、突厥、契丹、女真以及后来的满族，南为丛林，很容易形成封闭"天下"观。另一方面，通常在像中国这样文明史很悠久的国家，只有出现另一种高度发达、可以与华夏相对抗的"文明"，才可能对中国的传统观念发生根本的影响。而从东汉传到中国来的天竺佛教，给中国带来了一个根本性的震撼，就是世上还有两个以上的文明中心。

我们举一些例子来看，在佛教的说法与理论里面，有三条就是中国文明根本不能兼容和接受的，第一，宗教权力是可以与世俗皇权并立的，并占有社会等级与价值的优先位置，宗教徒可以不尊敬皇帝，不尊敬父母，但不能不尊重佛、法、僧三宝；第二，天下之中心是在印度，"立竿见影"，日中无影，即天之中也；第三，最高的真理、最优秀的人物与最正确的生活方式不在儒学而在佛教，因此，佛教是更高的"文明"，至少也是另一种有自我体系、自给自足的"文明"。汉族中国哪里能接受这些，如果接受了，中国就大变了，就不是现在这个中国了。

## 七、佛教观世界和佛教世界观

大家都知道，后来佛教中国化了，变成了三教合一，甚至屈服于中国主流意识形态与儒家学说，但是，大家应当记住，它曾经使中国文明天下唯一的观念受到冲击，在佛教传来的时候，一些中国人不能不承认"华夏文明不是唯一""天下不是中国正中"，这本是一个重新认识世界的机会。特别是佛教关于世界的观念，从根本上和中国的大大不同。

在佛教的知识世界里面，世界并不是以中国为中心的一大块，而

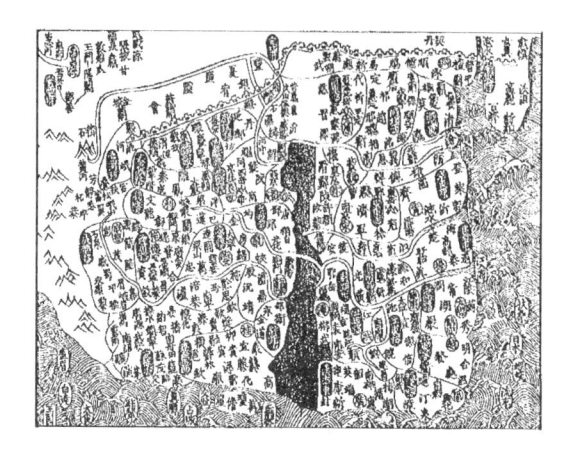

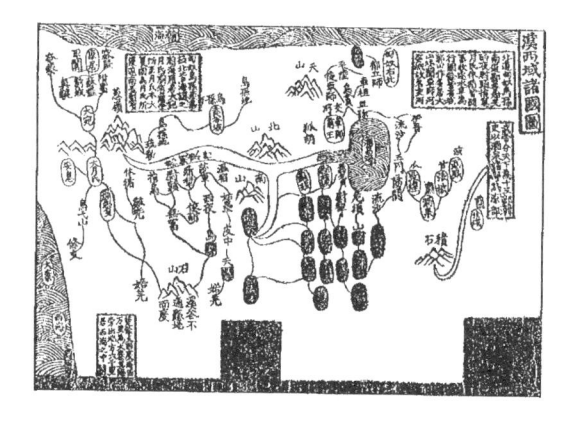

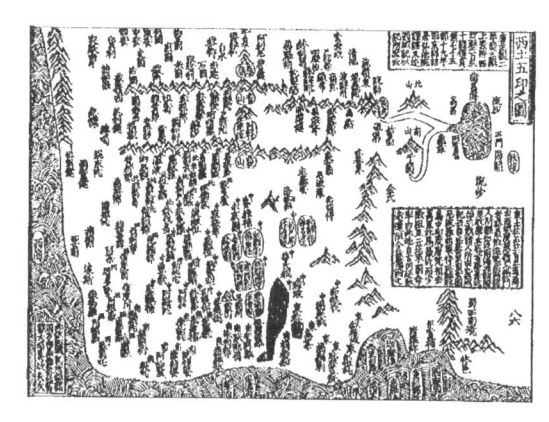

《佛祖统纪》中的世界地图，有三个部分，不仅仅是中国。

是四大洲，中国只是在其中一洲上。据说，在须弥山四周，围绕着四大部洲，而中国所在的只是南瞻部洲，其他还有东胜神洲、西牛贺洲、北俱卢洲。据《长阿含经》《法苑珠林》说，日、月、星辰都围绕于须弥山中，普照天下，四大洲各有二中洲与五百小洲，四大洲及八中洲都住有人，二千小洲则或住人或不住人。其中，据说北洲的果报最胜，乐多苦少，寿命千岁，但是，那里不会出现佛陀这样的伟大领袖；南洲的人民勇猛、强记，但是有业行，也能修梵行，所以会有佛出世；东洲的空间极广大；而西洲则多牛、多羊、多珠玉。在佛教的文献中，还可以看到，佛教讲有四天子。法国一个有名的学者伯希和写了一篇《四天子说》就说到，那时佛教想象南瞻部洲上有八国王，四天子。东面有晋天子就是中国皇帝，南面有天竺国天子，就是印度国王，西有大秦国天子，大概应当是罗马帝国皇帝，西北有月氏天子，应该是贵霜国王，那时印度佛教徒就想象，南瞻部洲上有"四王所治。东谓脂那，主人王也，西谓波斯，主宝王也，南谓印度，主象王也，北谓猃狁，主马王也"。这大概也传到中国，在唐代的道宣编的《续高僧传》里面，在说到那个去印度取经的玄奘时就提到了这个传闻。

特别是宗教有宗教的立场，因为佛教是从印度经过中亚或南亚传来的，所以一般来说，佛教徒或明或暗都会反对中国作为唯一中心的世界观念，这道理很简单，如果中国是唯一的，那么印度怎么办？既然真理出自印度，那么印度是中心呀。可是，在中国就不能说这个话了，只好说有印度、中国两个中心，或者说有三个中心、四个中心。这个世界图像，就和我们传统中国只是围绕中国这个"天下"的不一样了嘛。以前说，国无二主，天无二日，这下就不同了。所以，我们目前唯一看到的，不以中国为天下正中的中国世界地图就是佛教的，像《佛祖统纪》中的三幅图，在宋代以前，这表现了极罕见的多元世界观，它的《东震旦地理图》《汉西域诸国图》《西土五印之图》就构造了三个中心的世界，这也曾经给中国人提供了改变世界观的资源。

各位要注意，这和中国的天下观念就不同了，中国不是唯一的天下中心了，这倒是和以前邹衍说的"大九州"有一点像，所以后来这种四洲、九州的说法，在很晚很晚的时候，倒成了中国人接受新世界图像的一个资源。不过遗憾的是，这种冲击并没有从根本上动摇中国人的世界观，而是要再过几百年，直到十六世纪，已经充分世界化了的西洋人来到中国，这种情况才有了改变。万历十二年（1584年），前面我们说到的利玛窦的《舆地山海全图》在广东问世，中国人才突然看到了"世界"，随后便在思想上出现了"天崩地裂"的预兆。

## 八、关于"世界"的想象与心情

关于利玛窦的事情,我们下面再说。这里先说一个插曲,就是中国人这种天下观被打破以后,中国人对于世界图像的特别反应。

前面说到,十五世纪以后,哥伦布、麦哲伦成了西方的骄傲,也成了西方人在"世界"上地位的象征,因为,这世界是我发现的,当然我就是它的主人。但一贯自居"天下"中心的中国人对此相当不愉快,特别是十九世纪后半期,处于受欺侮地位的中国一方面对西方羡慕不已,力图在科学技术上与西人平起平坐,一方面对西方变成了中心很不满,于是在最危急、最软弱、最没落的时候反而激起了一种极端的文化上的民族主义——其特别的表现之一,就是说西学在中国古已有之——这种民族主义情绪常常表现在学术上,所以,有人在那时就提出来:谁说是西人发现了新大陆?

1865 年,传说秘鲁人 Corde de Gugui 在秘鲁北部 Truillo 的山洞里发现武当山神像,这件事情影响很大。1897 年,在天津出版的一份报纸又刊登出消息说,墨西哥索诸拉地发现中国石碑。从此,开启了一百多年的一个话题,很多人因此追溯历史。有人觉得《山海经·大荒东经》里的"扶桑",大概就是美洲墨西哥,又有人发现《法显传》记载五世纪时法显从印度、锡兰回中国时,遇见大风迷失航向,曾从师子国到了耶婆提国,可能耶婆提就是美洲,因为根据美洲的传说,说一千四百年前,有一艘中国船到过墨西哥的亚卡布哥港,而且又有人认为"耶婆提国"与"亚卡布哥"(阿加普尔科 Acapulco)的音很近,所以是中国人先发现美洲的(但 Acapulco 是西班牙人来到这里之后才有的名字,足立喜六、章巽的说法与方豪的看法大体相同,通常怀疑是苏门答腊)。

这种毫无根据的猜测只是一种想象,可是这以后想象越来越丰富,二十世纪七十年代,原来毕业于清华学校研究院的卫聚贤先生写了一本《中国人发现美洲》,搜罗了所有的资料,提出了很多更加奇怪的想法,如扶桑是加州红木,李白到过美洲,向日葵来自美洲南部,而孔子时代已有"葵"等,这些古怪的说法很多。到了九十年代,一些奇奇怪怪的说法就更多了，是否有根据？我不知道，我关心的只是他们说这些话背后的心情，比如有的学者提出，印加王国就是"殷家王国"，正是殷商被打败的时候，美洲出现了具有殷商文明特色的奥尔梅克文明，一定是殷人从日本东面向北，经阿留申群岛到加州，再南下墨西哥，很多不明就里的人一想，很有道理，印第安人、爱斯基摩人果然都和中国人相像，于是有人又想象出，为什么叫"印第安人"呢？是因为被迫流亡的殷商人时时思念故乡，见面总是问"殷地安否"。本来，这并不特别有说服力，也没有多少人相信，但最近若干年，这种想象再度热闹起来。另一个曾经研究古文字的人应邀到美国，参观被说成是大发现的东西：1955年墨西哥发现的玉圭。他看见玉圭上竖着排列的四个刻画符号，他认为这四个符号和中国甲骨文有关系，于是似乎证据更清楚了。

但是，这毕竟是猜想或想象，而且这种想象至今无法证实。

## 九、学术研究的基本立场：拿证据来

顺便说一段故事。1958年，胡适收到一个叫杨力行的晚辈寄来的论文《评历代高僧传》，看到其中论述1400年以前法显发现墨西哥的事情，就直截了当地回信表示"使我很失望"，他说"我终身注意治学方法，一生最恨人用不严谨的态度和不严谨的方法来轻谈考据"，他劝杨力行认真读一读足立喜六的《法显传考证》，不要轻易地发布所谓的发现，因为"那是可以贻笑于世界的"。

这件事情让我很有感触。我相信，至少学术研究要有规范，也要拿出证据，证据要经得起检验。首先，是否同一人种要靠DNA基因分析；其次，"武当"碑、玉圭刻画符、石锚之类的图像并不可靠。"武当"至今拿不出实物，而且"武当"之名在中国也起源很晚，大概在六朝以后，而且从那个模糊的照片上看，那些字也不像古代字体，刻画符和石锚的雷同，究竟是偶然还是真有联系，需要大量证据才行；再次，中国人到过美洲与否，还需要天文学知识来判定，因为需要星辰测定方位，以及一定的航海技术，比如船舶大小、海流风向、淡水问题，毕竟这并不是小说家的想象可以解决的，《倚天屠龙记》金毛狮王谢逊与张翠山、殷素素北海之行，那只是小说家言；最后，"扶桑"的位置还需要历史地理学的考证和测定。因此，一切都还在疑团中，可是，想象中的中国与世界关系，想象中古代中国人认识的"天下"的放大，很可能只是民族情绪支持下的"关于世界的想象"，这表现了中国人希望成为世界文明中心的一种很痛苦的心情的反映。

我们应当承认，秦汉以后，中国所知道的、所联络的"天下"确实已经比较大了，实际上，"天下"也就是只有一个文明"中心"的中国观与世界观，在汉代张骞以后，曾经有一次机会有可能被打破，而打破这种封闭天下观的最好机会，就是佛教传入中国，但是，遗憾的是，这次机会并没有被抓住，世界不是中国人发现的，新世界观也是从外面进来的，中国人改变这种世界观的时代，还要等到明代万历年间，等到利玛窦绘制出新的世界地图。

## 十、利玛窦《舆地山海全图》之后：中国世界观的转变

1584 年也就是明代万历十二年，来自意大利的传教士利玛窦到达广东肇庆不久，得到知府王泮支持，刻印了《舆地山海全图》，这是第一次在中国刻印的西洋式世界地图。

从十六世纪下半叶起到十七世纪，根据这一地图绘制的各种地图不断出现，现在可以看到的就有十二种，当时，连利玛窦都担心，皇帝要是看到这样的地图，把中国画得这么小，会不会怪罪我们藐视中国人，而很多守旧的大臣也确实攻击过这一世界观是有意地夸大外夷而丑化中国，并且把它与《山海经》的想象世界、邹衍的"大九州"联系在一起，说这只不过是抄袭了中国古书编造出来的谎话，"以中国数万里之地为一洲，妄谬不攻自破"。可是不仅李贽、方以智、谢肇淛、李之藻、徐光启等知识分子接受了这种世界观，而且，万历皇帝也很高兴，这个死

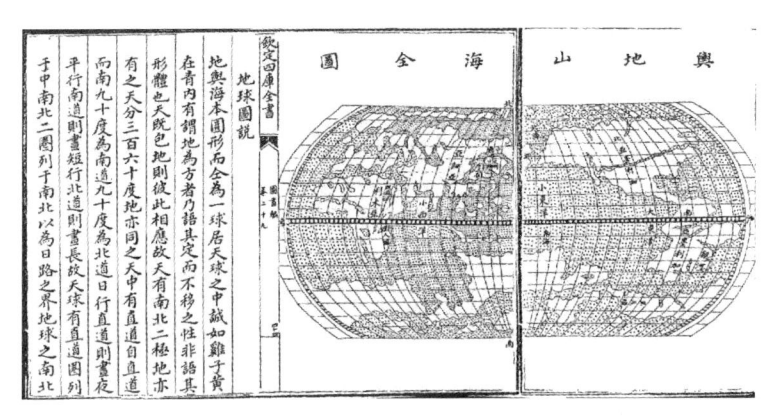

《舆地山海全图》

西洋地图中的中国

后葬在定陵的皇帝,并不懂得这个"天下"变化的意味,倒很乐意地让太监根据这一地图,绘制大幅的《坤舆万国全图》屏风,这样一来,这幅地图就有了合法性,也就是得到官方认可,有了合理性,也就是得到知识阶层的认可。

其实，利玛窦地图也是有一些观念上的目的的，他想使中国抛弃大中华文化优越，而接受天主教文明，他说，"当他们看到自己的国家比起许多别的国家来是那么小，骄横可能会打掉一些，会乐于与其他国家发生关系"。的确，古代中国在与其他国家打交道的时候，总是把关系定位在"朝觐""朝贡""觐见"，或者是"和蕃""绥远""抚夷""理蕃"等上，很少有平等、多元的观念，日本的国王在隋代时曾经用"日出国王致日落国王"的称呼，其实就引起了中国人的不快，就连后来的英国使节马嘎尔尼朝觐乾隆，也为了各种等级和礼节问题闹得不可开交，但是，从思想史上来看，这一次地图已经引起了一个深刻的变化。因为它开始告诉中国人：

（1）人生活的世界不再是平面的，而是一个圆形的。

（2）世界非常大，而中国只居亚细亚十分之一，亚细亚又只居世界五分之一，中国并不是浩大无边的唯一大国，反而很小。

（3）古代中国的"天下"、"中国"、"四夷"的说法是不成立的，中国不一定是世界中心，四夷则有可能是另一些文明国度，在他们看来，中国可能是"四夷"。

（4）应该接受"东海西海，心同理同"的想法，承认世界各种文明是平等的、共通的，而且真的有一些超越民族／国家／疆域的普遍主义真理。

## 十一、从天下到万国

如果接受这种观念，那么，传统中华帝国作为天下中心，中国优于四夷预设，就将被彻底打破。可是，这些历史悠久的文化上的"基本假设"，在过去人的观念中，长期以来是天经地义、毋庸置疑的。它在传统思想世界中曾经是中华文明的基石之一，然而，当这个基石被推翻，中国不就将"天崩地裂"了吗？

当然，这个"天崩地裂"的过程是很漫长的，它从明到清。不过，它确实使古代中国世界观发生了裂痕，本来大家无须去思考而接受的观念基础被打破了，连《图书编》《方舆胜略》《月令广义》《格致草》《地纬》之类的综合类书，都接受了它，说明这种地图连同它的"世界观"，已经开始在瓦解这个古老中国的知识思想与信仰，虽然真正变化要在晚清才凸显，但是，从那时起，世界图像的改变，就预示了中国人将被迫接受一个痛苦的事实：中国不再是世界的中心，中国观念世界，也将被迫从"天下"走向"万国"。

# 第二回

## 从婚礼丧仪想象古代中国

**引子：想象古代，如何想象？**

　　这里要讲的，是涉及古代中国的亲族、伦理和政治多方面的话题。不过，要了解古代中国的伦理和政治，就先要谈一下古代中国的家族和仪式。为什么？原因很简单，因为古代中国的伦理和政治有很多大道理，看上去很笼统很抽象，其实都有很具体的经验和生活的背景，特别是古代中国的儒家，很多人觉得它很伟大，很高尚，但它的很多伦理和道德思想，其实就是从当时的家族、生活和仪式里面引申出来的一套规则。"礼云礼云，玉帛云乎哉，乐云乐云，钟鼓云乎哉"，说起来，那些三亲六戚、行礼作揖之类的旧时风俗，却支持着好大一个民族和国家的伦理和秩序。

　　旧时风俗当然是古代故事。也许你会觉得，我们所讲的古代中国，是个很陌生的过去，那个时代的生活世界，离现在的都市生活很远。现在的城市里，充满了精品店（boutique）、染头发、卡拉OK加上灯红酒绿组合起来的文化，包围着我们的，是各种流行书籍、时髦衣裳、计算机网络，古代的生活世界在感觉上的确离开我们已经很遥远了。要理解古代，就需要我们有一些想象力。当年我读大学的时候，我的老师就告诉我，学习历史不能单靠读古书，读文献，有时要多看文物，在文物环绕之中感觉古代，有时还要有文学家一样的想象力，在古书的背后想象出文字没有书写的历史,换句话说,就是尽量地暂时离开"现在",通过历史图像和文献去想象一下,如果我生活在一百年以前甚至更早的时候,我们这些人的生活场景到底是怎么样的。当然,这种想象也不是随意的,现在,很多人对古代生活与文化的了解,是通过小说、电视、评书,看了《三国演义》《水浒传》,以为古代人就是这样的,曹操是白脸,关公是红脸,包公是黑脸,古人可以三拳打死镇关西,徒手打死老虎,还可以喝十八大碗酒。看了"雍正皇帝"以为政治就是这样的,皇帝就是那样清正廉明或者阴险毒辣,有时还有些风流韵事的。看了"还珠格格"以为清代的格格可以很浪漫,不仅可以放肆大笑,而且可以到处乱跑。其实,那个时代绝不是这样的,至少大多数人的生活不是那样的,所以说,想象古代,需要体验,也需要考证,通过历史文献的阅读和实地考查的证据,不断校正我们的想象。

可是,那个古代中国真的和现代中国那么遥远么?真的只能残存在遥远的过去,存在于那些发黄的故纸堆吗?

## 一、从格罗特在厦门看到的葬礼说起

从一件往事说起。

在古代中国,大概从两千多年以前一直到十九世纪,在那么长的时间里,中国汉族人生活里最常见的仪式,大约是葬礼。谁都知道,人是会死的,不管你怕不怕,愿意不愿意,死亡公平地对每个人都是一次。所以,上至皇帝,下至平民,不管是外国人,还是中国人,都要有葬礼。可是,古代中国的葬礼和其他文明中的葬礼不一样,虽然西洋人也在教堂里有安魂仪式,在下葬的时候要有牧师祷告,但是古代中国的葬礼实在是意味深长,包含的文化信息也更多,因为,在古代中国它并不仅仅是一次和死者告别的仪式,而且是给生者以暗示和教育的一堂课,它还要承担清理和规范社会伦理和秩序的责任。所以十九世纪八十年代,一个西洋人格罗特(J. J. M. Groot)在厦门看了一次完整的葬礼后感受颇多，他从死后的哭泣开始，到吊问，一直看到最后的安葬，他在这个葬礼中看到了整个的中国信仰系统，这次仪式让这个西洋传教士很吃惊。于是，他把它当作中国宗教信仰的重要起点和基础，写在了他的《中国宗教系统》一书开头。

一百多年像流水一样地过去了，这一百多年是中国"二千年未有之大变局"。所以到了现在，城市里已经很少看到这种丧葬仪式了，常常是追悼会、告别仪式、火葬、骨灰撒入大海等等，可是，这是现代社会和现代观念的产物，至少在半个世纪以前还不是这样。就在我很小的时候，就是二十世纪五六十年代，中国还有传统的丧礼，1957年我在天津，住在原来租界区的洋房里，房东的姓名已经忘记了，但这家的小女孩有一个洋名叫玛丽，想来是很崇洋的，可是他们却按照中国传统方法办丧事。死人的棺木就停放在门厅，棺材脚下点了长明灯，在背后和两旁，摆放了很多纸人纸马旗纸幡，晚上风一吹，呼拉拉地响，在昏暗的灯光下似乎都动起来，让人很害怕。到六十年代初，我又看到贵阳街头一次隆重的丧事仪式，丧家请了道士吹吹打打，舞剑击瓦，喷水作法，念经歌唱，而且还在临街挂了各种招魂幡和白布孝幛，在贵州的风中幽幽地飘荡。这些丧事活动，在现在的香港、台湾倒还有，只是内容也渐渐地有了变化，显然是"去古已远"。

图像有时候可以帮助人回忆历史，那么，让我们来看历史图像的记载。有《北京风俗图谱》，画的是北京清代上层社会的人家里办丧事，十几幅好像是连环画一样，画出一个北方满族贵族家里办丧事的过程，第一是《丧事搭棚》，指准备丧事的棚架，第二是《停尸图》，在大厅安置尸体，焚烧纸钱香烛，燃长明灯，第三是《挂孝图》，第四是《首期念经》，指的是七七四十九天的丧事的头一个七天，请僧侣来念经超度，第五、第六是两幅《送三》，指死后三天用纸马车、纸钱恭敬地把死者送走并焚烧纸车马陪葬，第七、第八幅就是《出殡》，指安圹下葬的仪式，第九是《安葬图》，讲棺材入土的情况，第十是《圆墓》，埋后三天，坟墓已经拱好，亲人都去参拜，第十一幅是《烧伞》，古代大官出行有执伞者在后，烧伞就意味着送死者远行，最后第十二幅是《烧

《挂孝图》

船》，意思也是一样，据说死人要在阴间渡过一条鹅毛不漂的阴河，烧船就是为了让他平安渡过这条河，到达另一个世界。

## 二、未知死焉知生："为死人的葬礼都是做给活人看的"

大概格罗特在厦门看到的，就是类似这样的情景，当然，他看到的那次葬礼不是在北京，也不是满人家庭，不过大体的意思相仿。俗话说，"旁观者清"，有时候真的就像苏轼写的那样，"不识庐山真面目，只缘身在此山中"，我们不一定看得清楚，有时反倒不如洋人的"异域之眼"。格罗特的《中国宗教系统》大概是西方学术界最早研究中国宗教系统的著作，它从1892年开始出版，一直到1910年出齐，一共分成六卷，（一）葬仪；（二）灵魂；（三）道教的理论；（四）神祇与祭祀；（五）佛教；（六）国家宗教，大概可以代表当时西方人对中国社会与宗教的观察和理解。在卷一开头的序文中,格罗特说了一段话:"在中国,灵魂崇拜是所有宗教的基础。灵魂崇拜,又是从人是否会死亡开始的。所以,生存着的人会想这样的问题:怎样处置遗骸?这可以显示生存者的思想,因为他在想:遗骸中是否继续住着灵魂?他们还会复活吗?"

这个问题确实很重要。处置遗骸,关注灵魂,是古代中国人宗教信仰的起点与基础,死亡、下葬以及死后世界的想象,在古代中国社会生活中相当严肃。让我们再看一些关于死后世界的想象,古人想象人死以后在阴间的情况,那里有不同的冥王在分管所有的人,有阎王和判官的严厉审判,有各种惩罚,像把人绑在铁柱上用火烧,鬼卒用刀锯开膛挖心之刑等。总之,在古代中国人的想象中,死后世界是一个恐怖的,每个人都必然经历的,但又代表了永恒正义的地方,阴间规范着阳间的道德伦理、观念行为,所以它很重要。但是,我们都知道——当然,古人也明白——"为死人的葬礼都是做给活人看的",换句话说,就是"阴间设置实际上是为了阳间的",关于这一点将来有机会再说,这里我们先不管它。在这里我要提醒各位的是,有一点格罗特没有说到,就是葬礼在中国还有更复杂的内容,这些处理遗骸的仪式,包括葬礼上的衣饰、祭祀时的祭品,以及安葬的方式、服丧的时间等,恰恰包含着建构中国古代社会伦理和政治的起点与基础。**首先,这里包含着关于家、家族、宗族的亲疏与差异。其次,这些亲疏与差异里又包含着社会的等级和秩序。最后,这里甚至规定了家族共同体乃至国家的基本结构。**而这一切,又与古代中国经典中的"礼"的意义相吻合。顺便说一句题外话,正因为如此,西洋学术界对中国的研究里面,一直相当注意这一方面的内容,比如 James L.

阎罗图

Watson 和 Evelyn S. Rawski 合编的《晚期帝国与现代中国的死亡仪礼》，就是在讨论这方面的社会生活史。

那么，古代中国人的个人、家庭、宗族关系到底是怎样的呢？古代的葬礼和它究竟有什么关系呢？让我先从大家可能都最熟悉的中国关于亲族的"称谓"说起。

### 三、称谓：汉族人的亲族分别

谁都知道，汉族人关于亲族称谓的复杂程度，是世界上数一数二的，除了父母、兄弟、姐妹之外，还有种种复杂的称呼，比起英文世界来要麻烦得多，像祖父（爷爷、太公）、祖母（奶奶、大母）、外祖父（姥爷）、外祖母（姥姥），在西文里只有一个 grandfather/grandmother，西文里的一个 uncle，我们就有伯、叔、舅、姑父、姨父的区别，一个 aunt，就有伯母、婶婶、舅母、姑姑、姨妈这么多的称呼，更何况我们还有姑奶奶、姨奶奶、堂兄弟、表兄弟、表嫂、堂嫂、表姐（妹）夫、堂姐妹、表姐妹、侄子、外甥、嫂子、弟妹、姐夫、妹夫，此外还有什么"妯娌"、"连襟"等，看上去很麻烦。可是，反过来看看，西洋人并没有那么清楚和复杂，甚至和我们很近、受了汉族文化影响很大的日本、朝鲜人都没有那么细，像日文里面，おじさん、おばさん，好像很笼统，可是中国人呢，姑姑、阿姨、婶婶、伯母、叔叔、伯父、舅舅、舅妈，实在是复杂得很。

为什么要那么复杂？当然是要把彼此的亲戚关系分清楚。不过，要分清楚就要有原则，于是复杂里面也有简单。如果注意分辨，汉族人这些非常复杂的称呼里面，又有一个很清楚的界限和原则，**就是第一，中国人对于父亲家的亲人有一种称呼，对于母亲家的人又有另一种称呼；第二，对于大的有一种称呼，对于小的有一种称呼**。当然，在一夫多妻制的古代，嫡庶之间还有不同称呼，太太生的长子叫"元子"、"冢子"、"嫡子"，妾所生的叫"庶子"、"支子"，如果妾生了大儿子，只能叫"长庶男",分得很清楚。中国人常说,"三亲六戚",什么是"三亲"呢?第一就是"**宗亲**",就是自己同一祖先的亲人,以及他们的配偶,像父母、祖父母、叔伯以及婶婶、兄弟姐妹,这是与自己同一姓氏的最亲近的血缘关系。第二是"**外亲**",就是指母亲家里的父母、兄弟姐妹,他们虽然与自己不同姓氏,但在自己出生之前,就已经结成血缘关系了,所以是第二重要的亲族。第三则是"**妻亲**",就是妻子的直系亲属,这种亲缘关系是后天的,是由于婚姻的关系组成的,所以最远。而中国关于亲族的称呼,实在是非常复杂,甚至成了一门学问,古代最早的字典《尔雅》里面专门有《释亲》一节,后来又有李因笃专门写了《仪小经》,把父母、子妇、岳父母、继母等亲族的称呼、给不同亲人写信的格式、描写的诗文、见面时各种行礼、死后的奉祀方法,写在书里让人学习。稍后又专门有人写了叫做《称谓录》的书,书里不厌其烦地解释各种亲族的叫法,包括对自己家的如何称呼,对别人家的如何称呼,对父亲家的兄弟姐妹如何称呼,对母亲家的兄弟姐妹如何称呼,对这些人的妻子甚至他们妻子的各种亲戚又如何称呼。举一个例子,比如"母之兄弟"统称"舅",但"母之兄"是"伯舅","母之弟"叫"仲舅","母之从父昆弟"叫"从舅","后母之兄弟"叫"继舅",你要分得一清二楚,可是这很难。有一次,我给外国学生讲课,提到这一点,大家议论纷纷,我就说,有没有外国人可以说得出来,中国把表妹的舅舅的姨父叫什么,一下子大家都傻了。其实,不要说外国人,中国人也说不清,可是,中国人就是有种种称呼,好像非得把这些复杂的关系规定清楚不可。

那么,古代中国为什么要把亲属的称谓分得这么清楚呢?分得那么清楚又有什么用处呢?


## 四、男女有别:同姓与不同姓

刚才讲到,在这些复杂的称谓中,可以看到的是汉族中国人对待亲属的两个重要的原则，简单地说，一是男女有别，二是长幼有序。这里先讲第一个，就是**同姓的父党与不同姓的母党之间，有明显的等级或价值差别。**

什么是"姓"？《百家姓》里有"赵钱孙李，周吴郑王"等，中国有好多姓，每个姓都有自己的谱系，追溯到古代的源头，像姓李的一定要追到唐代的陇西李氏，姓赵的一定要追溯到宋代皇族，总之要攀上名人，这成了写家谱的习惯。比如姓岳的，总说自己是岳飞的后代，不会说自己的祖先是《笑傲江湖》里的岳不群；姓秦的家谱总是追溯到秦叔宝、秦少游，决不会追溯到秦桧。按照汉族人的想象，同一个"姓"意味着也许有一个共同的祖先，同姓意味着这是同一血脉的延续，是以父子关系为主轴的血缘关系的滋蔓衍生，它是一个认同的标志。在某种意义上说，同一个"姓"，是一家人的象征。当然，"姓"是很广的，并不一定都是可以认同的一家人，老话说，"满天张，遍地杨，旮旮角角都姓王"，现在姓李的据说成了第一大姓了，一个姓几千万人，像我的老家福建有几个大姓，如陈、林、吴、黄，当然不可能都认识，也不一定见面就会亲热。

但是，如果说，这批同"姓"的人们有同一明确祖先，有同一生活地域，有同一祠堂，那就不同了，这些人关系会更紧密。这种同姓的人，会葬在同一片山坡上，会记载在同一部谱牒里，会住在同一个村寨区域，人常说"一笔写不出两个某字"、"五百年前一个锅里吃饭"，就是说这种特别的认同关系。中国人常常会说"香火"，"香火"是指在家族祠堂里有人祭祀、纪念，会点上香火，这意味着同一姓的后代的祭祀活动在延续，自己的生命和血脉也就在继续。

## 五、合两姓之好：古代汉族人的婚礼

不过，有一点很重要，"同姓不婚"是古代中国很早就确立的原则，血脉也好，香火也好，这种延续，毕竟需要与另一个姓氏通婚，生下孩

《迎亲图》

子才行。所以，古代中国人把人伦之始算在"夫妇"头上是有道理的，因为有了婚姻，才能繁衍后代，繁衍了后代，才会有绵绵不绝的家族。

正因为如此，古人把婚礼看得格外重要，大概在古代中国仅次于丧礼吧，民间就把婚礼和丧礼说是红、白喜事。在古代，一个男子或女子，到了成年行过"冠礼"（戴冠束发意味着他已经不再是髦彼两髦的童子）或"及笄礼"（女子成年，要把头发束起来，插上簪子，叫及笄）之后，就进入了谈婚论嫁的阶段。古人很隆重地进行婚礼，要经过很多仪式，我在台湾大学中文系看到叶国良教授制作的动画"士婚礼"，完全按照古代经典来复原当时的场景，就很是繁琐和复杂。

如果我们简单地归纳一下呢，一共就是"六礼"，即六个步骤。

首先，**"纳采"**。就等于是下聘礼，纳采的时候礼物要用雁。

第二，**"问名"**。即男家请人询问女方名字及生辰。

第三，**"纳吉"**。就是占卜吉凶，看两人是否合适，礼物仍然是用雁。

第四，**"纳征"**。就是确认这一门亲事。这时的礼物要用黑丝、一匹四十丈帛以及两张鹿皮。

第五，"**请期**"。就是确定婚事的日期，这时的礼物还是雁。

第六，"**亲迎**"。这就是隆重的婚礼高潮，男家要摆上三鼎、陈设祭品，在北窗下设玄酒，新姑爷乘黑色车，穿着礼服去迎接新人。到这个时候，算是礼仪完成，然后就是新媳妇拜见舅姑，行合卺礼——夫妇成礼。

古代的婚礼很隆重，也很复杂，要经过很长一段时间。你会问，这么复杂干什么？因为这是要给人留下记忆。庄重的婚礼本身暗示着一种郑重、一种承诺，也留下一个人生重大事件的历史记忆。可是，现在这种标准的古代传统婚礼也很少见了。我曾经在贵州苗族地区，看见过相当完整的传统婚礼，甚至新媳妇第二天给公婆做饭，第三天回门，都保留下来，而1993年我在韩国汉城也看到过，新人穿着传统汉族的礼服，要坐轿子，真是让人觉得古人说得对，"虽夷狄之邦，而俎豆之象存。中国失礼，求之四夷"，就是说，"礼失求诸野"，未必汉族人就一定最重视传统和礼仪。

有了夫妇，延续了血脉，和合了二姓。可是，原本同一的亲族扩大了，一姓成了二姓，那么如何处理这里边的互相关系，建立一个共同相处的秩序？恰恰是在夫妇关系上，展开的一种异常复杂但又非常严格的家庭、家族、亲族共同体的关系，才显示了古代中国社会生活的一个特点：就是"内"与"外"的区分，即父母两族之间的差异。

《仪礼·士昏礼疏》书影

比如，站在男性中心立场，妻子的父母即岳父母与自己的父母，是不可以相提并论的（换言之，站在女性立场，则是公婆与父母不可同日而语），表兄弟与兄弟是不同的，姨与姑是不同的，舅舅与伯伯叔叔是不同的，外甥与侄儿也是不同的，外公外婆与爷爷奶奶是不同的……在古代中国，凡是属于"同姓",也就是父系一族的亲族,其亲疏地位都要高于母系亲族,这是没有疑问的一个原则。

## 六、大观园里小社会:从林、薛、史、王与贾宝玉的关系说起

在内外这个原则基础上,各种亲属被严格地区分出远近亲疏来。

这是一个大家熟悉的例子。《红楼梦》里的贾家是一个大家族,这个家庭又与王、薛、林、史等家族有多种不同的亲族关系,于是在大观园里,虽然同是姐妹,真正严格的称谓却是不同的,在贾府里,虽然都把贾母称为"老祖宗",但各自严格的身份称呼也不同。如果站在贾宝玉的立场,就得把父党、母党分清楚:

林黛玉——她与贾家不同姓,与元春、迎春、探春、惜春不同,她是贾宝玉的表妹,她家和贾家是姑表亲,她的母亲虽然是贾氏,但"嫁出去的女,泼出去的水"——贾、林之间可以通婚,所以不是一家人——如果她活着,贾宝玉应当叫她"姑妈"。所以,大家注意,王熙凤刚见到林妹妹时说了一段很有意思的话,大意是说:这个妹妹这么漂亮,不像是老太太的外孙女儿,却像是嫡亲的。为什么"外孙女儿"就不行?因为"外"就不是"贾"家,长得漂亮,遗传功劳就不算"贾"家而是"林"家了。光荣归于"林"家,就是"见外"了,这段话,一石二鸟,恭维了黛玉,也恭维了贾母。

薛宝钗——林黛玉在亲属上还是属于贾家的"父党",那么薛姐姐呢,她的父亲姓薛,她的母亲姓王,只是因为母亲是贾宝玉母亲的姐妹,换个说法,就是贾宝玉的父亲和薛宝钗的父亲娶的是姐妹,那么,贾宝玉和薛宝钗的关系就更远了,贾宝玉他叫薛宝钗的母亲是"姨妈",薛宝钗虽然是表姐,但是,是姨表亲,属于"母党"的亲族。

史湘云——那么史湘云呢?就更远了,她是贾母也就是宝玉的祖母的兄弟的孙女,和贾宝玉中间差了很远,照理说,史湘云的祖父和贾玉的祖母是兄妹或姐弟,那么史湘云的父亲和贾宝玉的父亲他们是表兄

弟，而到了史湘云和贾宝玉，虽然也叫作表兄妹，但是湘云和宝玉的血缘关系却差了两三层了。

虽然说，传统中国是"男主外，女主内"，但是，在分别亲族的时候，男性一系的亲人，也就是父党这边的是"内"，而女性一系的亲人是"外"。俗话说，"胳膊肘子不能向外拐"，就是说，古代中国的感情和价值，是要尊重和偏向自己一姓的。有一句老话叫"女生外向"，就是说女子以后终究要嫁人，要到其他"姓"那里，站在外姓的立场上去。可是，有没有人再细想一想，贾母不姓"贾"而姓"史"，王熙凤不姓"贾"而姓"王"，为什么立场都移过来站在贾家的立场上？其实这就是说，古代中国的观念世界里面，家族的价值是维系在父子直系血缘的远近上的。祖父—父—本人—长子—长孙，在这一条中轴线上，才体现了血脉的中心价值，所以"女性"、"外姓"是依附于这种价值上的。她们的意义在于是否延续了这个"姓"，她们的价值也就依附在这个"姓"上，所以，贾母和凤姐不自觉地都站在了"贾"家的立场上。旧时代，很多女性没有自己的姓名，只是跟着丈夫的姓氏叫"李氏"、"王氏"、薛姨妈、王夫人，直到现在仍然是"范徐丽泰"、"陈方安生"，就是把夫姓冠于前，像贾母，明明是史家的人，却事事都为贾家想，凤姐姓王，嫁到贾家，就站在了贾家的立场上去了，因为她们出嫁生子以后，最重要的亲人已经不再是她们自己的父亲母亲兄弟姐妹，而是她们的丈夫和儿子了，而她们的丈夫和儿子都姓"贾"。

这种男女、内外之分，在古代中国是很清楚的，也是很严厉的。要想消泯这种"内"与"外"、不同姓之间的界限，怎么办？只有一个办法"婚姻"——以前婚姻也叫"合两姓之好"——比如，《红楼梦》里，宝玉很希望林黛玉长期住在贾家不走，但紫鹃就说了，林家的人终究要回林家，早晚要走的，于是宝玉大哭大闹，连玩具船都要烧掉，发了一场病。当然如果宝玉可以把林妹妹娶过来，那么就可以归贾家了，这就是传统中国所谓的"亲上加亲"。可是一家中间有了两姓，两家构成了一个族群，那么就有一个和谁亲，和谁疏，什么是主，什么是次的问题，否则就会大乱了。于是，围绕着婚姻关系，展开了家族内与外、亲与疏的秩序。

## 七、长幼有序：孝和悌

接下来，我们要说第二个原则了，除了男女有别以外，在一个家族里面，最重要的是长幼有序。比如说，同一个 brother，要区分是兄还是弟，在兄弟中间，要有清楚的排行，这在过去家族群体很庞大的情况下尤其如此，比如唐代更是行第极清楚，举唐代大诗人为例，就有王大昌龄、李十二白、杜二甫、高三十五适。不仅如此，就连兄弟的配偶，也要区分是嫂，还是弟妹，是三弟妹，还是五弟妹。同样，同一个 sister，要区分是姐、妹，姐妹的配偶，也要分出姐夫、妹夫。而在同一个 uncle 下面，要分出伯、仲、季、叔，伯、叔的配偶，还要分清婶婶还是伯母。更不要说同一系统下面，各种隔了一层的叔伯兄弟姐妹，更要用排行分清大小，以建立一个长幼次序来安排尊卑的秩序。此外，在过去一夫多妻制时代，还必须区别嫡和庶，也就是正房、偏房。如果有人看过苏童的小说《妻妾成群》，就是后来张艺谋拍的有名的电影《大红灯笼高高挂》，就知道里面的大太太就是正房，可以称为"妻"，其他的二三四房，像颂莲，就是偏房，只能叫做"妾"，她们生的孩子，要分"嫡"和"庶"，太太生的是嫡出，姨太太生的是庶出，而庶出还得分姨太太、通房丫头的次第，汉语里面说的嫡出、庶出、大奶奶养的、后娘养的、丫头养的，里面的区别就很大了，所以虽然贾环和宝玉是同父兄弟，但是贾环是赵姨娘生的，是庶出，地位就不能和嫡出的宝玉同日而语。

中国民间有一句俗话说"皇帝爱长子"，其实"爱"倒不一定。皇帝爱长子，是因为在古代中国，政治的直接继承权规定是给长子（嫡长子）的，大概从殷商以后，"兄终弟及"的继承习惯结束，渐渐就形成这样的原则了，这是为了保证传续的秩序不乱，血缘继承的系统不断，但是民众的遗产分配，倒不是这样的，一般来说是平分，所以叫"分家"，这时候父母的偏爱就起作用了，所以还有一句俗话是"百姓爱么儿"。

父母要"爱"子女，子女就要孝顺父母，前辈要关心后辈，后辈也要尊敬前辈，这在汉族伦理里面，是天经地义的。所以，古代说"孝、悌"，"孝"是指下一代对上一代的忠诚与服从，孔子再三强调"孝"，是为了保证家族秩序中的辈分等级不要紊乱，"悌"是指同一代人中间，小的对大的的尊重与服从。"兄弟阋于墙"是会被人笑话的，而老话说"长兄为父"、"长嫂为母"，则是说"悌"在某种时候，就转为了"孝"——都是长幼有序的意思。

## 八、家庭、家族与家族共同体：同心圆的逐层放大

依靠这种男女有别和长幼有序的原则，建立起来家族的内部秩序，这种秩序经由家庭、家族，一层一层地放大和联系起来，形成了一个个的大的宗族组织，这些宗族组织以同"姓"为纽带联系起来，他们常常是居住在一个共同的区域，拥有一个共同的祖先，有一个共同的祠堂，有一份共同的宗谱，因此他们互相认同，也一致对外。

在这个宗族里，如果有一些曾经中过举或者进过学的人，而且他们年龄与辈分较长，通常会比较有威信，成为领袖式的人物，主持家族事务。从明代起，这些人还享受政府的特殊照顾，洪武十三年（1380年）免除了官员的徭役，一些在乡村的前任官员就享受了这一好处，到嘉靖年间（1522—1566年），那些担任过公职的人更把全部徭役都推掉，成了乡村中的上流人士，他们往往掌握一定的公产，比如义田、族田的收入，也负责一些公益活动的安排，比如祠堂祭祀，还会处理一些公共的财务，像演出时的捐献或摊派。通过"男女有别"和"长幼有序"建立起来的秩序和伦理，他们对同姓的亲族关系进行协调，比如要求族人互相帮助，帮助人们处理纠纷，领导族人对付外姓，甚至组织经济活动。据著名的社会学家弗里德曼（Maurice Freedman）的考察，在古代中国那些曾经有过功名的男性族人，常常会因为他们与官方的特殊关系，成为保护家族利益的领袖，他们维持这一居住空间里的秩

序和团结，还要用撰写家谱、族谱的方式，维持这群人的互相认同的亲密关系，特别是他们还会用"乡约"、"族规"等，来确立这一居住空间的伦理道德秩序。

这样的家族在宋明时代渐渐成型，但也在晚清民初以后，特别是1949年以后逐渐瓦解。现在，很多地区尤其是北方的庞大家族，都渐渐随着历史的剧烈变化、现代生活方式的侵袭和人口的移动而崩溃了，但是在中国南方，比如广东、福建、江西等地区，这些家族还在起作用，像潮州斗门乡的陈氏家族、香港新界的邓氏家族、文氏家族、粉岭的彭氏家族。如果你有机会参加他们的家族活动，尤其是他们的祠堂祭祖活动，你会感觉到：一方面，男女有别是那么清楚，一般来说，祠堂祭祀时，男性族人站在祠堂内，而女眷则只能站在祠堂庭外（或者是左右分开）；另一方面，长幼有序也是那么清楚，不仅已故的祖先要按照昭穆排序，就是族内现存的男性，也要按照辈分和年岁依次站立。

当然，在这种庄严的场合，看着"我们"共同的祖先，想到"我们"有同样的血脉，听着庄重的宣读念诵，看着身边熟悉的面孔，身处其中的人会产生一种强烈的族群认同。使同一家族里的不同阶层、不同性格的人，互相协调成为一个有秩序的社会，依靠的主要就是"内外有别，长幼有序"的观念、制度和仪式，这些观念、制度和仪式维持着大家族内部的团结和延续。

## 九、丧葬仪礼与丧服制度：衣服绝不仅仅是衣服

好了，现在我们回过头来看格罗特的书，他记载下来的葬礼，在古代中国，其意义恰恰就是保证上面讲的亲族分别与亲族和睦的秩序，因为古代中国要在庄严的丧礼中，象征性地暗示和规训男女有别、长幼有序的秩序，而且，还要把这种秩序放大到整个社会，甚至国家，这就是古代中国主流的儒家思想的基础。

中国人常常自称"礼仪之邦"，礼仪礼仪，主要是一些仪式。传说

中"周公（旦）作礼乐"，孔子小时候就会设礼容、摆俎豆。在古代中国，曾经有过很多"礼"，也就是各种仪式和制度，这些"礼"都来源很早，有的可能从三千年以前就已经形成了，这些"礼"被当作每个知识分子必须知道与精通的道理与知识，而且编成了书，成为必读的经典。十三经中就有三部礼书。宋代大学者朱熹重编的《文公家礼》，是从明代中国一直到近代中国乡绅都使用的规定礼仪。而丧礼又是其中最重要的，专门讲"礼仪制度"的儒家经典《仪礼》一共十七篇，居然有《丧服》《士丧礼》《既夕礼》《士虞礼》《特牲馈食礼》《少牢馈食礼》《有司彻》七篇讲"丧礼"。是不是古人重死而轻生呢？不是的，孔子说过"未知生，焉知死"，古人是很重视现世生活的，不过，反过来也可以说，"未知死，焉知生"，前面我们讲，丧礼虽然是为死人而设，但实际上却是为了活人，特别是为了活着的族群的秩序。为什么？因为仪式是用一套清晰的象征方式，依靠有规律的重复，在人们心里产生暗示的行为。它是把一些共同的观念和规则予以合理化的方式，它所形成的观念和规则，对仪式参与者会有潜移默化的影响。

那么，丧礼怎么样影响活着的人呢？

我们来看一下丧礼的内容。在全部的丧礼中，古代中国又特别重视"丧服"。在某种意义上说，"文明"就像是穿衣裳，当衣服不仅为"御寒"，而是为"遮羞"的时候，说明人开始懂遮羞。懂遮羞，就有了羞耻心，有了羞耻心，就有了是非，用现代的词来说是有了道德观。当衣服不再仅仅是"遮羞"而还希望"美丽"，人就有了审美观。因此，虽说亚当和夏娃就是因为有了羞耻之心而被赶出伊甸园，但也因为有了羞耻之心，才成就了人类的文明。从兽皮护暖树叶蔽体，到上衣下裳男女有别，再到王者的华衮黼黻、官员的蟒袍玉带、舞者的羽衣霓裳、死者的金缕玉衣，这就仿佛文明有了一整套规则。要在衣服上区分上下，要在衣服上分辨场合，着革履西服者不宜撸袖伸臂、喧呼喷沫，着长衫戴头巾的不好入柴肆鱼档与人争席，穿泳裤在游泳池并不令人惊诧，而穿着去会客却肯定是"非礼也"。衣服有时是对穿衣者的制约，所以，传统中国特别关心衣服的象征性。古人有"垂衣而治"的说法，一是说垂下衣服，不用动劳，就可以治理国家，一是说垂下衣服，由衣服的象征性暗示就可以清理秩序。

据说，儒家又是特别懂得"衣裳之制"的专家，所以丧礼中如何穿衣服的"丧服制度"，就格外重要。

## 十、五服制：认同、等差与区别的标志

丧礼里面有所谓的"五服制"，就是指在丧礼上，亲人为死者穿的五种不同衣服，而这五种衣服又作为象征，规定着一系列深刻的内容。

首先是"**斩衰**"，"衰"读如"崔"，是指粗麻布作成的丧服，布幅二尺二寸，经线二百四十缕，边上不缝，彷佛用刀剪直接剪开，叫"斩"，也许象征着处于悲痛中的人，无心精心缝制罢。这是在丧礼上儿子为逝世的父亲、妻子为过世的丈夫、诸侯为驾崩的天子、父亲为死去的长子所要穿的衣服，这表示穿此衣服的活人与死者亲缘关系最密切，关系也最重要。据说，这时不仅要穿粗麻衣服，而且要"挂竹杖"、"居庐"、"盖毡枕块"，吃粥饮水，要到祭礼完成，下葬完毕，才能够"寝有席，食蔬食，水饮，朝一哭，夕一哭"。而且，守丧的时间要三年，在那段时间里，人不能饮酒、不可娱乐、不能为官，万一真的有特别的情况需要他出任要职，还要由皇帝出面，这叫"夺情"，就是为了国家，无奈夺了你哀悼亲人的感情。

其次是"**齐衰**"，齐衰的"齐"是指丧服可以缝边，麻布也细了一些（二尺二寸，三百二十缕），规定是"父卒为母"（三年）、"父在为母"（杖一年期）、夫为妻（杖一年期）、为祖父母（杖一年期）、为曾祖父母（三月），用桐木做杖，扎麻绖（腰带），穿稀疏麻鞋（疏履），戴布扎的冠缨。

再次是"**大功**"，大功的麻布又比齐衰的要细（二尺二寸，五百六十缕），穿这种衣服，表示死者与自己的关系又比上面的要疏远一些，比如父亲为儿子（不是嫡长子）、为长女、为姑姑、姐妹、从父

兄弟（即同祖父母的叔伯兄弟）等，服丧时间是九个月。

再次是"**小功**"，小功的麻布衣服就更细一些了（二尺二寸，八百缕），服丧期也缩短到了五个月。这主要是为外祖父母、为祖父母的兄弟（从祖父母）、为隔两房的堂兄弟（指同曾祖父母的叔伯兄弟）等。

最后是"**缌麻**"，这是最细而精致的麻布丧服（二尺二寸，一千一百缕），服丧期也缩短到了三个月，这主要是为了岳父母、为女婿、为舅舅等，显示对外姓的疏远与冷漠。当然，同姓中比较远的如为祖父母的堂兄弟（族祖父母）、为曾孙，也都只是缌麻。

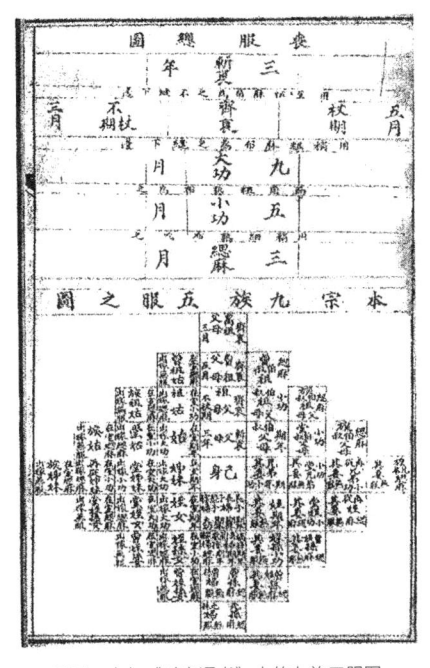

民国二十年《时宪通书》中的九族五服图

——以上叫"**五服**"。需要穿"五服"的，当然是"亲属"，属于一个大家族中的亲人，过去说，某某和自己有亲戚关系，"没有出五服"，就是说关系比较近了。如果一个人要和另一个有血缘关系的异性结婚，无论男子女子，都要考虑是否"出了五服"，如果不出五服，法律、医学和舆论大概都不能允许。在古代中国，这种亲缘关系相当重要，一个人一出生，就注定在这个亲族中，由亲族确定你的关系，也确定你的身份。前面我们讲过"三亲"，中国古代还有"九族"，大家很熟悉的一个事情就是，明代方孝孺因为支持建文帝，被后来夺了皇位的明成祖处以灭九族的大刑（也有传说实际上是灭"十族"，即把没有血缘关系的朋友门生也加上），这九族就是上四代（高祖、曾祖、祖、父）和下四代（子、孙、重孙、玄孙），加上自己，这九族也就是在"五服"内的，就是在丧礼上要穿丧服的亲属。著名的李密《陈情表》中说，自己"外无期功强近之亲，内无应门五尺之童"，前一句"期"讲的就是服丧的时间，"功"就是讲的服丧的衣服，总的意思就是自己没有亲人，哪怕最远的亲人。杜甫《遣兴》里讲"共指亲戚大，缌麻百夫行"，后一句里"缌麻"指有丧事的话需要穿缌麻的亲戚，意思就是说，自己的亲戚很多。

总之，在同一个家族中，远近亲疏也要有一定的秩序，得分清楚上下尊卑，通过丧服等级、服丧时间的象征性区分，一个家族的人大体上就有了认同，也有了分别，亲疏被规定得很清楚，这种血缘亲族的大小重叠的圈子，把每个人安置在一个合适的位置里，使这个家庭上下有序，不会混乱。就连古代中国的法律也根据这些原则，规定着一个人的责任和义务，规定着每个人的身份和行为，所以，有人会说，中国的法律始终是伦理道德的"礼法"。

## 十一、近代中国的葬礼：俗世的改变

1882年，格罗特在厦门看到的，就是这样一场丧礼。这一年，在厦门发生了久停不葬的事情，有人长时期地把死去的亲人尸体存放在家中，供人吊唁，为此，厦门当地的道台曾下了一道禁令，不许久停不葬，格罗特正好在福建调查，便好奇地观察了当地的葬仪。他发现，厦门人的葬礼，在前半部包括了：（1）死哭；（2）使瞑目；（3）开天窗；（4）闭店铺；（5）购置丧服；（6）洗尸；（7）置长明灯；（8）供纸陪祭之人形；（9）乞火灰；（10）移家具睡床；（11）置供品；（12）献供于土地；（13）吊问；（14）警戒猫跳诈尸，此外，还有哭丧与招魂等。若干年以后，美国学者华生（J. L. Watson）和罗斯基（E. S. Rawski）在对香港、广东和福建调查之后，则把整个仪式归成九类：（一）哭丧；（二）着丧服；（三）沐浴尸体；（四）供死者随葬品；（五）供牌位；（六）收仪金；（七）安魂乐；（八）密封棺材；（九）下葬安圹。

不过，他们看到的，仿佛和我们前面介绍的《北京风俗图谱》记载同时的北京上层满族风俗不同，这可能是地方性的制度或仪式，也可能是逐渐修改过或简化过了的世俗丧礼。在古代经典记载中，在两三千年以前的丧礼，原则上是这样的：第一天，首先是"招魂"，就是在屋脊上向北方大呼死者之名，然后将死者之礼服从房上由前檐扔下，下面有人接住，便盖在死者身上。接下来，"迁尸"就是在室中南窗下设床，尸体头在南，用殓衿覆盖。"楔齿"，为在死者嘴中放玉琀。然后是"设奠、帷堂"、"讣告"、"哭泣"、"吊唁、送緩（殓衣）"、"设铭（即旌铭）"、"浴尸"、"饭含"，最后是"袭"，即给死者着衣。第二天叫"小殓"，即陈设、展示殓衣、祭奠、宾客吊唁、夜中设庭燎等。第三天叫"大殓"，大体上节目与前一天相同，但是死者在这一天入棺、成服。从第四天起，按亲疏关系穿戴丧服，朝夕哭，朝夕奠，迎送来吊唁的宾客（后世有用佛道作七之仪式）。入葬（筮宅、备椁及明器、卜葬日、发引、入圹）。此后，就是各种亲属按照不同等级，为死者进行守庐、祭祀，其中，一周年时之祭祀叫"小祥"，二周年之祭祀叫"大祥"，大祥一月以后，举行"禫"，合祭死者于宗庙，于是仪式结束。

最后要说到死者的墓地。这里举一个例子，是福建泉州陈埭丁氏家族的墓地，丁氏是回族呀，但是也受了汉族文明的影响，这个墓地修得非常壮观。有人说，这是中国式的祖先崇拜，所以要修那么壮观。像有的人类学家就说，汉族人倾向于相信，第一，我们的一切都是祖先遗留下来的，好的话是祖先积德，坏的话是祖先为恶，一般来说修了大墓地的家族，都是发达的，所以相信祖先阴德，有一本人类学家许烺光写中国家族的书就叫《在祖荫下》。第二，中国人相信去世的先人和活人一样，有生活的需要，为了免于鬼魂无家可归，所以要建坟扫祭，甚至要烧纸钱纸车纸马乃至纸电视冰箱。可是我们再深入想一想，为什么中国人特别看重这种对于死人的仪式和制度？刚才我们已经说明，这一方面是为了让祖先继续保佑自己和自己的家庭，一方面则为了通过对死者的追悼仪式，维护活着的家庭、家族的秩序。

## 十二、家谱族谱和祠堂祭祀：死去的祖先荫及子孙

一个人去世了，家族的亲人为他举行丧礼，为他下葬安圹，最亲近的人为他守庐，三年以后服丧期满，人们开始继续正常的生活。但是这不意味着人们从此忘记了他，除了他的血脉在他的子孙身上流淌之外，他的生命还在两方面延续着，一方面是他被写进宗谱，进入历史，成为记忆；一方面是他被请进祠堂，享受祭祀，接受膜拜。

祭祖图

这都是宋代儒家学者的发明。据说最早也是最有影响的家谱和族谱，出自两个宋代大名人，一个是苏洵，就是苏轼、苏辙的父亲，据他说他的祖上是唐代有名的苏味道，可是一直到他的高祖，家世并不很清楚，于是从他起就开始写家谱。另一个是欧阳修，他不仅写了家谱，还规定家谱应当从可见的世代开始写起，到五世玄孙以后就"别自为世"。后来，据说《眉山苏氏家谱》和《庐陵欧阳氏家谱》就成了后世家谱族谱的典范。家谱族谱就好像我们通常说的"历史"，它把一批人一代一代地记录下来，把一代一代已经分枝各叶的人联系起来，证明他们本来拥有共同的渊源。

那么祠堂呢？祠堂是祭祀祖先的地方，根据宋代程颐的建议，首先，每一有一定地位的家族都要有庙。其次，庙里面应当有祭祀的对象，以高祖居中，每一代的先人按照昭穆次序左右分列，都以夫妇相配。再次，祠堂应当是三间，外面是中门，中门外是两阶三级，祠堂里面北墙

下为四龛，每龛一桌，从西向东分别是高祖、曾祖、祖、父。最后，每年的冬至应当隆重祭祀始祖（这一姓最早的先人），立春祭祀先祖（五世祖），季秋的时候祢祭（祢，指去世的父亲在宗庙中立主，就是父亲之位）。不过，后来流行的《朱子家礼》则规定，四季仲月（二、五、八、十一）举行四时祭，祭前三天要斋戒沐浴，前一天清扫祠堂，置神位，当天清晨家族的主人就是宗子率全家族列队祠堂，举行祭祀活动，因为《朱子家礼》后来相当权威，所以这成为常规。

家族的历史和家族的仪式增强了家族的认同感和凝聚力。在古代中国甚至是现代中国，家谱族谱非常繁荣，家族祭祀也很受重视。这在许多人类学社会学调查中都可以得到证明。为什么？说到底，是因为家族对每个人都很重要。有学者指出，第一，从生命的意义上说，国家、制度、法律主要兼顾公平和秩序，不管人的死活，在饥荒、战乱、无序的时代，人们觉得更能依靠的是家庭、家族，所以古代的宗族对个人生命的延续是相当有意义的。第二，从安全的意义上说，他人就是"陌生"，人不能指望仅有竞争关系的"他人"，处处都有危险，所以只能依赖家族的认同。我们如果去看闽西客家的围楼、贵州苗族的山寨、北方平原所谓的"土围子"，那些逐渐形成的家族聚居方式，可以让我们体会到一种寻求安全的需要。第三，从感情上说，"家"是温暖的象征，无论在任何情况下，家庭和家族都有无条件的爱，中国的俗话讲"金窝银窝，不如自家的狗窝"，为什么？就是因为那里有无条件的爱，陶渊明所谓"归园田居"，那个"归"字里面，就有根回归泥土的意味。人们都熟悉"鸡鸣桑树颠，犬吠深巷中"的诗句，这种感觉在《诗经》里面也有，"鸡栖于埘，日之夕矣，羊牛下来"，黄昏时牛羊回到山下的圈里，也和子孙回到老翁倚杖的柴扉是一样的，都是"到家的感觉真好"。第四，从文化认同的意义上说，墓地、墓碑、祠堂、家谱，比正史更重要，因为正史的认同范围太大，它是国家；地方志所认同的范围是一个州一个县，只是一个政治空间。但是家谱、族谱的认同，是有自然血缘关系的一群人，是祖祖辈辈生活的一块地，特别是祭祀，在对死者的庄严祭祀中，在宗庙举行的各种仪式里，面对着死去的亡灵与祖先，家族内部好像有一种很强烈的"认同"感,在那种仪式上,人们会想,我们是同一个祖先的子孙,我们是一个姓的亲人,我们应该对得起祖宗,这种来自于"血缘关系"的自然感情,在这些仪式中被召唤出来,同时,通过这些仪式,也把亲族的秩序制度化了。

## 十三、家族与仪式在古代中国社会生活中的意义

最后我想说的是以下三点。

第一,在古代汉族中国,家族的墓地、祠堂、祭祀的仪式,以及乡约、族规、家法和家谱,是社会生活里非常重要的基础,古代汉族中国之所以能够在法律并不很细致的情况下,会有一个相对比较稳定的秩序,有一个大体的认同的共识,就是因为有这些东西在支持它,组成一个一个的社会单元。第二,从历史上我们还可以看出,当国家和政府的力量强大的时候,宗族、亲族是对抗和抵消国家控制力量的一个社会空间,好像一个隔离层一样,防止着国家力量对于个人生活的直接控制,而当国家力量一旦削弱,它就会作为民间社会,补充国家对秩序的控制,维持生活秩序。比如清代末年,各地的民间社会以及乡绅的势力超越国家的势力,他们以团练(民间军事力量)、保甲(民间社会组织)、乡约(民间礼法)维持着社会的秩序,甚至发展起来庞大的力量,参与着国家的管理和控制,如曾国藩的湘军、李鸿章的淮军等,所以它是国家与个人之间的力量,维持着国家与个人之间的平衡和稳定。第三,中国家族与仪式的重大变化出现在近代,由于西洋的进入,由于市场一体化、交通的便利和人口的流动,由于国家渐渐直接干预着个人生活,所以这种中国式的宗族形式在近代渐渐瓦解。

可是,最近由于地方经济如乡镇企业的崛起,宗族在民间社会又开始重新活跃起来,如果我们到浙江、福建、广东、江西去看,就会发现这一点,而如今的家族重建家族墓地,重修祠堂,重修家谱,也正是在"国家"依赖和约束渐渐削弱的情况下,重新寻找"认同"的基础——

宗族，重新建立社会生活的秩序——并非国家法律的礼法。

我们应该怎样评价这种家族形式、家族仪礼以及家族伦理呢？中国的这一社会形态，对于习惯于"现代化"、"全球化"之类以西方历史与社会为准绳评价历史和现实的学术界，其实是一个很大的难题呢。

# 第三回

## 家国秩序——国家、社会与儒家

### 引子:从"家"到"国",从"礼"到"法"

也许真的是"旁观者清"。洋人常常把中国说成是个"儒教国家",如果我们不在"宗教"这个词儿上和他们较真,可能他们说的也有一点儿道理,因为维护和支撑古代中国文化两千多年一直延续的最重要支柱就是儒家学说。

儒学当然很了不起,不仅古代读书人都读儒家经典,现代研究中国的学者也最重视儒家,就算是有的人从心底里喜欢佛教、道教,但是一回到国家、社会和家庭这个现实问题上来,还是要抬出儒家学说。比如说,现在有人想象在这个"全球化"(globalization)的时代,必须再度复兴儒家,才能应付这个越来越"一球(儿)样"的世界。又比如说,一个包括各个宗教共同讨论的"全球宗教伦理宣言"也说,尽管各个宗教有很多冲突与差异,但是,儒家的"己所不欲,勿施于人"就是大家共同可以接受的伦理底线。

是不是这么回事儿?咱也不好说。古今中外很多学者、很多著作都讨论儒家,关于儒家的书可以用"汗牛充栋"来形容,不过,现在的著作讲得太深太玄,说得好听些,是学术气学院气太重,太深刻。说得不好听一点儿,就是浓墨重彩加油添醋,越说越邪乎。其实,儒家的道理基础,就在"家"和"礼"上面,前面一回我们谈到了古代中国的家庭、家族和仪式活动,这次就要谈谈从"家"到"国",从"礼"到"法"。有国有法,国法国法,从"礼"到了"法",儒家思想才成了帝国的政治意识形态了。

所以,这里就谈谈古代中国的国家和关于国家的学说,也就是中国古代的儒学,以及它的起源、思想以及它的意识形态化和制度化问题。

## 一、家有家规,国有国法:从家庭、宗族到国家

西方人说"国家"是 country、nation、state,日本人说"くに",都没有"家"的意思,最多有"乡土"、"政治共同体"的意思,只有中国,才把"国"与"家"连在一起说,《古文尚书·金縢》里就有"惟朕小子其新逆,我国家礼亦宜之",《论语》里面虽然没有直接说国家,但《礼记》里面记载孔子曾经说"天下国家可均也,爵禄可辞也,白刃可蹈也,中庸不可能也",前一句提到"国家",就是《论语》里面说的"丘也闻,有国有家者,不患寡而患不均",把国和家放在一起,而且治理的原则都是一样,就是贫穷不可怕,关键要公平,是很有社会主义色彩的,不过,他说的国和家,是当时诸侯城邦。而到了孟子呢,那个时候不同了,所以,他讲"国家"讲得就更多,最典型的说法,就是他说的"人有恒言,皆曰'天下国家',天下之本在国,国之本在家,家之本在身",这话反过来说,就是《大学》里面的正心、修身、齐家、治国、平天下了。

"国家"还可以倒过来说"家国",像古话讲"家国有难"。其实,在古代中国思想里,家和国只是一小一大而已,一直到现在还有流行歌曲唱"我们的大中国呀,好大的一个家",所以,很多人在说到这个意思的时候,常常用一个成语叫"覆巢之下,安有完卵",小"家"好像鸟蛋,如果国家这个窝翻了,蛋也保不住。俗语说"保家卫国",这是因为古代中国就把"国"看成是放大的"家",所以,县官叫"父母官",君主叫"君父",对君主不恭敬叫"无君无父",犯上作乱的人,按孔

子的说法，之所以他没有尊敬上面的心，就是因为他不孝，在家不孝顺，出门就不忠诚。犯上作乱，无君无父者，在古代中国的观念中，那是"禽兽"，而不是"人"，至少他不是"汉人"。所以按照儒家中国的正统观念，作为一个人，要对父亲孝顺，对君主忠诚，所以古代有《孝经》和《忠经》，也有各种关于孝和忠的法律规定。在古代中国，如果一个人被认为是"逆子"，他就在道德上根本站不住了，如果他被认为是"乱臣"，那么他就在政治上站不住了，如果说他"卖国"，那他就根本不是一个人了。

## 二、国家国家：国在家之上

家是国的基础，家族的秩序和原则放大了，就是国家的秩序和原则，"麻雀虽小，五脏俱全"，"家有家规，国有国法"，所以古代拥有伟大理想的人，从小先从每天洒水扫地开始，想治理国家，也要先从治理小家开始，这叫"一屋不扫，何以治天下"。儒家有一句有名的话，"正心、修身、齐家、治国、平天下"，先是治心，再治身，然后以身作则，治理家庭，治理家庭的能力放大，就是治国的本事。

不过，从历史上看，古代中国价值观念系统里，"国"的意义和价值超过了"家"，一直到今天，关于"主权"和"人权"的争论，还是没完没了在进行，中国人和西方人看法就是不一样。在古代中国的价值表上，好像是按照大小排序，"国"比"家"重要，"家"比"人"重要。这种看法很顽固，也很深入人心，文雅的说法，如上面所说的"覆巢之下，安有完卵"，通俗的说法，像"大河有水小河满，大河无水小河干"，"忠孝不能两全"……都是把大家放在小家上面，把集体放在个人上面，这是价值观念。

这一点，西洋人也早就看出来了，为什么？因为它和近代西方以个人为基础的自由价值观念很不一样。对与自己不一样的东西，外来的人就会特别敏感。差不多一百年前，有一个到中国来的英国人麦高温曾经说中国"把家庭作为起点,是因为在这里体现着一整套观念。这种观念认为,个体必须乐于将个性与意志和家庭或家族结合起来,并作为范例推而广之,运用到社会其他方面",这当然很好。不过他也看出来,这样的原因使得整个中国形成了一个"相互负责"也就是"连坐",却又没有个人承担"责任"的体制,也造成了国家的专制。为什么?因为皇帝除了向"天"负责之外,可以像"家长"一样为所欲为。他的这篇文章曾经登在上海的《北华捷报》上,后来编辑成书在英国出版,最近又译成中文,叫做《中国人生活的明与暗》,大家可以看一看这些洋人的东西,这叫做借"异域之眼",有时候"当局者迷",反倒不如"旁观者清"。

### 三、国家与秩序的需要

没有什么是天生的,中国汉族人的传统也一样。这种后来成为儒家基础的价值观念,并不是天经地义的。根据考古学家和历史学家近年来的研究,古代中国是由松散的部族联邦构成共同体,由共同体构成大联盟的,人们生活的基础和认同的单位,最初还是家庭和家族。想一想就明白了,在交通不方便的情况下,谁知道另外一个地方的人和我是不是一条心呀?比如我曾经在西南的大山里面生活过,就知道那里苗人多数连县城也没有去过,而粤西十万大山的村寨呢,隔山跑死马,交流根本没那么方便,至于闽西的客家寨宅,一个个的圆形封闭着人们的交往,与外界也相当隔膜,但是,理论上他们也都可以认同一个很大的区域和族群,说起来"我们都是中国人",虽然人们并没有多少交流和沟通,那么,他们怎么会知道"我们"属于一个"国家",甚至是一个"民族",并且相信这个国家和民族是可以信任和依赖的呢?

从历史上说,古代中国很多关于国家的观念和社会的制度,都是从家庭、家族、宗族这里引申出来的,这种合理性认同来自人们对于身边的家庭、家族和宗族秩序的理解,人们觉得这个秩序有道理、可以依赖,所以被渐渐放大，就成了普遍伦理和国家制度。当然，这种对于民族和国家的认同是需要的，单个的人，会觉得孤独和恐惧，当他面对一个硕大无边的空间和无数陌生的族群，会觉得自己很孤立，所以特别需要一种可以互相信任的群体。就像你到一个"外国"，突然周围都是听不懂的话语，你会觉得很紧张，你不知道周围的人是怎么看你的，你会觉得孤独，你也不知道他们是要对你不利，还是要对你友好，你会觉得你自己很渺小。这就好比你进入一个陌生的大楼，没有图纸，没有灯光，你也会觉得很恐怖，要看看门背后，要翻翻床下面。所以人需要"群"，这个"群"就是民族、国家和社会，而"群"又要有一些共同点，比如讲同一种语言，你会觉得彼此熟悉，长相接近，你也会觉得天然亲近，生活习惯相同，你也会觉得是同一"群"人，因此可以彼此相信。

可是，从家、家族扩大到一个民族、一个国家、一个社会，又需要有秩序，不然就会乱。那么，这个秩序怎么建立？先看"家"，一个家庭或家族，不同身份与辈分的人居住在一个空间里共同生活，如何使这种生活有秩序、不混乱？这种秩序靠什么使大家都服从与信任？上次我们讲到"男女有别和上下有序"。国家的问题也是一样的。一个国家需要面对的第一个问题，也就是如何使不同阶层、不同文化、不同信仰的人都在一个空间中生活，而且互相和睦相处。我们前面讲过，在家庭、家族里，有伦理上的等级，包括父党母党、长幼上下、嫡庶亲疏的区别，必须使每个人都知道自己的身份和等级，也知道他人的身份和等级，根据这种自我和他人的位置和关系，采取适合的态度，处理"我"与"自我"、"我"与"他人"的关系——其实是全部价值观念的基础和起点。

关于这一点，东西方、古近代都一样，但是具体而言却有差异。古代中国呢？上下有序和男女有别很严厉，意识也很强烈，比如我对父母，要奉养，要恭敬，要侍候，可是，我对我的叔、伯，要用对非直系长辈的态度，不用"晨昏"去拜谒，但要尊重；我对侄、甥辈，要求他们服从，但不过分严厉。这样就叫"男女有别，长幼有序"。这些观念成为习惯和风俗，如果加上家规、族规、乡约的文字书写，就成了一种"规定"。先秦时代形成"礼"，到唐宋以后，又有各种各样的家礼、家规、乡约。

但是，如果这种"规定"再扩大到国家，把父与子、兄弟、夫妇、长幼的关系扩大到君与臣、大臣与小臣、士农工商的秩序，如果这些"礼"（背后是舆论与共识的支持）得到"法"（依赖着法律与权力的控制）的支持，那么，它就成了一种"制度"，而"制度"有了"权力"，于是，就形成了放大的"家"——"国家"。

## 四、儒家的礼：礼貌、礼节与礼制

这些礼法观念与规定，在古代中国多来自儒家。

儒家有一些话，也许大家都熟悉，像"非礼勿视，非礼勿听"，像"不学礼，无以立"，像"克己复礼"等。但是，怎样要求"人"都遵守这些"礼"？怎么提醒每个人都记住这些"规定"呢？在古代中国，儒家有不少关于"礼"的经典和著作，有很多对"礼"的解释，佛教和道教等宗教也有很多劝善书宣传各种关于做人的道理，民间各个地方和家族也有家规、乡约在补充这种关于伦理的具体规定，这都是广义上的"礼"。

在古代中国，"礼"是很重要的，每个人的一举一动一言一行，都在这种"礼"的规范之下。举一些例子，比如儿女对父母，宋人的《居家杂仪》里就规定，儿子、媳妇在天刚亮时就要洗漱、整齐衣冠去"省问"父母、公婆，他们起来后，儿子要奉上药物，媳妇要奉上早餐，到夜间，要等到他们睡下无事，才能"安置而退"，而且吃饭要等父母、公婆先举筷子，说话要对父母、公婆"下声怡气"，不能"涕唾喧呼"于他们面前，他们不让坐只能站，他们不让走就只能侍立在旁边。又如居家男女之别，必须辨内外，男主外，女主内，男人白天不进中门私室，女子无事不能出门，女子要走出中门，要"拥蔽其面"，男仆进中门有事，女人一定要避开。正朔在祠堂祭祀祖先，男人站在（左）西边，女人站在（右）东边，朝北站，各以长幼为序。再如葬礼，要按照自己与死者的关系远近，以不同的时间长短，穿上不同的衣服，为死者致哀，这样就在生者中确立了长幼尊卑的关系。

所以古代的礼仪是很繁琐也是很细致的，对每个人的行为、思想、态度都有仔细的规定。这种规定虽然针对个人行为，但实质上，却是维护群体生活，虽然在规劝的时候是"礼"，但是在执行的时候，如果有一定的权力，它就成了"法"。特别是它被家族或宗族作为"乡约"、"族规"规定下来之后，它就常常有惩罚的手段，中国古代留下很多地方文献，里面乡约族规就很多，有的很严厉，甚至残酷。比如姚江俞氏和海域尚氏规定的，如有"妇女淫乱"，就会勒令她立即"自尽"，或者由人来"勒死"，处罚最轻的镇海朱氏，也规定要让犯者"出族、离归"；如果族人有"偷盗"，镇海朱氏就规定要"驱逐出族"，或者绑了告官，严厉的像宜荆朱氏，甚至会勒令"全家出族"。那么，如果是出现了"不孝"的子孙，怎么办呢？一般他们不要政府干预，而是在家族内部解决，兴化解氏是"痛责，不许入祠"，合肥邢氏是杖责，吴郡陆氏是家法处治。有时候，对于家族内的犯规违法，也送交官府严厉处置，像《金山县志》就记载了官府对通奸犯实行凌迟处死，当然，这已经不再是家族内部事务，而是官府出面干预家族内部的伦理道德秩序了。

这就接近"法"了。顺便说一下，现代的民主制度下面，很重要的原则就是平等、自由和公正，"秩序"依赖公正的法律来维持和维护，"权威"要依靠民意选举出来的议会来确认，对权威的"监督"又要有不同的机构，包括三权分立、舆论监督，而国家则建立在"契约"式的约定上。可是，在古代中国，"秩序"是按照家、家族、宗族的方式建立的，由不同的等级区分来维持，最高的等级是最老的男性长辈，这个人的"权威"是由权力、等级确立，没有有效的"监督"，主要依靠道德自律和伦理约束，家族与国家都建立在这样的基础上。所谓"家有家规，国有国法"，"家"放大了是"国"，"礼"有了制裁的手段就成了"法"。在中国，"家规"与"国法"是一脉相通的，福科（Michel Foucault）在《规训与惩罚》中说，国家需要纪律，需要监视公众的权力，即一种"持久的，洞察一切的，无所不在的监视手段。这种手段能使一切隐而不现的事物变得昭然若揭"。那么，有什么能比奠基于人的血缘关系的"礼"更合适的呢？按法律史学者的解释，中国的法律是一种礼法，它不同于自然法，它的合理性基础来自对伦理的共识，而对于伦理的共识又建立在对亲族关系的认识上。人会很自然地因为血缘关系，承认这些"礼"的合理性，所以也会很自然地接受它，并自觉地遵守它。于是，道德的监督者就不再仅仅是外在的监狱和警察，而是内在的理智与观念。孔子说"克己复礼"，又说"礼，禁乱之所由生"，就是因为它有这种意义。而在这种意义上，"礼"常常就是"法"，儒家和法家本来就是一家，而"国"也不再仅仅是外在的政府与军队、地域、政治组织，而是自己的"家"了。

## 五、仪式：靠象征建立秩序、合法性

可是，维持"家"与"国"的秩序，还不能仅仅依靠存在于心灵中的"**观念**"（idea），也不能仅仅依靠存在于文字中的"**规定**"（stipulation），而且必须有一套赋予它合理性的"**仪式**"（rite），自殷周时代起，这种仪式就特别复杂。对于"家"来说，在公众节日中，全家或阖族到祠堂里祭祀共同的祖先，在祠堂里，要按照男女、辈分、亲疏的不同，穿上不同的衣服，在祖先（立尸）面前排列起来，用丰盛的祭品（血牲、鬯酒）、庄严的音乐（伐鼓、击磬）、严肃的承诺（祭词、祝祷）来沟通自己和祖先，在祖先亡灵面前，在庄严肃穆的气氛中，家族的这种"长幼有序，男女有别，亲疏远近有等差"的秩序，就得到了公众的认同与尊敬，就有了合法性与合理性。而每一个人也都在这仪式中，确认了自己的血缘来源，自己的家族归属，自己的位置。一个传统的中国汉族人在仪式上看见自己的祖先、自己的父祖、自己和自己的子孙的血统在流动，就会觉得生命永恒不止地在延续。他一看到这仪式中的家族，他就觉得不再孤独，自己是有"家"的、有"族"的，甚至是有"国"的，他就不是漂泊不定、无家可归的浪人，而"宗庙"、"祠堂"及仪式，就是肯定和强化这种"秩序"与"价值"的庄严场合。

仪式也成为"古代国家"获得合法性与合理性的重要来源。现代人都知道，每个国家、政府、政党或者领袖都没有必然的权力或天命的权威，像最了不起的皇帝，后代最崇拜的唐宗宋祖，其实都是杀了本来有继承权的兄弟，骗了周世宗的孤儿寡妻，才得到权力的，他们的合法性，其实是靠其权力和政治，加上后来人的历史评价赋予的，连孙悟空都会说"皇帝轮流坐，明年到我家"。秦汉之际，项羽说过，秦始皇"彼可取而代之"，刘邦则说"大丈夫当如此"，陈涉也说"王侯将相，宁有种乎"，如果刘邦不是最后的战胜者，他的刘氏皇朝怎么会有合法性和合理性？至于什么芒砀山斩蛇的故事，都是后来攀龙附凤的想象。接下来，连造谶言的都要造"卯金刀"，好像天下命定就是姓刘的。刘秀接着建立东汉王朝，也传言上为帝星，最后，连刘备都好像有了当然的天子命，诸葛亮这些人还就是相信刘家天下的当然性。可是，唐代谋反的黄巢说"他年我若为青帝，报与桃花一处开"，可见，皇权并没有当然的合法性和合理性，只是靠了权力建立的。

除了力量（power）之外还有什么呢？按照韦伯（Max Weber）的说法，皇权和王朝通常依靠三个方面的支持，一是**共识**（观念认同），也就是说，它是大家觉得可以接受的、有效的政府；二是**规训**（权力制约），它有军队的力量，迫使人们接受政府；但它还必须有第三个东西，就是**仪式**（象征系统），即得到上天承认与民众认同的象征式活动。所以，王朝要有仪式，从殷商起就有"禘"（祭天帝），后来不仅有"封泰山"（祭天），还要"祀汾阴"（祭地），像北京就有天坛、地坛、日坛、月坛、先农坛，还有"宗庙祭"、祭祖，殷商有"衣祭"，即一年为期的"周祭"。也有以祖宗配天地一起祭祀的"南郊大祭"，据考古发现，古代的祭祀很多很多，场面也很大，像近年发现红山文化祭坛、三星堆祭坑、南京六朝时之祭坛、唐代的圜丘，都很庞大很壮观。

言归正传，古代中国的儒家，最早就是从主持仪式者那里发展起来的。大家都知道，儒家学说是中国传统里最重要的学说。不过，这一套伟大的学说，在本质上只是一门关于"秩序"的学问，而这种关于"秩序"的学问的基础，却是古代的巫师从主持各种仪式的知识中归纳，并由孔子阐释和发展起来的。

## 六、什么是"儒"？"吾与史、巫同途而殊归也"

据章太炎说，"儒"原来写作"需"，"需"是求雨的巫师，胡适在《原儒》中说，儒是"殷商的教士"，以"治丧相礼"为业，这都有一定的道理。从思想发展上看，我也比较相信，"儒"之起源，源于殷周时代参与仪礼操持的巫祝史宗一类文化人。把儒士视为巫祝的后人，并没有半点对其不恭的意思，其实孔子自己也曾经说过，自己和巫觋有很深的关系，马王堆汉墓帛书《易传》中有一篇《要》，其中就引了孔子的话说，"吾与史、巫同途而殊归也"，为什么与史、巫同途？史是负责古代天象观察和推算的，也包括根据天象运行的"数"推测吉凶，就是"数术"的"数"，而巫是负责古代生活中趋吉避凶，祈禳占卜的，就是"数术"的"术"，可是据孔子解释，巫是"赞而不达于数"，史是"数而不达于德"，"赞"通"祝"，《易·说卦》"幽赞于神明而生蓍"，"数"是历算推步星占一类知识。可见，孔子也认为他自己与巫祝史宗是同出一途，只是他从沟通鬼神的"祝"和历算推步的"数"进一步求人心的"德"，所以，他说自己与史巫不同，"吾求其德而已""我后其祝卜矣，我观其德义耳也"。所以，《说文》也说儒是"术士之称"。

还有一个很明显的证据。我们从各种古代文献中可以

明代所绘孔子像

看到，早期的"儒"都很重视服饰的象征意义，特别讲究穿衣戴冠的学问，这就很像古代的巫师。《仪礼》里面有很多关于衣服的学问，不过这不是 fashion，不是为了美观，注重服饰的象征意义本来正是早期巫祝史宗操持仪礼所形成的习惯。在早期的宗教性仪式中，象征了神灵的巫祝是要特别讲究服饰的象征意味的，《楚辞·九歌》中说"灵（巫）偃蹇兮姣服，芳菲菲兮满堂"，"姣服"就是穿着漂亮的衣服。从文献中看，"儒"所注重的服饰是很传统而且很有复古色彩的。据说，孔子小时候爱摆弄俎、豆，像扮家家酒似的主持仪式。《礼记·儒行》中记载孔子自己的话说，他年长后，在宋国居住，"冠章甫之冠"。

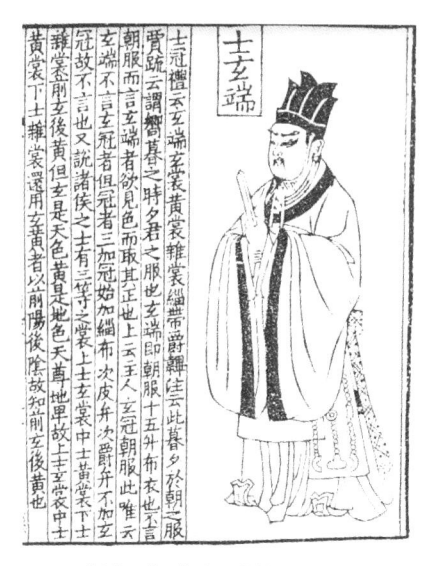

《新定三礼图》中所载的"士玄端"

《论语》记载他的学生公西赤的理想是"宗庙之事，如会同，端章甫，愿为小相焉"。《墨子》记载孔子弟子的弟子公孟子总是戴着"章甫"，插着"笏"，穿着"儒服"来见他。也就是说，儒者穿的衣服都是古代巫师主持仪式的服装，"章甫"是殷代的冠饰，是高高的儒冠、"绚履"是有装饰的华丽靴子、"绅"就是扎着宽宽的大布带子，"搢笏"就是在腰带上插着笏板。现在把上层知识分子叫做"绅士"、"搢绅"就是这个意思。《荀子》里面曾经引孔子的话，说儒者是"居今之俗，服古之服"。据说，当他们穿了古代的衣服时，才会时时提醒自己要继承古代的礼乐传统。

在儒者看来，仪式不仅是仪式，而是一种暗示，衣服不仅是衣服，而是一种象征，这种仪式和象征，在社会是对秩序的确认，在个人是对嗜欲的制约，《荀子》引孔子回答哀公问时说，穿着丧服，拄着丧杖的人不听音乐，并不是耳朵不会听，而是穿的衣服时时提醒他，你还在服丧期间，如果在服丧期间听音乐，是对死者的不恭敬；穿了祭祀时的衣服的人不吃荤腥，不是口胃不能吃，是穿的衣服在提醒你，你是在祭祀中，需要身心清洁，如果在这时吃荤，是对神灵的亵渎。这叫"资衰苴杖者不听乐，非耳不能闻也，服使然也，黼衣黻裳者不茹荤，非口不能味也，服使然也"，所以在儒家看来，服饰象征人的身份、修养甚至状态，而象征又反过来制约着人的身份、修养和状态，通过这种"垂衣而治"的象征系统，儒者相信可以整顿秩序，比如士的衣服确定了士阶层的行为和道德，戴秀才头巾的人不可以行为不雅，不可以粗野，而穿皇帝衣冠的人则被突出了权威性，在各种仪仗和服装的包装下，就拥有了神圣性，别人就应当服从，这和军队运用肩章、服装来显示阶级差别，建立上下秩序是一个道理。

《礼记》里面记载古代的祭祀，很隆重，很庄严。首先是在祭祀之前几天，就要努力去想象追忆死去的亡灵，"思其居处，思其笑语，思其志意，思其所乐，思其所嗜，斋三日，乃见其所谓斋者"。然后祭祀那一天，进入祭祀的房间，要想象祭祀的亡灵或神鬼，绕室一圈，要想象似乎看见了他的样子，出了门，还要想象他听到了叹息，"以其恍惚以与神明交"。古代仪式上有几种很重要的事情，都涉及"秩序"，一个就是搞清楚祭祀的对象，是父、祖、曾祖，还是远祖，是直系、还是旁系，这涉及祭祀者的站位、服装、祭品的规格，甚至参与者的表情；二是祭祀有很严格的程序，不同等级有不同的规格，不同的祭祀次序不同，先是什么，后是什么，不能混乱；三是祭祀的时候，要有庄严的感情和真诚的态度，不能只是形式，因为祭祀的时候面对神鬼，能否感动他们是至关重要的。这些主持仪式的巫师后来把这一套关于仪式里区分远近亲疏、长幼尊卑的知识发展成了一套关于社会秩序的"礼"的思想，不过，一直到儒家学说建立，他们还是保留了很多古代仪式中关于衣服的知识，他们对于"礼"格外重视，对吉日的安排、丧事的仪式、祭祀的规矩，甚至平时居家的衣服都十分讲究。

## 七、穿衣戴帽，不仅仅是穿衣戴帽

举几个例子。

《礼记·檀弓》里有很多的记载，比如卫国一个人死了，在死人未小敛时，子夏去吊丧，扎着"绖"（麻制成的扎在腰间或头上的丧带），在死人已经小敛后，子游也去吊丧，他也扎着绖，子夏向他请教，子游就引孔子的话批评他是在不合适的时候扎绖带。曾子在死者未小敛时穿着裘衣去吊丧，子游则脱了裘衣，曾子请教子游，子游也告诉他应当在小敛后才能穿裘衣、扎绖带去吊丧。他们还十分注重服饰色彩的象征意味，在什么场合有什么样的颜色，颜色本身就有象征性，"夏后氏尚黑"、"殷人尚白"、"周人尚赤"，虽然并不尽然，但他们却很严格地遵循着一套规矩。无怪乎庄子要讽刺过分讲究服装而无实际才能的儒者，说"君子有其道者，未必有其服也，为其服者，未必知其道也"。据说，庄子鼓动鲁哀公禁止无道而服其服者，搞得"鲁国无敢儒服者"，可是，直到很晚的时候，儒生的服装还是很特别。《史记·郦生陆贾列传》中引汉高祖刘邦骑士的话说，"沛公不好儒，诸客冠儒冠来者，沛公辄解其冠，溲溺其中"，可见，戴儒冠的习惯直到秦汉年间仍是儒者的标志，郦生去见刘邦，使者报知刘邦就形容他看上去像"大儒"，因为他"衣儒衣，冠侧注"。

又比如仪式的方位规则，据说，"小敛之奠"，子夏就认为应在东边，而曾子认为应在西边，"有若之丧，悼公吊焉，子游摈，由左"，看来精通仪式的是子游，而国昭子之母的丧事，由子张来主持，就回忆孔子以往主持司徒敬子的丧礼，是男西向，女东向，于是就照样处理。

再比如仪式的时间和空间规则。据说，敛仪的时间，夏代在黄昏，殷代在日中，周代在日出，而哭丧的地点，"兄弟，吾哭诸庙；父之友，吾哭诸庙门之外；师，吾哭诸寝；朋友，吾哭诸寝门之外；所知，吾哭诸野"，这些都是仪式所必需的，儒家也很精通。

再比如仪式的各种行为和姿态的象征意义（是否要捶胸顿足、是否要披发肉袒、是否要去掉装饰）、随葬的鼎数与身份（天子九鼎、诸侯七鼎,卿大夫、士、庶人各有不同)、墓葬中常见的规格与葬式(比如,有无黄肠题凑①,有无金缕玉衣,有无兵马俑,有多少随葬品,以及墓室规制等)。这些也都是仪式之习惯,孔子自称通夏、商、周礼,就是懂得这些仪式的规矩。

总而言之,他们似乎比任何人都看重仪式和象征,因为仪式的秩序,就象征了一种社会秩序,巫祝一直在操持仪礼的秩序,而儒士正因为是巫祝的后裔,所以沿袭了这种仪式和象征的传统,继承了仪礼的习惯,掌握了象征的知识。当孔子去世,那位热爱仪礼知识的公西赤就主持了仪式,据说孔子的棺椁、棺椁的装饰和车,采用的是周代的规矩,出殡的旗帜上有崇牙,采用的是殷商的礼,用绸练为杠旌,则采用的是夏代的礼,在他们的手中,夏、商、周三代的仪式、象征以及仪式象征所包含的关于家庭、家族、宗族以及联邦城市的秩序知识,就一代一代地传下来。

## 八、从礼到法的提升:家庭秩序到国家秩序

不过,从孔子开始,儒者渐渐脱离了巫师,儒家思想逐渐被孔子提升到一个高度,成了一种很了不起的关于家庭、社会和国家的学说。这就好像脱胎换骨,其中最主要的是以下三点:第一,从仪礼的规则到人间的秩序,他们越来越注重"礼"的意义;第二,从象征的意味中,他们逐渐发展出来关于"名"的思想;第三,他们意识到要推寻礼仪的价值本原,进而追寻"仁",即遵守秩序的心理与人性的基础。

**第一,从家族仪礼之"礼",到社会道德伦理之"礼",发展到国家制度性的"礼法"。**

殷周以来的仪礼,是从家庭的祭祀祖先、和睦亲族的仪式发展起来

---

① 就是像北京大葆台汉墓中用黄杨木堆成棺椁外面的护层一样,由于木心向外,故称为黄肠题凑,是高级贵族死葬才有的特殊礼遇。

的，后来逐渐扩大，甚至有了国家性的典礼，像祭天、祭山川等。不过，无论什么礼，从祭祀对象、祭祀时间与空间，以及祭祀的次序、祭品、仪节等方面来看，都需要建立一种上下有差别、等级有次第的差序格局。这种表现于外在仪礼上的规则，其实就是为了整顿人间的秩序。从形式上，有祭品的太牢、少牢之别，乐舞的八佾、六佾之差，葬制的九鼎、七鼎之序，祭礼的郊祭、庙祭之规，这就叫做"仪礼"。仪的原义，在卜辞中可以看出，是兵器上插饰羽毛，就是仪式舞蹈的一种，表示"威仪"，就是外在形式上的仪式、法度和姿态；礼的原义，据王国维研究，这个字上半部是二玉在器之形，下半部据郭沫若研究，即是"鼓"的初文，合起来，也是表示祭祀乐舞。

但是，"仪礼"的意义并不只是外在仪式，甚至不仅仅是仪式中隐含的伦理秩序，而是一种约束人的制度。甚至一些看上去很纯粹的观念形态的东西也与仪式有关，只不过现存文献并没有显示出殷商西周时代的人已经明确意识到这些观念而已。到了孔子的时代，儒者不仅懂得外在仪礼的种种规则，而且更加重视它表现的思想和观念，以及这些思想观念对于社会秩序的意义，"非礼勿视，非礼勿听，非礼勿言，非礼勿动"，为的是培养一种遵循礼仪的自觉习惯，并不只是一些动作姿态的规矩，也不只是一些牺牲乐舞的制度，据孔子说，什么人才能被社会认同？他必须懂得礼，出门如见大宾，恭恭敬敬有礼貌，使民如承大祭，心怀敬畏守规矩，孔子自己就很懂得各种礼仪的规矩，不仅精通周礼，而且精通夏礼、殷礼，在生活中也很识大体，有礼貌，举止中节，和各种人谈话，姿态和表情都不一样，在《论语》里，我们可以看到他所设想的人间礼仪，姿态应该是"鞠躬如也，如不容，立不中门"，站立时应当是面色平和，时时小心，说话应当是很谦虚，不说话的时候也不要大声喘气。他设想，当世上的每一个阶层、每一个阶层中的每一个人都按照这种礼仪来规范自己的行为和举止，那么就有了秩序。所以，孔子非常厌恶那些越出规矩的人，季氏以八佾舞于庭，孔子非常愤怒，三家以《雍》乐在家庙举行祭礼，孔子也十分恼火，认为像"八佾"这样有六十四人的舞蹈和《雍》这样有"相维辟公，天子穆穆"歌词的颂歌，出现在家臣的仪式和宗庙里,是极不相称的,所以他说"是可忍,孰不可忍"。他两次说到同一句话:"不学礼,无以立。"因为他很明确地意识到,礼仪不仅是一种动作和姿态,也不仅是一种制度和风俗,它所象征的是一种秩序,保证这一秩序得以安定的,是人对于礼仪的敬畏和尊重,而对礼仪的敬畏和尊重,又依托着人的道德和伦理的自觉,没有这套礼仪,个人的道德无从寄寓和表现,社会的秩序也无法得到确认和遵守。

## 九、名分:"必也正名"

第二,从仪式之"仪"与"分"到社会等级之间的"正名",到国家、社会和阶层之间秩序的清理。

有一段话是人们很熟悉的,那就是"必也正名乎"。这段话出自《论语·子路》,原话很长,下面还有"名不正则言不顺,言不顺则事不成,事不成则礼乐不兴,礼乐不兴则刑罚不中,刑罚不中则民无所措手足。故君子名之可言也,言之必可行也,君子于其言,无所苟而已矣"。意思是,要根据人的"名"来确定身份的"实",按照实际的身份等级处理各种社会关系,这样处理社会关系才符合礼制的规矩,符合礼制的规矩才能够建立刑罚原则,有了刑罚规则,民众才知道如何做人行事,所以一定要从确立"名"开始,通过对于"名"的整理来整理社会秩序,这就叫"上下有序",比如"王"就是天下共主,就可以祭天地,用九鼎,用八佾,用《韶》乐,乘四马之车,比如"士",就只能祭祖宗,用俎豆,这样就君像君,臣像臣,父像父,子像子了。

这种对于"名"的重视态度,其实与对仪式象征意味的重视态度相关。前面我们说过,巫祝史宗所主持的仪式,其象征意味是极强烈的,那些色彩、方位、次第、服饰、牺牲、乐舞等,本来只是一种符号、一种暗示、一种隐喻,并不是事实世界本身,但是,由于人们进入了文明时代以来就一直在这些象征中领略和感受这个世界,所以中国古代思想世界中，象征的意味是极其重要的，儒家相信，这套象征的符号就是事实世界本身，它们整饬有序，就可以暗示和促进事实世界的整饬有序，而它们的崩溃，就意味着世界秩序的崩溃。当人们越来越相信"名"对"实"的限制、规范和整顿作用时，人们就常常希望通过"符号"的再次清理和重新确认来达到对"事实"的清理和确认。比如楚国本来是"子"，尽管称"王"，而且也确实有很大的势力，但史臣仍然称其为"楚子"，以表明一种凭借"名义"来显示正义和秩序的态度；又比如后世的避讳制度，尽管天子的名讳与平民的名讳一样，都只是一个象征符号，但是人们也不能冒犯，否则似乎真的会损害天子，而人们接受了避讳，就在心里形成了一个对这一符号的敬畏。显然，由于象征与符号的联想而产生的心理力量被当做实际力量，人们希望通过"正名"来"正实"，换句话说，就是借助对名义的规定来确认或迫使社会确认一种秩序的合理性，所以才有"正名"的强烈愿望。

## 十、"敬"与"仁"：和睦、等级与尊卑

第三，从仪式中对神灵之"敬"，到社会上对他人的"仁"，到国家内部的和睦和稳定。

依赖"礼"和"名"的秩序化与象征化，孔子希望追寻一种有条不紊、上下有序、协调和睦的社会。不过，他也与同时代人一样，更多地看到了深层的问题，即这种"礼"的仪式，其普遍合理性从何而来？这些"名"的分别，其本原的依据究竟是什么？靠什么来保证人们对"礼"和"名"的肯定认可？靠什么来确定社会秩序不受颠覆？换句话说，就是要为这个社会秩序以及保证社会秩序的道德伦理寻找一个人们共同承认的，最终的价值依据和心理本原。通常，人们会说某些事物和现象好或不好，但为什么好为什么不好，必须有一个共同认可的标准，而这标准必须是无前提的、不须论证的、不容置疑的。在孔子的时代，他提出的是一个"仁"字，"礼"之所以必须"履"，是因为它符合"仁"，

"名"之所以必须"正",是因为这样才能达到"仁"。

所以我们要讨论"仁"。"仁"是什么?按照《论语·颜渊》中一句最直截了当的话来说,就是"爱人"。这种"爱人"出自内心深处的平和、谦恭和亲热之情,虽然它可能最早来自血缘上的自然亲情,不过,在儒家这里已经被扩展为一种相当普遍的感情,如果说"出门如见大宾,使民如承大祭",这还只是外在的礼节,接下去就是将心比心的体验了,所谓"己所不欲,勿施于人",就是出自内心深处的一种对"人"的平等与亲切,这种把"人"与"己"视如一体的感情显然会引出一种"人"应当尊重"人"的观念,儒家说"将有请于人,必先有入焉。欲人之爱己也,必先爱人。欲人之从己也,必先从人。无德于人,而求用于人,罪也",可见当时相当多的人已经有了这种关于"我"和"人"平等与友爱的观念,而且已经把这种超出"个人"而成为"社会"的处理关系的原则,看成是普遍合理的"通则",用这种以己推人的情感来建立伦理的基石。《论语》中孔子所说的"夫仁者,己欲立而立人,己欲达而达人"就是这个意思,这就是《论语》中孔子所说的"一以贯之"的"忠恕之道"。

不过,这种"尊重"和"挚爱"是怎样产生的?如果它只是在社会规范中后天形成和培养出来的,那么它只能是社会规范和道德观念的"果"而不是"因",即不能充当理性的依据与价值的本原,人们可以追问,社会规范(礼)、道德观念(善)究竟凭什么要求人人都不容置疑地遵循呢?孔子在这一点上,把人的性情的善根善因也就是"爱人"之心追溯到了血缘亲情,《论语·阳货》中说:"性相近也,习相远也。"这里的"性"就是人的本性,在孔子看来,在所有情感中,血缘之爱是无可置疑的,儿子爱他的父亲,弟弟爱他的哥哥,这都是从血缘中自然生出来的真性情,这种真性情引出真感情,这种真感情就是"孝"、"悌",《论语·学而》中说,"君子务本,本立而道生,孝弟也者,其为仁之本欤",这种真挚的血缘亲情是毋庸置疑地符合道德理性的,它是善良和正义的源泉与依据,所以说它是"仁之本",人有了这种真感情并且依照这种真感情来处理自己与他人的关系,就有了"爱人"之心，从爱此到爱彼，感情是可以从内向外层层推衍的，从爱自己的父兄到爱其他人，血缘也是可以从内向外层层推广的，所以孔子断定"其为人也孝弟，而好犯上者鲜矣，不好犯上而好作乱者，未之有也"。因此，孔子认定这就是建立一个国家秩序和理性社会的心理基础。

## 十一、儒学的确立与瓦解

正是这种不言自明的权威性的律令由外在的礼乐转向内在的情感，古代思想世界中的神秘意味开始淡去，而道德色彩开始凸显，中国思想史就完成了它的一个最重要的转变过程，从孔子儒家的这些新思想中萌生出来的，是一个依赖于情感和人性来实现社会秩序、建立国家的学说。从关于仪式的学问发展到了关于社会的学说，把家族的知识延伸到了国家制度，孔子和儒家学者使这种后来被叫做"儒学"的学说有了深刻的思想，也使它渐渐衍生出了一整套关于"国家"和"秩序"的意识形态、法律制度以及社会规范。

经过汉代的"独尊儒术"，儒家成了中华帝国两千多年的政治意识形态。可是两千年过去了，在近代，儒家学说却渐渐瓦解。这个历史很复杂，不能细讲，因为儒家学说瓦解的背景是很复杂的。简单地说，主要是近代化以来的社会变化导致了传统中国向现代中国的转化，西方的价值观念以及社会、制度、习惯、语言在一百年间进入中国，传统中国的皇权国家和儒学观念开始失去了原来的土壤。可以举出的有以下几方面，第一，经济生活的变化引

《万世师表》拓本

起的"离地域性"活动，迅速的城市化，引起大家族的崩溃，因为大家族的存在要依靠共同生活空间来维持，而小家庭则瓦解了来自大家族的组织结构，也瓦解了这种血缘组织和上下等级的观念，离婚自由更瓦解了男女双方以嫡长子为中心的结构。第二，市场的迅速扩张，经济的变化使得亲情优先的价值观，被计算中心的价值观取代。我们可以看一看目前家庭、家族的解体，像福建客家大家族的变化，香港新界家族现在的状况，就可以知道这种土壤正在流失。第三，近代的平等、自由、民主观念和近代国家的制度，正在打破传统国家和儒家观念。

# 第四回

## 佛祖西来？——众说纷纭的佛教传来途径

### 引子：1900年斯文·赫定的发现

先讲一个探险和发现的故事。

新疆有一个叫罗布泊的地方，这是一个神秘的地方，不过也是一个很有趣的地方。神秘的地方就会有人感兴趣，很多探险家就会去探险。从十九世纪六十年代以来，首先是俄罗斯人普尔热瓦尔斯基，他到了新疆的中部，发现了一个湖，他宣布，他找到了古代所说的"蒲昌海"，也就是罗布泊。直到1868年，德国地理学家李希霍芬才指出，他的发现是不对的，因为罗布泊古称"盐泽"，应当是咸水湖，可是，他发现的是淡水湖，说明这只是塔里木河的终端湖，叫"喀拉库顺"。

传说罗布泊过去是一个流动的湖泊，现在已经干涸了，二十世纪六十年代时候，曾经是中国试验原子弹的地方，荒凉而且没有人烟。那么，为什么这些人都对罗布泊有兴趣？因为罗布泊是"蒲昌海"，那么再问，为什么对"蒲昌海"有兴趣？因为这里就是古代的"楼兰"，为什么对古代的楼兰有兴趣？因为这里曾是古代中外交通的要道，东西方的宗教、语言、历史都会在这里找到痕迹。

这个李希霍芬是很有名的地理学家，他给这条路取了一个名字叫Seidenstrassen，后来英文Silk Roads，日语"絹の路"，都是从这里来的，也就是现在说的丝绸之路，但是，他自己没有到过这里。后来，在一百多年前的 1900 年 3 月 27 日，他的学生瑞典人斯文·赫定（Sven Hedin）到了这里（后来他又先后五次到中亚、西藏考察），在这里（东经 89 度 55 分 22 秒，北纬 40 度 29 分 55 秒）发现了三间房和一个古塔，找到一些古钱和一些木板，上面画了一个男子手持三叉戟，另一个男子拿着花环。第二天，管骆驼的罗布人奥迪克（Ordek）在回去寻找铁铲的时候，又在那里找到了一些钱币和有画的木板。第二年，也就是 1901 年的 3 月，斯文·赫定又来到这里，据说，他和他的随从们发现了更多的东西，特别是写着中亚文字的木板、三十六张写了汉文的纸、刻了花纹的木棍等。于是，这个一直到三世纪还很繁荣的古代王国的遗址就被发现了，在日记里斯文·赫定写道："这些文献堆积在这里的沙子下面，沙层厚 1.1 公尺，在这里几乎感觉不到风（因为这里有一堵避风墙），文献所在的格子的沙子下面，埋藏的东西看上去像一堆垃圾。"同时埋在这里的，还有一些破布、一些鱼骨、少许粮食碎粒和一根鞭子、陶罐、两个汉人用的毛笔架、一把木匙。他把这些文献交给了德国威斯巴登（Wiesbaden）的学者卡尔·希姆莱（Karl Himly）研究，证明这里有不少是汉文和吐火罗文的文书，于是，这个已经消失了两千年的古楼兰就终于被发现了，这一发现，就像发现火山下古罗马的庞贝古城，拿破仑的士兵在撤退时无意中发现罗塞塔石碑一样，一个世界性的大奇迹就这样出现了。

## 一、"发现"，什么是"发现"？

斯文·赫定发现了古代楼兰，不过，仔细想想，用"发现"这个词总有些不太合适。

本来，这个地方并不需要等待斯文·赫定来发现，十八世纪中叶也就是清代乾隆年间，中国官方绘制的《嘉峪关到安吉延等处道里图》就标志了"鲁普腊儿"（罗布淖尔），首任新疆巡抚刘锦棠和后任魏光涛在 1890 年后也曾经让下属绘制了《敦煌县到罗布淖尔南境之图》，后

若羌的楼兰遗迹

面这张图现在还藏在北京故宫档案馆,不仅标明了自玉门关到罗布泊的路途,而且在罗布泊的南面标志了一座古城,只是当时根本没有注意这一地区和这一古城在历史上的意义,也没有实际去考察一下这里究竟有什么,历史上是什么,它有什么意义。可是,历史发现必须是一种"意义的阐述和正式的命名",只有把它的意义说清楚,它才会被记住,只有给它一个正式的命名,它才会在诸多的现象中凸显出来。所以,尽管很多中国人知道它,很多当地人生活在那里,可是都没有做到这一点,因此,现在都把发现者说成是斯文·赫定。

这个古城和遗址的发现,主要的意义在于从它开始,在实地考察中陆续证实了文献中记载的中外交通历史。现代中国学术史上一个很重要的变化,就是历史研究掌握了"两重证据法"。有了地上文献与地下文物这两重证据,历史上的很多事实都得到了确证,不像过去仅仅靠文献。我们知道,有意识书写下来的文献,常常会遮蔽一些,凸显一些,改造一些,使后人不易看透历史,可是,有了这些实物证据和实地勘查,中外交通的很多历史谜团,就渐渐清楚起来了。

## 二、进入话题:中外交流的通道

这里要讲的是一个有关中外文化交流的话题,在古代中国,人们是怎么样和外国交流的呢?说到交流,就要有路,古代的路是什么样的呢?现代人常常不会想象古代的风景,古代人没有飞机,没有火车,只有通过马匹、马车、木船,当然再加上人的双腿。那个时代,人对抗自然的力量还是很弱小的,不像现在,飞机一下子就从美国到了中国,轮船自己可以带大量淡水甚至可以自己处理海水淡化,天上有卫星导航,地面上有各种快速道路四通八达。那个时候,如果山高路险,就要另找一条路,如果没有水源,得不到淡水的补给,这航线就不能太远,离开了岸边的标志,没有天上的星星,就会在海上迷路。也许各位都听说过,很多有名的古人是死在长途跋涉的路上,像杜甫出夔州,死在半路上,苏轼流放海南,回去的时候也死在路上。《水浒传》里说林冲发配沧州,从开封到沧州,今天看来也就只有几小时的路程,但是那个时候可要走很久,差人可以有很多机会害他,烫他的脚,让他走不了路,最后鲁智深还得一路护送。所以古人出行,是个很重要的事情,在占卜术里面,"出行"就占了一大类,可见出门难,到外面的世界那就更难。所以,通过什么路径交流,就是很重要的事情。

这里要说的,就是关于古代中国中外交通的路径,交往需要有路,路是人走出来的。不过,关于中外之路的话题,我们要围绕着佛教传入中国这一件事来说,而且,我们还要借了这个话题说一说,在古代中国研究领域中,是否既需要有严格的证据,又需要充分的怀疑和想象力。

## 三、外面的世界很精彩:路在何方?

古代中国究竟什么时候和西面的、南面的异族有交往?现在还说不清楚。一般来说,通过古代文献考察的历史书中,都把张骞通西域算成是中外交通的开端。公元前138年,张骞通西域的故事被司马迁记载在《史记·大宛列传》里。后人读《史记》《汉书》,知道了有一个汉朝使节,奉皇帝之命,曾经九死一生,从长安经阳关、敦煌,到了西汉的西面,他当过俘虏,也当过贵客,到过或经过车师、焉耆、龟兹、疏勒、大月氏、莎车、于阗等地,经过十三年,在公元前126年才回到长安。五年后他又一次出使西域,与他的助手分别到了乌孙、康居、安息、大月氏、大夏,差不多已经抵达今天伊朗东北部,也就是说到了大半个西亚、中亚。

后人把中国与世界交往的开创者算在他头上,张骞"凿空"也就成了中国与外部世界联系的象征,而从长安出发到中亚、西亚的道路即丝绸之路,也就成了人们心目中最重要的交通道路,这条路延绵几千里,途经现在中国的新疆、巴基斯坦、阿富汗、塔吉克斯坦、伊朗、伊拉克、土耳其等,南到印度,西到地中海。后来凡是一提到汉、唐帝国和外部的文化往来,就会想到这条道路。

可是,千年以后,这条路渐渐荒芜了,这条路上,到处是沙漠、戈壁、雪山,绿洲少了,水源就缺乏,渐渐人也少了。在九至十世纪,由于唐代后期崛起的吐蕃、宋代强大起来的西夏的阻隔,东西交流的这条道路常常断绝,于是汉族中国与西部大多数异族的通道逐渐转移,海上交通越来越发达,渐渐占了主要位置,尽管蒙古大军西征,还是走这条路,但是它敌不过越来越畅通的海路,宋元明的贸易主要是海上通道。所以宋元以后的"市舶司"之类海外贸易机构都在沿海的广州、宁波、泉州等。特别是近代,有了汽车、飞机、轮船以后,人们不再需要艰难地走这条路了,于是近几个世纪,这条路渐渐不为人所知了。现在,很少有人想象,在汉唐的千余年中,大约是公元前二世纪到十世纪这么长的时间里,其实这是一条人来人往、很热闹的重要通道。当然,那里也是古代中国人认为是非中国的地方,王维有一首诗叫《渭城曲》,又叫《送元二使安西》,里面有四句说:"渭城朝雨浥轻尘,客舍青青柳色新,劝君更尽一杯酒,西出阳关无故人。"就是说,出了阳关,就是中国之外的地方了,《西游记》里描写唐代玄奘西天取经,第一个要倒换关文就是办签证的,大概就在这个地方。

## 四、楼兰:古道西风

罗布泊、古楼兰以及后来很多考古发现,证实了古代文献的记载,也探明了这一道路各个古代王国的具体位置,比如楼兰遗址,就是公元前176年才见于历史记载,前77年就改名为鄯善的一个小国,并不好找呀。于是，人们的注意力都集中在这里，确实近年这条道路上的考古发现也最多，考古学家甚至是普通旅游者都在那儿有发现，像什么沙堆里埋的佛像、手写古卷、西域人的木乃伊，还有古代城市的墙垣、陶罐和陶瓶等。直到现在，有的旅游者还能在那里找到古物，像二十世纪八十年代日本NHK和中央电视台的一个摄制组，就曾经在那里找到了佛像。

那是一片相当神秘的地方，也是藏着无数秘密的地方，有蔚蓝的天空、到处是闪亮的沙砾，使大地在阳光下闪闪发亮，风起的时候飞沙走石，风平的时候又一片宁静，让人根本不知道那里充满了杀机。但是，过去的历史就埋藏在沙砾下面。我的一个朋友北京大学教授林梅村就研究过这个地方埋藏的历史，据他说，那里过去是很热闹的，像现在很有名的塔什拉玛干沙漠发现的尼雅遗址，就包括了寺院、官署、住宅、种植园，证明它就是汉魏时代的"精绝国"，

新疆库车出土八一九世纪摩尼教经卷残片正反面

当时是一个很兴盛热闹的城市。在古楼兰和这条路的其他地方，都发现过很多古代遗物，有具有古希腊罗马风格的，也有具有古印度风格的，其中最著名的是考古学家戏称的"楼兰美女"的木乃伊，据说是身高一百五十公分，黄头发，还有人说她是雅利安人种，穿着羊皮衣，戴着毛帽两羽，据推断，她的死亡年代约在秦汉以前，这些都证明这里在汉魏甚至更早以前，就是非常重要的中西通道。

根据历史记载和学者研究，我们知道这条古代的通道分南北两路。首先看北路，北路就是沿着塔里木盆地北部的天山山脉南侧，从罗布泊（楼兰）→吐鲁番（车师，交河城）→焉耆（尉犁）→轮台→龟兹（西域都护府）→疏勒（今喀什，这是现在中国的最西部城市）→大宛→康居→大夏（阿富汗）。然后是南路，南路就是沿着塔里木南部的昆仑山脉北侧，就是从鄯善（若羌）→且末→精绝（塔什拉玛干）→于阗（和田）→莎车→蒲犁（塔什库尔干，塔吉克自治县）→大月氏→或经过今阿富汗北部向伊朗德黑兰方向→或经过现在的巴基斯坦向南→身毒（印度）。这两条经历了千年的路，依靠着绿洲中的水源的支持，成了商旅的通道，但是，最后究竟它是怎么消失的？

谁也说不清，也许是人类自己过度开采水源、砍伐林木，遭致老天报复的结果吧，现在那里已经是千里荒漠。

## 五、佛教自西来：普遍的看法

从汉代到唐代，有很多西域人经过这条道路到达中国，特别在唐代，历史记载中，唐代长安人很喜欢胡风，好像胡人带来的是时髦，就像现在城市里流行西方人的黄头发和日本人的寿司一样。那个时候在长安、洛阳可以看到很多胡人，他们有的是高鼻深目鬈发，也有的肤色很黑，在西市有很多波斯人，其中很多是做珠宝生意的商人或耍杂技的艺人，他们是各种宗教的信仰者，如景教徒、祆教徒、摩尼教徒，所以带来了西方的各种义化，包括唐代流行的胡旋舞、《菩萨蛮曲》以及胡人相貌的镇墓天王。在这里面，最多的当然是佛教徒。由于在西晋以前，汉人基本上是不能出家的，所以早期佛教主要是这些外来和尚，在考察早期中国佛教最重要的资料《高僧传》里，记载最早来华的一些僧人，以及早期佛教译经的译者，确实多半来自康居、安息、天竺、大月氏，大家知道，古代佛教徒里面，凡是姓康、安、竺、支等的，大体上就是那边的人，其中，姓支的来自大月氏，在今阿富汗、巴基斯坦交界处；姓安的来自安息，在今伊朗；姓竺的是天竺人，即今印度；姓康的是康居人，在今塔吉克斯坦、乌兹别克、阿塞拜疆一带，都是"中亚西亚或南亚的胡人"。所以，古往今来大多数人都相信，佛教传来，也主要是从西边这条路径来的，这些人一定曾经经过这些地方到达敦煌，然后再进入中原。

从二十世纪三十年代后期出版的汤用彤《汉魏两晋南北朝佛教史》到 1957 年出版的荷兰人许理和的《佛教征服中国》，再到八十年代任继愈的《中国佛教史》，连同日本人写的很多中国佛教史，都接受了这种说法，而大家都熟悉的故事，像南北朝和唐代的法显、玄奘到印度取经的历史更从一个侧面证实了"佛教从西方来"这一说法。北京大学季羡林先生关于"浮屠"和"佛"的语言学研究，也证明早期中国关于"浮屠"的称呼和古代中亚语言有关，那么，佛教肯定是经过中亚一带传来的。

看来，这个佛教西来说没有什么疑问了。历史常常就是这样的，人们一次次地叙述，事情一次次地被强调，后来的人一次次地听到，于是，这种事情就成了确凿不疑的"定论"。就像现在电影、电视剧里的角色一次次出镜，彷佛就成了"历史人物"一样，包公黑脸、关公红脸，忠奸分明的脸谱成了想象与回忆中的历史，提起诸葛亮，就是小说《三国演义》，"借东风"、"空城计"等三国戏和现在电视剧中那种"羽扇纶巾"加上三缕长须的样子。

其实，有时候彷佛是"定论"的"历史"却是有疑问的，历史常常变成故事，故事常常变成历史。在佛教传来的问题上，就有人提出了这样一些疑问：第一，西汉东汉之间天下大乱，中国与西域的交通，在王莽时代前后曾经断绝，直到东汉永平十六年（73 年）才恢复，传说中的汉明帝求法，佛教传来，大约在公元第一个世纪的五六十年代，恰好就正是隔绝的这一时期，佛教真的可以在道路断绝的时代顺利地进入中国吗？佛教为什么不可以通过其他途径传来呢？第二，《史记》《汉书》《后汉书》里都讲到西域，这些根据张骞到班勇多人出使记录写成的史书中，都缺乏西域佛教的记载，而历史记载中可以看出，西域人好像并不相信佛教，倒可能是相信其他宗教的可能性大。当然，二十世纪初，在和田也就是于阗故国一带发现过怯卢文佛经，在和田的买力克阿瓦提佛寺遗址还发现过泥塑的小佛像，民丰的尼雅遗址也发现过棉布上的小菩萨像，大谷探险队也曾经在吐鲁番的吐峪沟发现过292年译的佛经《诸佛要集经》汉文写本。不过，这些东西的年代都很晚，大约已经是在二至三世纪了。

那么，为什么在一世纪的时候，佛教不会从海上传来，从南方传来，而一定要从西面过来呢？一个说法如果没有反驳的意见，就说明它已经成了人们的共识，或者换个说法叫"定论"，一件历史的事情成了"定论"，就说明这个问题的研究已经山穷水尽，有个词叫"盖棺论定"，就是说死了进了棺材了，才可以有定论，其实，可能有时候死了也不一定可以论定。相反，如果还有言之成理甚至是持之有故的质疑，那么说明这个问题还有继续讨论的余地，这个领域还有研究的必要。学术上的问题成了"执"，就有些不好办了，佛教有个词叫"我执"，就是固执己见的意思，所以佛教认为要想进入超越境界，就要"破我执"。古代中国人常常讲的成语里，有画地为牢、刻舟求剑、郑人买履，都是讽刺固执和愚昧的意思。可是，尽管佛教从西域传入的路线得到相当多的文献的支持，是不言而喻的历史存在，但是这个问题远没有到画句号的地步。

近来一些研究者的研究，使我们注意到，早期中国与印度之间还可能存在着另外的通道，那么，随着商人贸易，佛教这种信仰可能会从各种途径，而不是一个途径向中国渗透。

## 六、真的是这样吗？伯希和、梁启超与胡适的疑问

大家都知道敦煌的故事。在一百多年前，在敦煌的一个姓王的道士，无意中敲一敲背后的墙，发现声音异常，于是打开这面墙，一个宝库被发现了。敦煌藏经洞的文书，是中国最值得骄傲的文物，和二十世纪五十年代中东的库兰发现死海文书的意义是一样的，几万卷千年以前

的各种文书被发现，可惜的是，最好的一批东西都被英国的斯坦因和法国的伯希和拿走了，差不多是两万卷，分别藏在大英博物馆和巴黎图书馆。伯希和是敦煌文书的劫夺者，不过，我们不要对他太过仇视，因为公正地说，他的确是二十世纪初最有水平的西方汉学家，1920年他在河内出版的《通报》（T'oung Pao）上发表的《牟子考》中提出，在公元初，恐怕不只有一个西域的通道，云南与缅甸之通道、二世纪时交州南海的通道，大概也应当是佛教传来的途径，他怀疑地说，如果佛教都是从西面来，为什么最早一部中国人关于佛教的书，却产生于交州呢？

还有一个人是梁启超，他在上世纪二十年代在清华大学担任教授，是中国十九世纪末二十世纪初最了不起的思想与学问家，也是重要的改革派思想家，在现代学术研究方面也是开创者，对中国影响极大。他的研究虽然欠深入，但几乎在每个领域都有他天才的想法。他很会吸收各种信息，尤其是日本方面的成果，他在《佛教之初输入》附录二里说道，"佛教之来，非由陆而由海，其最初之根据地，不在京洛而在江淮"。这可能是从日本学者那里学来的，也可能只是一种想象和猜测。

第三个人是胡适，胡适大家都熟悉，他是新文化运动的开创者，也是中国最能够开拓思路与研究领域的学者，他思维极敏锐，但在正式提出证据时，又相当慎重，虽然在正式发表的文章里他没有说，但是早在1937年1月，他看汤用彤的《魏晋两汉南北朝佛教史》稿本时，就写了一封信给汤用彤，说佛教从海上来的说法，不可以完全否定，他举了几个例子，比如《太平经》一系的道教，多起自齐地，就是山东半岛，最早作《包元太平经》的甘忠是齐人，其信徒贺

胡适像

良、李寻是齐人，作《太平清领书》的于吉和他的信徒襄楷是齐人，如果承认《太平经》和佛教有关，那么这些和《太平经》相关的都来自齐地，是否就有海路传来的可能呢？他又说，到了二世纪，笮融在江南的

佛教传播，多达"五千余人户"，牟子在靠近南海的交州见很多沙门，不也证明海路的可能性吗？进一步，他还提出了尚有蜀印一路，就是说佛教有从印度经过云南到四川的可能性。到了1952年2月7日，他还在写给后来当了哈佛大学教授的杨联升的信里说："我深信佛教入中国远在汉明帝之前，我也深信佛教之来，不止陆路一条路，更重要的是海道，交州在后汉晚年已是佛教区域，所以佛教大概先由海道来，由交广到长江流域及东海滨，先流行于南方。"

其实，就连汤用彤也没有完全否定佛教自其他通道进来的可能，在他的名著《汉魏两晋南北朝佛教史》里，他只是说，北方佛教多来自中亚，而且他又说，从中亚传来的印度北方的佛教可能和海路传来印度南方的佛教不同，印度西北方向的佛教，多大乘佛教，所以般若、方等经典从这边传来；而从海路传来，在南方先登岸的佛教就不一样，他说，在南朝的时候，佛教多由海路而来，但多来自印度南部，那里却是小乘佛教为主的区域，所以像锡兰、缅甸、暹罗、马来半岛、南洋群岛等都受这种佛教的影响，而中国接受的也应当是巴利文经典系统。

那么，这些天才学者的怀疑是否有道理呢？有的虽然证据还不多，但也再一次引起了讨论，近来，有人又提出了佛教传来的路线问题，这当然是要打破传统的一条道路的说法。

那么，有什么新的根据呢？以下就是一些蛛丝马迹。

## 七、另辟蹊径：有关的猜测

在地图上，我们可以看到历史上的"中国"，它的疆域变化虽然很大，但是大体上是以"九州"为中心的，东部面临大海，有想象中的蓬莱、方壶、瀛洲，李白《梦游天姥吟留别》里说，"海客谈瀛洲，烟涛微茫信难求"，那边是浩淼的大海，只有古代人想象中的"日出扶桑"。西部为高原，有帕米尔高原，有雪山戈壁，唐代诗人岑参的《走马川行》里说"轮台九月风夜吼，一川碎石大如斗，随风满地石乱走"；《白雪歌》

里又说"北风卷地白草折，胡天八月即风雪。忽如一夜春风来，千树万树梨花开"。昆仑、天山都是相当高的雪山，可是又有奇特的热泉、火焰山，岑参在《热海行》里说是"岸傍青草常不歇，空中白雪遥旋灭"，就是写这种汉族人少见的奇特景象。北部是冰天雪地，加上有匈奴、突厥、契丹、女真以及后来的满族，古来常常有和亲的故事，像昭君出塞之类，但汉族人从来没有试图越过北部的大草原去更北的地方。而南部有的地方是茫茫丛林，古代人想象那里有瘴气与疾病，不仅在汉代张骞通云南就曾经失败过，小说中诸葛亮七擒孟获而纵之，其实也是因为汉族人无法把自己的势力伸展到那个地方。唐代末年征云南失败，曾经引起了唐王朝的衰落。后来的云南有南诏大理国，金庸的《天龙八部》写段家，实际上是在宋代。云南这些地方真正被中央政府控制，是在蒙元时代。那个地方也是交通不便的，大家读艾芜《南行记》就可以明白。不像非洲和美洲的国界是人为划的线，中国的四方都有一些自然形成的边界，这种边界本身就是起到阻隔作用的，看起来，中国很容易形成封闭的"天下"。

不过，我们还是相信，很早就有人开始想方设法地外出与其他异文明沟通了，包括古代传说中的周穆王到西边昆仑山见西王母、邹衍想象大九州、《山海经》想象更远的四方，都表达了一种要超越边界和自然障碍的精神，因此，在西域的通道之外，就还有其他的一些通道，把古代中国和四方联系起来。沟通海外可能会另有蹊径，研究海外交通的思路同样也需要另辟蹊径。

## 八、西南通道：想起了马帮和史迪威公路

首先，是胡适说的"蜀印"，即从四川经云南到缅甸、印度的通道。

先说一段过去的故事。在二次大战时期，日本占领了大半个中国，当时的国民政府退到西南地区，而西南向外的陆路通道，就是通过云南到缅甸，当时国民政府就全力以赴，和英美联合修滇缅公路，这段公路，

也叫史迪威公路,我看了一些当时人的回忆,那时修路真是经历了千辛万苦,因为太难了,深山峡谷、高低不平,洞窟不断,而且所经过的民族地区,按照古代传说那是瘴疠之地,尽管现在那里已经是旅游的好地方,可是在以前,交通主要是通过马帮。云南马帮有悠久历史,他们走的路亦是现在毒品传入的途径,沿着山谷江河,很崎岖难走,而当年的史迪威公路也是顺着这些路来修的。

大家都知道,中国所有的江河都是东西向,像长江、黄河、珠江、淮河等,但是,只有这里的江河不同,澜沧江、怒江、金沙江横断山脉的走向改变了东西向而为南北向。大家都知道,古代人行走常常要沿着江河,不会硬去翻山越岭,而且沿着河走总会有水源、有人居住,由于这种特别的地理环境,使经过云南南下缅甸的通道成为可能。

这条路什么时候开始通的呢?不是很清楚,但一定很早。在《史记·大宛列传》中,有一段记载说,当时发现在身毒国就是现在的印度有筇竹杖、蜀布,人们就在想,这些东西是怎么到那里的?所以想到,可能在西域辗转的通道之外,还有一条从四川到印度的道路,那么,最近的当然就是往西南走。汉武帝想到这一点,就派张骞等四路人去探路,很遗憾的是这四路人马都受阻,有的被土匪杀了,有的找不到路。但是,实际上路还是有的,商人可能是最能探险的人,为了生意,他们始终要冒险。而从现在留存的各种数据也可以知道,西南通道有两条路:

第一条是从成都经临邛道、始阳道、犛牛道,到邛都、越嶲(在今西昌,川滇藏交界处),到今云南省的会理,经过博南道到云南(今祥云)、大理一带,再到永昌郡(保山),然后分成两路,一路经过哀牢(现在的腾冲一带),再经过永昌道到八莫(Bhamo)进入掸国(缅甸),一路是经过密支那(Myitkina)直接进入印度的东北部。

另一条道路是从僰道(今宜宾)经过朱提(昭通)到谷昌(现在的昆明),经过博南道到云南(祥云)、大理,再到永昌郡。之后和上一条路会合,经过现在的缅甸到印度,甚至可以到大夏(今阿富汗喀布尔北),再到大秦,这条道路一定会经过印度。

那么,有什么证据说明这两条路很早就有呢?有人列举了一些可以参考的证据：第一，据说公元前四世纪印度《治国安邦术》《往世书》中记载了中国丝绸，比佛教传入中国早四世纪，而且在公元前三世纪的时候，印度几部圣书像《罗摩衍那》《摩诃婆罗多》都提到了中国人（China），有人研究说，这大概主要指的就是西南、西北

三星堆出土铜人面具

中国的人。但不管是什么地方的人，这证明早在佛教传来的东汉明帝时期（58—75年）前，就已经有中国与印度的交通了。第二，他们是通过什么道路交往的呢？是否就是这两条路呢？在《三国志》卷三十注引鱼豢《魏略》，以及《魏书》卷一〇二中，都在介绍大秦国（一名黎轩）时说，它"东南通交趾，又水道通益州永昌郡，多出异物"，交趾就是现在的两广越南，而永昌就是现在的云南保山一带。《华阳国志·南中志》里说，东汉永平年间，永昌就有"僄越（缅甸）、身毒（印度）之民"，《后汉书·郡国志》里说，永昌有"琉璃"、"光珠"、"犀象"、"猩猩"，这就是前面说的"异物"，而这些异物大概都是从更远的西边贸易来的。

正是在传说佛教传入中原的东汉永平年间，由于哀牢王率众内附，汉朝设了永昌郡，那么，是否有可能这时西南方向的这两条通道已经开通了呢？

此外，最近还有一些新的线索，似乎可以作为一些间接的旁证。首先，据说商代中原炼铜的铜矿石，出自云南，包括一些做科技史的和考古学的学者像金正耀、

彭山崖墓佛像

二十世纪初期的缅甸小和尚

李晓岑、李学勤都指出这一点。过去一般都以为,要到战国楚国时候,中原和云南才有正式的交通,而且人们不相信这种交通能力有多大,其实,内地和西南的交通可能更早,规模也更大。现在我们越来越觉得,我们可能低估了古人,古代有很多"奇迹",为什么叫做"奇迹"？就是我们现代人按照现代的技术水平倒推过去,以为过去不会有这么高的技术和知识,所以把它叫做"奇迹",其实,这是按照进化论来看问题的,也许古人并不像我们想象的那么无能。其次是四川广汉三星堆的启示,三星堆是二十世纪九十年代了不起的考古大发现,在发现的古物中,比如令牌、面具、立身像均似埃及法老墓,却与中原的殷商有些不同,这让我们无法解释。这一发现在广汉,大家都知道,在四川和中原之间,四川北部陕西西部之秦岭的阻隔,并不比从云南通往缅甸简单,李白的《蜀道难》说"蜀道难,难于上青天",传说西南蜀国、巴国,是神灵开道才修出来的,主要靠栈道和小路,连诸葛亮都要发明木牛流马才能转运粮草,可是这一地区在殷商时就有这样高度发达的炼铜术,又有这么奇异的形象和风格,这意味着什么？再次,从发现的佛教文物来看,四川乐山麻壕和柿子湾崖墓的汉代佛像、彭山崖墓之一东汉的菩萨像,这是在中国境内发现的最早的佛教图像之一,是否可以证明,西南并不一定需要从中原,而可以从缅甸、云南传入佛教？最后,我们要注意,至今大理、西双版纳一带的佛教还是与内地不同的小乘佛教,属于南传佛教系统,和缅甸、老挝、泰国的相近,那么,是否可以说明云南和缅甸,通过缅甸到印度东部,一直有佛教的传播途径?

## 九、南海通道:《理惑论》的启迪

再来看有关南海中外航道交通的说法。

中国南方一直有着与外界交流的传统,但是到底有多早,我们不好说,有人说,商代用来占卜的大宝龟并不是中国土产,而是来自马来西亚、越南,还引用了动物分类学家的说法,这究竟是否可靠,要由动物学家和考古学家来证明。不过,我们相信,到了汉代,海上交通能力应当是很发达了,沿着海岸线航行应当没有问题,大家都听说过秦始皇时代徐福渡海的故事,这是否是真的,我们不知道,日本人很相信,而且中国徐州的某地也搞了徐福村,当然主要意义在旅游。不过,日本九州岛出土的倭奴国王印,可以证明至少在汉代中国人航海到日本,是不成问题的。当时,南方如广州、交州的商业已经开始发达,商业是最具活力与冒险的动力源。《汉书·地理志》记载南海和东南各国有商业通航,《汉书》卷二十八《地理志》粤地条,更是明明白白记载西汉黄门译使船到过黄支,又说黄支国自从汉武帝(公元前二世纪)以来曾觐见献礼,而黄支国就是印度南部。"黄支国,民俗略与珠厓相类,其州广大,户口多,多异物,自武帝以来皆献见。"那个地方的人,现在在马来西亚也很多,皮肤很黑,可见印度和中国大概很早就有来往了,那么,为什么不能从这条海路传来佛教信仰呢?

从伯希和以来,很多学者都举了一些文献与考古的证据。其中最重要的是,首先,第一部中国人关于佛教的论著,叫做《理惑论》,又叫做《牟子》,是东汉人牟融所写的,据说牟子是在交州生活的人,交州就是现在的两广越南一带,南临南海。那么,就让人去想,为什么最早的佛教著作产生在那里,而不是产生在内地或者靠西边的地方?其次,中国最早的大规模佛教石刻在连云港的孔望山，是东汉佛教摩崖石刻，连云港临东海。而山东临沂、沂南、滕县的有关佛教考古发现，也说明沿海地区佛教流传很早，沂南八角柱"童子项光像"，头背后有光圈，是佛教特色，滕县的"六牙白象"，更是佛教传说中的吉祥物形象。再次，虽然有白马驮经到洛阳的传说，但是文献记载佛教比较多的，还是南方的数据，比如《高僧传》里面的《笮融传》《康会传》，证明三国吴地佛教最盛，而且长江下游之佛教文物颇多，一个有明确记载的就是建初寺，这也旁证了佛教从海路传来之可能性，大家都知道，后来传说达摩来中国，也是先从广州上岸，然后北上到南京的。

绍兴童子项光砖

## 十、结语：条条大路通世界

　　一个民族一个国家，在文化传播和交流上有很多不同的渠道。这些不同的渠道有时就给他们带来很多不同的文化。古代中国和东面的日本，有着非常多的来往，像汉代归化人的传说、倭国金印的发现，说明在季风条件下，中国和日本的往来从很早就很畅通。到了隋唐以后，联系就更多了，飞鸟时代的美人、奈良キトテ古坟都证明了古代中国对日本文明的影响。而倭刀在宋代的传入，则说明日本对中国的反影响。至于韩国，那更是陆地连在一起的国家，朝鲜民族出自箕子的传说，以及好太王碑，都说明这种文化的"连带"关系，到现在，辽东与渤海湾的文化关系也是很紧密的。而南面的东南亚诸国和印度尼西亚等，西南面的印度以及西面的中亚各国，也在很早很早就已经与中国有了来往。连更遥远的欧洲，也有证据显示在六朝时代已经和中国有贸易往来，现在出土很多古罗马的东西，像金币、玻璃器皿等，就连天主教也早已经在唐代传入中国。可见，中国不是一个自古就封闭的"天下"。最近有人从基因分析说，中国人来自非洲，也有人从考古发现认为早在先秦就有中外交通，这当然都是需要证实的东西，但是，至少我们相信古代中国并不是封闭的，而且古代中国文化也需要外来的因素推动它的变化。

地理地质学界有所谓的"板块漂移说"，一片大陆，由于某种力量分成几块，或几片大陆由于互相碰撞挤压成为一块，据说喜马拉雅

大秦景教流行中国碑

山脉就是这种碰撞挤压形成"造山运动"的结果。文明史上的交流也是如此，世界视野的拓宽必然引来文化交融与冲突，文化交融与冲突则必然导致思想世界的变化。一般来说，在意识形态逐渐定型与固定的时代，思想世界内部就已经不再具有自我更新的资源。而这时的世界拓展与思想碰撞，就给一个相对封闭的思想世界带来了一些外在的，但又是新鲜的变革动力。在中国的中古时代，最重要的外来资源就是原产于印度的佛教，佛教传来，成了中国思想世界自我调整的契机，汉代以后中国文明史在很大程度上就是佛教的传入与中国化、道教的崛起及其对佛教的响应，中国传统思想与佛教不断地融合，以及在这种对固有资源的不断再发现过程中，持续发生新变化。

# 第五回

## 佛教征服中国,还是中国征服佛教?

### 引子:从山门逛到藏经阁

有句话,不记得是谁讲过的了,大概总是一个很有名的人,他说,中国学问里面,有两种学问不可以轻易做,一个是佛学,一个是红学,就是说这两种学问都是没完没了的无底洞。红学是红学家自己把它弄玄的,可是佛学却真的是特别复杂和深奥。可是,今天要讨论的话题恰恰就是佛教,是印度的佛教与中国的佛教。大家都知道,佛教是从印度来的,内容很复杂,思想也很深奥,仪式也很具有象征性,不仅印度佛教流派很多,什么上座部、大众部,什么大乘、小乘,而且中国佛教也是学派和宗派很多,显、密两大系统里面,显宗中就有三论、华严、唯识、天台、净土、律宗、禅宗,各各都不同,过去有人说佛教有十宗、有人说有十三宗,而一个禅宗里面又有好多派,什么北宗南宗牛头宗保唐宗,就是一个南宗里面,又会有洪州、荷泽等不同,再分下去还有,我就不再开中药铺罗列了。

为了简单概括地了解佛教,我只挑重要的来说,用中国古代成语来说,这也算是"管窥蠡测",用现代话讲,这好比去"旅游"。我呢,权且算是导游,导游不可能什么都介绍,导游自己也不可能什么都知道,所以就拣重要的说,好像领你进了一个佛教的庙,就会介绍说,这是山门,山门又叫无相门、无作门或空门,意思是进了这里,你就要离开尘世进入无生无相的空门了。然后，天王殿有四大天王：西方广目天王、南方增长天王、北方毗沙门天王、东方持国天王，接下来再看，坐在那里对着你哈哈笑的是弥勒，两边对联写的是："大肚能容容天下难容之事，开口便笑笑天下可笑之人。"他的背后就是韦陀，那个手持金鞭的护法神。进了这个门，转过去，看看两边的钟楼鼓楼，走过放生池的桥，才是大雄宝殿，大雄就是佛了，其实，早期印度的大雄是耆那教的圣人，但是，后来也把佛陀叫作"大雄"。再往后，就是法堂、藏经阁等，我们今天讲佛教，不能登堂入室，只是匆匆从山门到藏经阁，一路穿过，恐怕只能零零星星，介绍一鳞半爪的，就算是随喜逛庙罢。

敦煌壁画中的四大天王

## 一、印度佛教的传说

大概离现在两千五百多年前,在公元前六世纪时,在古代印度北部今尼泊尔南部,有一个小国,叫迦毗罗卫国,这里有个净饭王王子,叫乔达摩·悉达多,传说他和别人不同,是自母亲右胁而降生的,虽然也曾娶妻生子,但是,他却常常深思人生和宇宙的大问题,在巡视国中的时候有所感触,于是离家出走,到处访问与学习,终于领悟了人世间的真理。他就是创造佛教的释迦牟尼,也就是我们熟悉的佛陀(Buddha)。佛陀本是"觉者"、"智者"的意思,传说,人可能有三种"觉":一是"自觉"(自我有充分认识的能力),二是"觉他"(使其他众生也得到觉悟),三是"觉行圆满"(智慧与能力都圆满)。佛教传说中,声闻、缘觉的罗汉有"自觉",可以通过聆听教诲,获得机缘而解脱,菩萨有"自觉"也能"觉他",可以在世俗社会拯救众生脱出苦海,佛陀则三种"觉"都有。当然,凡人三种都没有,不能觉悟,所以又叫"有情众生",只能等待佛、法、僧的拯救。

云冈石窟的大佛

据说,佛陀离家以后,四处访问学习,苦苦思索如何使人类从苦难中解脱出来的真理。这时候,以恒河流域为中心的印度一带,正流行着各种各样的思想与学说,其中有三种思想成为佛陀的资源,和后来佛教有密切关系:

第一是婆罗门的祭祀知识。古代印度四种姓里面,婆罗门(古僧侣)是最高一等,他们掌握了祭祀的知识,也就是说他们是凭着文化的垄断权力,成了社会的上层。为了获得善终长寿,子孙满堂,得到生活富足,婆罗门有种种向神灵的祭祀,祭祀的时候,常常以自己的肉体或他人的肉体为祭祀品,所以，他们不仅关心现世，还产生了对人的来世转生的期望。在佛教产生时代，佛陀可能接受了他们对生命在现世来世生死轮回的观念。但是，佛陀也发现，婆罗门祭祀神灵，从根本上来说只是依他力，就是被动祈求，没有主动的争取超越，这是佛陀不满意的地方。

第二是瑜伽的技术与知识。瑜伽有八支实修法的身心锻炼，什么是八支实修？就是一禁制，慎五戒（杀、盗、淫、妄语、贪欲）；二劝制，勤修清静、满足、苦行、学诵、念神等；三坐法，相当于禅定；四调息；五制感，控制感觉与外界分离；六执持，心凝于一境；七禅那，经过四禅阶段；八是三昧，达到瑜伽的最高境界。这本是一种养生保健的知识，但是，在古代印度趋向神秘化，也侧重于身体与精神的更新状态。它里面有身体控制的方法，也有沉思与反省的内容。从身体放松，调理呼吸，心灵沉潜，直觉体验，一直到对终极的体验与精神对肉体的超越。这都给佛教提供了修行的方法和解脱的途径。但是，瑜伽缺乏关于这种修炼方法的必要的思想学说基础，为什么要这样修行呢？道理何在呢？恐怕单纯的瑜伽知识不能让人满意。

第三是耆那教，这是筏驮摩那创建的一种早期宗教。早期耆那教的原始教义中，对"轮回"有强烈的关心，他们认为"灵魂"的因果报应是不可避免的，为了祛除"灵魂复制"时的污点，他们要求自我牺牲，不杀生，非暴力，这种苦行和自律的人生态度，也给佛陀创建佛教伦理提供了资源。可是，佛陀会想，怎样才能靠自己的行为来解脱生死轮回？什么方法才能使自己的行为得到应得的报偿呢？

佛陀就在这样的知识、思想和信仰世界中生活，他学习了各种学说，但是都觉得不能了却生死大事，不能真正永恒解脱。所以他吸收了各种学说，又自己苦苦思索，终于有一天，在尼连禅河毕钵罗树下苦思冥想之后，忽然大悟，找到了真正永恒的解脱之道。据说那时大地震动，按照佛教的想法，这当然是宇宙又开出一片新天地，世界终于找到了永恒的真理了。

那么，佛陀"觉悟"了什么呢？

## 二、佛教对人生的基本判断：十二因缘

　　佛陀四处访学和苦苦思索中，想到的首先是人生很痛苦，每个人的人生都是痛苦的，彷佛人生就是一个不断循环流转的苦难历程，从生到死，从死到生，处于"生生不息"的"轮回"之中的"人"，好像没有办法逃出这种苦难的缠绕，这一生如此，下一生也如此。有人就说，西方宗教的基础来自神话和传说，好像基督教的根本基础是和伊甸有关的，人有"原罪"，人类从一开始就经受不了诱惑，生下来就犯了错误，所以他要忏悔、礼拜、祷告，在人生道路上也要不断地向主的代表牧师告解，领取圣餐，感受主的存在，乞求主的宽恕，因此才能坚定信心，永远相信上帝。而佛教则不同，佛教的基础是观察人生和社会，是人生皆苦，所以人要摆脱苦难，就要修行佛法，超越尘世，拯救自己的精神，他们相信佛教，也是因为他们觉得，佛、法、僧三宝可以带领自己走出六道的轮回怪圈，得到苦难消失的"超升"。那么，究竟导致这种苦难的根源在什么地方呢？当年佛陀想来想去，就是在琢磨这一条。

　　他觉得，根源就在人的心中，因为人心底里与生俱来的就有"**无明**"，这"无明"也叫做"痴""愚惑"。这是导致人不能自觉的根本，一个人由于不懂佛教道理而只拥有世俗知识，所以这种"无明"就牵引着他一步步在苦难的泥潭中走，在三世轮回中永远不能解脱。据《大乘起信论》说，因为世界一切现象都是虚妄幻想，只是由心而起的，而人又有这种"无明"的"妄心"，看到这些就以假为真，弄假成真，便起了分别、贪婪、爱恶、攫取、占据的念头，于是才导致了苦难，所以无明是"根本烦恼"之一。其实，按照佛教的想法，世上的金钱、美女、美食、华衣都只是虚妄，是镜中花、水中月。可是人一旦被"无明"支配，那种"没有理性光明，处在暗昧之中"的状态，就会使人有欲念。人有了欲念，就需要有可以千方百计去夺取的能力，老话讲"巧取豪夺"就是一种能力，所以就有了"**行**"（即人潜在与明显的行为能力，就是把这些念头付诸实际行动的能力）。人从一有意识开始，就有了获得满足的能力，小孩

子要吃好的，也会有争夺食物的想法。说到想法，就是人有了"识"（指认识与分别的能力），知道什么是好的，什么是不好的，可以分别什么肥、什么瘦，就有了"挑肥拣瘦"的可能和想法。感觉到了好坏肥瘦，就会把它说出来，这就有了"名"（指确定与分别事物的语词与命名，并通过名而确认事物的能力），就是通过命名，把天下的万事万物分了高下美丑，并且给各种东西赋予了名称，什么棉、毛、丝和化纤，什么燕窝、鱼翅、

麦积山四四窟佛像

鲍鱼和白菜萝卜，什么穷、富、上司、下属、红黄蓝白黑等，然后按图索骥，喜新厌旧，嫌贫爱富，爱美嫌丑。可是，人仅有行为能力，分别能力和概念能力并不够，这种判断，来源于人对面前的世界产生的各种感觉，这就是佛教说的"六入"，经过眼耳鼻舌身意，得到的感觉和认识。所以眼耳鼻舌身意，又叫六根，由六根起"六识"，就是色、声、嗅、味、触、法。所以"六入"也就是六种主观与客观接触的渠道，六种感官引起的六种感觉，这种感觉是因为接触，所以下面就是"触"，指身与物，心与境的接触，由眼耳鼻舌身意六根与外界接触。接触以后会有种种感受，所以有"受"，指接触后感觉到的病痒、苦乐、忧喜、好恶等。于是有"爱"，这个"爱"不是我们理解中的爱情、爱好，而是执着的获取欲望，也就是产生了贪婪、欲望、渴求，这就由内在的感受转向了外在的获取。所以下面有"取"，这就是由爱欲而产生的炽热而固执的获取行为，其中又分"欲取"、"见取"、"戒禁取"等，见《俱舍论》，这里不细说。于是，由于人的执着和愚昧，本来是空幻假相、镜花水月的世界，就在人的渴求、欲望和不断攫取中，幻化成了真实的

世界，于是"无"就成了"有"，有是什么？就是"存在"，即看起来存在的世俗世界。佛教所谓"三界"即欲界、色界、无色界，均在"有"中，一旦如此，人也就好像真的生存在这个自己主观幻想建构的世界中了，这叫"生"，成语里面的"生生不息"这个成语，原本的意思其实就是人永远在三界内轮回地生存，永远无法解脱。可有"生"必然有"死"，最后，人生下来，一个必然的结果就是"老死"，而老死之后又将进入下一个轮回，除非他从佛教的道理中，获得"无生"或"涅槃"，这才能"跳出三界外，不在五行中"。

敦煌二七五窟北凉时代佛像

以上的"无明"、"行"、"识"、"名"、"六入"、"触"、"受"、"爱"、"取"、"有"、"生"、"老死"，就叫做"十二因缘"，所谓"缘"是关系或条件的意思，佛陀认为，世上一切本质都是虚幻，一生又一生，永远像在住旅馆一样，虽然表面看来很好，实际上却没有"家"，没有实在的东西，一天又一天，又好像在做梦，梦幻当然很好，可是黄粱一梦、南柯一梦，毕竟不是真实的。在我们面前灯红酒绿、纷纷纭纭的现象和事物，其实都是内心无明的"因"与各种关系与条件的"缘"偶然凑合而发生的，这就叫"缘起"。可是这种暂时的、虚幻的凑合，由于被人的"无明"当作真实，于是勾引出了人的渴求、欲望，彷佛"望梅止渴"一样，求之不得，徒生烦恼，求之而得，又永不满足，于是"饮鸩止渴"，所以它成了人生苦难的根源。

## 三、解脱之道:"苦集灭道"四谛

可有人会问,人生活在虚幻的世界中,充满了渴求与欲望,为什么就是苦难呢?人生活在梦里不也很好吗?就像人做梦一样,"人生如梦如幻"、"梦里不知身是客",人日有所思,夜有所梦,在梦中以为真的成了富贵名人,其实"南柯一梦",只是虚幻。唐代小说里也说是黄粱饭尚未熟也,因为终究是要醒的,醒来以后,面对着俗世冷清和困厄,再追忆过去的幸福和繁华,不是很痛苦吗?中国古代有很多带"梦"的词,都有这一重意思,像"红楼梦"、"海上繁华梦"、"十年一觉扬州梦"等。

敦煌壁画《降魔变》

不过,佛教想得更深刻一些。佛陀考虑的是如何从根本上超越生死的大问题,他想,人生之所以有痛苦与烦恼,像死亡的恐惧、贫穷的苦恼、世俗的欲望,主要是因为有"我",而"我"这个个体生命由于"无明"的存在,始终看不透这个世界的本质是虚幻,始终是有愚痴的我,由于"我"这一生命,又由不灭的灵魂(识神)不断轮回延续,所以人始终在痛苦中不能解脱。要解脱,首先就要破除弄假成真的"有",抑制产生幻想世界的"爱",这样就进入"无我",也就不会固执地确立

"我"（我执），没有"我"或"我执"，就不会落入"轮回"。于是，一切的起点与关键就在于人有"爱"，有"欲望"，人都有世俗的欲望，佛教说，眼贪好色，耳耽妙声，舌嗜上味，鼻嗅名香，身触细滑，意贪谀赞，《佛本行经》里也说，这种欲望是导致自己的心灵被恶魔诱惑的原因，"山羊被杀因声死，飞蛾投灯由火色，水鱼悬钩为吞饵，世人趣死以境牵"。这里所谓的"境"，就是境界，这在佛教里面不是一个好词，这是说，人的感觉、知觉由因缘引起的幻想世界，常常对那些有"我执"的人是一种挡不住的诱惑，他们总是想为"我"捞一些享受，可是，如果人能像面对猛兽的乌龟一样，"藏六如龟"，把所有的欲望和贪婪都克制住，那么，没有什么能害他的。克孜尔壁画中有幅画，魔王波旬想腐蚀佛陀，让他堕落，所以派了三个女儿，变得妖妖娆娆，很漂亮，但是佛陀却根本不受那个诱惑，他一眼看去，只看到这三个变化了的美女，是"革囊盛血，腹大如鼓"的丑东西，所以心如止水一样。佛教说，毒害人们的三种东西（三毒）是"贪"、"嗔"、"痴"，也就是贪婪的欲望，愤怒与嫉妒的心情，执着顽固的念头，第一个就是"贪"，贪婪、贪心、贪图，都是使自己堕落的根源。

可是，人们都有很多种世俗的愿望与理想，古代人说三不朽（立德、立功、立言），追求的是名望、赞誉和后世的荣耀；也有人说是"金榜题名时，洞房花烛夜"，期待着现实的幸福；也有人期待着"五子登科"、"家财万贯"、"寿比南山"。可是佛教觉得这一切都是虚幻，好像"镜中花，水中月"。受了佛教影响的人，常常会讲"人生如梦"、"世事无常"，就是说那些东西是过眼烟云，都是虚幻。比如传说中点过秋香的唐伯虎就曾经写过一首《一世歌》：

> 人生七十古来少，前除幼年后除老。
> 中间光景不多时，又有炎霜与烦恼。
> 过了中秋月不明，过了清明花不好。
> 花前月下且高歌，急须满把金樽倒，
> 世人钱多赚不尽，朝里官多做不了。
> 官大钱多心转忧，落得自家头白早，

> 春夏秋冬捻指间，钟送黄昏鸡报晓。
> 请君细点眼前人，一年一度埋芳草，
> 草里高低多少坟，一年一半无人扫。

同样，古人对"酒"、"色"、"财"、"气"的批判也表现了这种对世俗欲望的怀疑，大家可能都读过《红楼梦》，《红楼梦》里有一首《好了歌》，说"好"就是"了"，也是佛教"无常"的意思，歌中开列出来的"功名"（古今将相在何方，荒冢一堆草没了）、"金银"（终朝只恨聚无多，及到多时眼闭了）、"姣妻"（君在日日说恩情，君死又随人去了）、"儿孙"（痴心父母古来多，孝顺子孙谁见了），都是人心中常有的"欲望""爱念"，但从本质上来说，从永恒的时间上来说，却是没有意义的虚幻。所以，佛陀琢磨了四项基本真理，叫做"四谛"或"四圣谛"（Caturssatya）。

1. **苦谛**，佛教对人生持一种悲观的态度，认为世俗生活就是苦难，人在时间中流转生存，必须忍受这种痛苦，"和不爱的东西会合，与可爱的东西分离，追求不到欲望，欲望之后还是更高的欲望"。所以一切皆苦，没有工作苦，有工作累得苦；无家苦，有家也苦；无官做心里苦，有官做小心争夺心里也苦。而且这种"苦"并非一世可以结束。佛教说

敦煌四二八窟壁画《涅槃变》

为"三世轮回"（前世、现世、来世），通常人永远在这三世中轮转，在"六道"中往复（地狱、畜生、饿鬼、修罗、人间、天上）。

2. **集谛**，指造成世间人世苦难的原因，是由"无明"引出的"惑"或"业"。人由于有"无明"，身、口、意（行为、语言、思想三业）就成了集合起一切烦恼的"因"，在"因果报应"中不断处于苦难中，"渴爱伴着欲望，导致生死轮回，没有自觉"，对于一切的"渴爱"，由于追逐的是幻相，所以只能说它是望梅止渴，或者是饮鸩止渴。

3. **灭谛**，指苦难的消灭，但是，这并不是要人去死亡，而是指人的意识，应当处于寂静的沉潜的状态，不为一切外在诱惑所触动，彷佛像没有反应一样，心如古井水，波澜誓不起，这叫"断灭"。佛教修行的目的，就是要断灭引起苦难的心理和欲望的根源，抛弃一切念头与欲望，处于心灵绝对的寂静境界之中，达到解脱轮回与苦难的"涅槃"状态。

4. **道谛**，指超越苦难，达到涅槃的种种理论与方法，经过这种理论与方法的修行，使人处于没有痛苦和烦恼，不在六道轮回中的超升境界。

## 四、解脱之法："戒定慧"三学

那么，佛教达到"涅槃"的方法是什么？很多很多，大致可以归为三大类，也叫"三学"，即戒、定、慧。

"**戒**"，用世俗的话来讲就是节制，是用外在的纪律、规范，对人的行为、语言、思想采取强制性的约束，例如佛教规定不许妄语就是不许撒谎吹牛，不许杀生就是所有有生命的东西都不能杀，不许犯淫乱，不许偷盗，这些都属于佛教的波罗夷（大罪过），如果是佛教徒犯了戒，就要进行处罚。佛教通过这样的方式，实现诚实、和平，不伤害他人和一切生命，也为自己在这种平和的心情中安顿心灵。佛教的戒律很多，光是讲律的书就好多种，佛教三藏中，讲理论的经、解释理论的论之外，就是律了，中国流传的律也很多，来自各个不同的部派，规定也很细。

传说里面猪八戒，就是要守八种戒条，《西游记》第十九回《云栈洞悟空收八戒，浮屠山玄奘受心经》里，猪怪对唐僧说"我受了菩萨戒行，断了五荤三厌"，五荤即五辛，《梵网经》说是大蒜、革葱、慈葱、兰葱、兴渠，又《天台菩萨戒疏》下卷说是大蒜、革葱、兰葱、薤、兴渠；三厌，指雁、鹜、雉。也许不少人看过电影《少林寺》，影片最后觉远在寺里授戒，那个剃度的老和尚要问一系列的问题，比如"不杀生，尽形寿，汝今能持否"，说的就是不许伤害任何生命，包括自己的身体。佛教有多种戒律，像四分律、五分律、摩诃僧祇律等，占了佛经好大一部分。

"**定**"，用现代语言来说，就是用自己心灵的力量对自己的欲望、感情进行自觉的约束，佛教对此除了追求寂静空灵的心境目标之外，还有种种技术与方法，比如大家都知道"打坐"即"禅定"，说起来，现在大家都说是气存丹田，眼观鼻、鼻观心，凝心入定，其实远比这复杂得多。现在如果有和尚教你，要气存丹田，眼光散视，但不可闭眼，颈部微微前倾，放松脊梁但又要挺直腰部，双脚交叉叠于大腿两侧，你觉得能做到吗？其实很不容易的，你是否真的能够心里沉寂，意念专一？另外，还相传有五大禅法：数息、因缘、不净、慈悲、念佛，如果真的入了定，还要经历四种阶段或四种境界："初禅"，忘却周围的事物或现象，尽管此时还能有随意与具体的思维活动。但注意力已始终集中在沉思的目标上了，在这种安详状态下，享受着肉体的舒适和精神的愉悦，这时开始离开欲望、愤怒、不安、烦躁；到"二禅"及"三禅"，人逐渐进入非想非非想境界，只有意念集中在自我感觉的舒适与愉快上；最后到达"四禅"境界，在意识中，意念逐渐弥漫开来，不再有专注处，只有无哀无乐无思无虑的轻松、超脱，"我"已经化为整个世界，空旷的感觉扩大，扩大到无边无际，周围身与外界融合为一片柔和的光明。这就是"禅"，而禅宗就是从这些修行方法中，渐渐衍生和发展出来的、既有理论又有实践的一种流派。

"**慧**"，就是以理性对人生因果关系和宇宙本来面目进行分析、反思，从而达到一种洞察宇宙与人生的智慧，因而在理智上得到解脱，比如从"一切皆空"出发，分析一切皆为幻相，如梦如幻如露如电，因而能自觉遵从清明的理智，抛开执着的情欲与迷恋的感情。再比如从"三界唯心"出发，分析事物与现象的本质只不过是感觉的合成，从而抛弃对外在表象的执着，回归纯粹的心灵境界。

以上十二因缘（六欲三毒）、四谛（三世轮回，六道，三业）、三学等，就是佛陀当年在尼连禅河边上的毕钵罗树下所觉悟到的佛教真理，他对于宇宙本原，对人生状态，解脱途径的思考，就成了佛教的基本思想，后来佛教虽然有了很大的发展，但出发点却还是在这些基本教义中。佛教的书里说，当佛陀觉悟到这些道理时，天龙环绕，大地震动，而且佛陀到了这个时候，才真正达到了佛教自己说的"天上地下，唯我独尊"。

## 五、佛教传入中国

佛教传入中国是什么时候，从哪条路来的？现在还有很多疑问。上一回里，我们已经讨论过了。大体上来说，是在公元一世纪时，从西域（中亚和新疆）就陆陆续续有佛教的消息传来，从西南和南海也有一些零星的传入了。有一些从事贸易的中亚商人可能就是佛教徒，他们到中国来做生意的时候，很可能已经传入了一些佛教思想与知识。中国古文献记载，东汉明帝永平八年（65年），楚王刘英曾经在宫里祭祀过佛陀，说明佛教已经传入上层，当时把佛叫做"浮屠"，把和尚叫做"桑门"，大概佛教已经成了一种新信仰。到了二世纪，就有很多事情证明，佛教已经在中国流传开了，比如，东汉桓帝时（165年）也曾经在宫中祭祀老子和浮屠，特别是公元二世纪中，两个中亚来的僧人支娄迦谶（简称支谶）和安世高分别到了洛阳，各自传来了佛教的不同知识。支谶先译了《佛国经》，后来又译了《道行经》，他的弟子支亮和弟子支谦更译出了很重要的《首楞严经》《维摩诘经》，把大乘般若学说引进了中国，安世高则译出了三十五部四十一卷佛经，其中包括《安般守意经》，他与周围的安玄、康僧会、严佛调等，一道译了很多经典，则把小乘禅学引进了中国。这两批来自中亚的和尚，开创并且影响了后来中国佛教的方向。再晚一些，汉献帝初年（190年）的丹阳人笮融，在广陵、彭城一带建佛寺，立铜佛像，教授诵读佛经，据说有五千人参加，可见二世纪末时，佛教已经很流行了。

不过，早期中国士大夫和民众信仰者所理解的佛教，实际上一开始都不那么准确和完整，这并不奇怪，所有对异文化的理解一开始都会"郢书燕说"，用现代的时髦词语说，就是"有意义的误解"，这种误解包含了创造。最初，中国士大夫用传统中国尤其是道家的词语来比附佛教道理，比如用"无"来理解"空"，用"道"来比拟"涅槃"，用"智"来说明"般若"等，这就叫"格义"。经过道安（？—385年）、鸠摩罗什（？—409年）和慧远（？—416年）等无数佛教中人的翻译、解释和阐发，差不多在东晋以后，中国上层文化人才渐渐对佛教理论有了深入的理解和体会。而民众呢？从一开始，他们是把佛陀当做一个神仙来供奉，把佛教当做可以解除困厄、驱使鬼神、让人长生不老的宗教来信仰的。

千万不要看不起这样的传播。每一种异文化传入，都要经过本土人的解释、想象的演绎，就好像翻译一样，没有自己的语言，就无法翻译外面的语言，有了自己的文明，就能想象和解释外来的文明。相传是第一部阐释佛教的汉文著作、由东汉人牟融所写的《理惑论》里说，佛就是"觉"，这好像没有错，可是，下面就很神奇了，说佛是什么"恍惚变化，分身散体，或存或亡，能小能大，能圆能方，能老能少，能隐能彰"，就好像孙悟空一样，可以"蹈火不烧，履刃不伤、在污不染，在祸无殃。欲行则飞，坐则扬光"，听上去就好像是神通广大的神仙。而对于"佛法"的理解呢？则把它想象成为道家所说的"道"，可是，他们又说佛法"导人致于无为，牵之无前，引之无后，举之无上，抑之无下，视之无形，听之无声，四表为大，蜿蜒其外，毫厘为细，间关其内"。所以听上去，三宝里面，"佛"就是一个神通广大的神仙，"法"就是一种无所不能的本事，而"僧"当然常常被当成一种有巫术或神通的法师。

## 六、异域的礼物：新思想和新知识

不过，在佛教传入中国的时候，它也带来了一些新知识和新思想，这就是文化震撼，对于一般信众来说，他们可能感到比较震撼的是以下几个方面：

一、**身虽朽，神不灭**。过去中国虽然也有"骨肉归于土，魂气无不之也"的说法，但并没有关于这种魂魄去向的明确说法，他们相信身体的死亡，可是没有想到如果灵魂永恒的话，会到哪里去，好像"无不之也"这样的说法，像是让鬼魂四处飘荡。可是佛教却说，人的"肉体"是会消灭的，就好像计算机的硬件，人的"识神"则仿佛软件，他们说得很清楚，这就像植物之有种子一样，又好比薪尽火传，人的识神会转到来世，依附下一个肉体之身，继续着一个人的人生之旅。所以，人的死亡与生存，只是一个"轮回"，人的生命过程，却是一个绵延的过程，会经历前世、现世、来世，不停地流转延绵，要注意，这就和传统中国把祸福因果关系算成是一代又一代的承负关系不同了，古代中国思想中的"承负"，是指上一代的罪愆善行，由下一代人承受，这一代人不会承受，所以没有对这一代人的思想和行为的强烈约束力。大家都知道的范缜《神灭论》，就是针对这种说法来的，在南朝齐梁之间尤其是梁武帝的时候，有过很激烈的辩论，但是在民众中，好像大多数人还是接受了佛教的说法，在一千多年里，民间都相信"轮回"。

二、**地狱与六道**。自从187年康巨译《问地狱事经》以后，在几百年里，佛教的地狱故事就逐渐和传统中国的泰山故事、后来道教的北阴酆都大帝故事结合起来，成了关于人死以后想象的主要来源。本来，古代中国人都相信，泰山主死，泰山下的蒿里为死后世界，人们会唱《薤露之歌》，用隆重的丧礼来送死者。可是至于死以后的状况，想象并不多，而佛教，当然也包括后来的道教，一直渲染着死后世界的恐怖，而这种很有威慑力的恐怖，又正好用来规范人世间的行为、语言和思想，让他遵守伦理、道德或戒律的规则，不要乱说乱动。据佛教说，现世造孽的人，死后就要在地狱接受审判，并受到种种折磨，传说中有孟婆汤、铁面判官、牛

敦煌三九〇窟《十王厅与地藏》

头马面以及火床剑树、刀山锯台之刑。在佛教中常常有这种宣传地狱黑暗与恐怖的经典绘画和通俗唱导，它使人心惊胆战，毛骨悚然，因而也使人在作恶事时，心理上受到一些制约与惩戒，各位看《敦煌十王经图》，这十殿的说法后来很流行的，老百姓虽然宗教知识不多，可是对这十殿却很熟悉，后来到处都有这种图像，像清代台湾就有这种图像，只是把在阴间的人都画成了清朝人的样子。

不光在地狱里受苦，人还要继续他的苦难旅程。转世投胎根据一个人前世善恶，有六种可能，也就是"六道轮回"，六道是哪六道？一是地狱，这不必说。二是畜生，传说像天蓬元帅投错了胎变成了猪，中国民间常常赌咒时也会说，"让我下世投胎变王八"、"让我变牛变马"，都是说六道轮回时落了第二道。三是饿鬼，饿鬼在想象中也是很悲惨的，所以民间常常有上供、烧钱，而佛教有"施食"的仪式。四是修罗，修罗是指专门与佛陀作对捣乱，又总失败的恶人。五是人间，就是说来世仍变成"有情众生"，还在生死轮回之中。六是天上，这里说的天上虽然很好，但也未能超越生死，仍在六道中轮回。佛教宣传说，人始终是落在这六道里，生生不息，反复受难的，就是这里所说的"天上"，也并不是能够超越的境界，而是相对来说比较好的结果罢了。

**三、善恶与报应**。过去中国也有"报",最早的"报"是祭祀先人,报答他施恩于后人,先有先人的"施",后有后人的"报"。王国维《观堂集林》卷九《殷虚卜辞所见先公先王考》是篇很有名的文章,他考证出甲骨卜辞中有殷商先王,名为甲、乙、丙、丁等,可是这些名字外面有个框,就念作报甲、报乙等,他说,其实这就是"坛墠或郊宗石室之制",就是子孙对先人的"报"。后来,杨联陞在香港中文大学讲演《中国文化中的"报"、"保"、"包"之意义》的时候,就专门解释了这个问题。但是,古代中国只是先施后报,所谓"积善之家有余庆"。后来,道教又有"承负"的说法,说前辈做的善恶之事,本人并不一定承担责任,结果将由后辈子孙来承受。这两种古代中国的传统说法里面,报、承都不及本身,所以对本人并没有约束和警戒的力量。可是,按照佛教的说法,人有"过去"、"现在"和"未来",或叫"前世"、"现世"和"来世",这三世却是连续不断、互为因果的,三世都是你本人的轮回。"凡为善恶,必有报应",所以,人要在世时就"广种福田",什么叫种福田?就是为来世预先种下幸福的种子,来世才能有好的收获,这就像俗话说的"种瓜得瓜,种豆得豆"。如果这一世种下的是灾祸,那么,来世就只能收获倒霉,就像一首老歌里所谓的"谁种下仇恨他自己遭殃"。

那么,人怎么才能种下福田呢?一方面是做善事,什么是善事?最初是指度人为僧,开凿佛像,抄写或念诵经卷,建造寺庙,也就是供养佛教,后来也接受中国传统的观念,把做符合伦理道德的事情,如赈济、孝敬、忠厚、忍辱负重等,都算在了善行之中,所以后来佛教也弄什么思过记善,就是惩恶扬善的记录;另一方面是指每个人的自觉,如果他能归依三宝(佛、法、僧)、遵守五戒(去杀、淫、盗、妄语、饮酒),那么他就会减去罪孽,多得善果;如果更进一步能够出家,严守佛教非常复杂的戒律,约束所有世欲的行为,能够在禅定中保持身心清净、心灵平和,能够在义解中领悟"一切皆空"、"万法唯识",镜花水月终是虚空的道理,他就能够超越六道轮回,得到"不退转"也就是不再退回世俗轮回老路上去的智慧,达到"涅槃"的境界。古代中国因果报应的故事极多，如《金瓶梅》《红楼梦》《西游记》等小说里都有，说明它已经成了一般民众的普遍观念。

## 七、天下更大时间更长：佛教的宇与宙

除了上面这种三世轮回、因果报应的说法之外，佛教还有一个关于时间和空间的观念影响也很大。

古代中国人在空间上，通常只是认同自己这个族群活动的地域，充其量是承认通过书写文字和口耳相传知道的那一个空间，就是"九州"，人们往往把它叫作"天下"，又叫"六合"，就是东南西北上下，以为"六合之外，可以存而不论"。而在历史上，总是上溯三皇五帝，最多再想象出一个盘古，"自从盘古开天地，三皇五帝到如今"。可是，自从佛教传入中国，却告诉中国人，关于时空还有另一套道理。什么道理呢？那就是时间是无限长久的，空间是无限扩展的。"天地之外，四维上下，更有天地，亦无终极。然皆有成有败。一成一败，谓之一劫。自此天地以前，则有无量劫矣"，这是《隋书·经籍志》里的一段文字。

榆林一九窟《阿弥陀净土变》

这个佛教所说的广大空间，就是所谓的"三千大千世界"。据《智度论》卷七说，就算有一千个日月，一千个阎浮提（大洲，部洲），一千座须弥山（在佛教传说中，一个小世界的中心大山叫须弥山），一千个四大天王处，一千个三十三天，也只是一个"小千世界"，一千个小千世界合起来，是"中千世界"，一千个中千世界合起来，才叫"大千世界"，中国只是在一座须弥山下一个阎浮提即南瞻部洲上的一个国家，而环绕着这座须弥山的，就有四大部洲，如果是大千世界，该有多大呀。

而佛教说的时间呢，则叫"无量无边劫"。一个劫是世界漫长的一成一毁，中国道教传说中的"沧海变桑田"算是长的了吧，但是这远远长不过天地的一成一败。《法华经》中的《化城喻品》用了一个比喻说，这就好像人磨墨，墨磨得很慢，如果磨完三千大千世界中的泥土这么多的墨，才只是一点，把这些一点磨完，才只是过了一"劫"，如果时间是无量无边的"劫"加起来的和，你说它是多么漫长。

也许你会问，为什么要把空间说得那么大，把时间说得这么长？简单地说，这是为了反衬人的渺小和生命的短暂。佛教说，每一个人都只是在一个有限的时空中生存，所以，人很渺小，如果你希望永恒，就需要佛陀这样的圣人来拯救，使自己出离三界，超越在时空之外。但是，普通有情众生毕竟自己不能超越时空和生命，人生活在世界上，世界在劫数中，每一劫都会有一个终结的时候，这就是"末世"，每到"末世"，由于人愚钝而且作恶，寿命也渐渐变得短促，最后"朝生夕死"。佛教的《智度论》卷三十八还说，那时还会有"饥饿、刀兵、疾病"，宇宙间又会有大水、大火、大风的灾变，把一切都洗涤之后，天地重新恢复。这时，有一个佛会出世来拯救世人，"更立生人，又归淳朴"。这和天主教很像，天主教也有这种关于"末世"的说法，只是具体表达不一样。

按照佛教的说法，只有虔诚的佛教信仰者，他们供养行善，念诵经典，才能逃脱"末世"厄运，超生天上，躲过灾难。据早期佛经《阿含经》说，自有天地宇宙以来，已经经历了六劫，也就有了六佛了，就是毗婆尸佛、尸弃佛、毗舍浮佛、拘留孙佛、拘那含牟尼佛、迦叶佛，现在正在世间开劫度人的，就是第七尊佛释迦佛，所以，大家常常可以看见佛教寺庙的大雄宝殿中供七佛。而未来呢？则有弥勒佛，弥勒佛就是现在每个庙里都供的那个大肚皮、笑嘻嘻，据说"大肚能容，笑口常开"的胖菩萨。

## 八、沙门不敬王者，可以吗？

按照佛教的想法，要想得到佛教的拯救，第一，人们应当背离充满世俗欲念的家庭与社会，以出家与世俗生活划分界限；第二，应当按照佛教徒的宗教规则生活，以种种宗教性的圣洁生活来区别于世俗生活；第三，这种圣徒式生活只是一种代价，其意义在于以此获得佛陀、菩萨、僧人的接引，使信仰者也获得拯救，超越生死。因此，在佛教的世界里，个人、家庭、国家的价值是低于佛教的价值的，佛教超越了世俗世界，超越了生与死的轮回，它有一个神圣的世界，当然这个世界价值要高于平凡的世俗世界，所以，宗教权力至少是可以与世俗皇权并立的，甚至占有社会等级与价值的优先位置，宗教徒可以不尊敬皇帝，不尊敬父母，但不能不尊重佛、法、僧三宝。

两种石刻《礼佛图》

这也是佛教给汉族中国人馈赠的新思想和新知识之一。东晋时的和尚慧远就坚持着这样的宗教理念，和当时的政治权力掌握者，尤其是桓玄展开了一场辩论。在桓玄看来，世俗社会的制度来历久远，天经地义，象征国家权力的君主与天地一样，具有绝对的权威，君主的尊严和权威是社会秩序的保证，一旦动摇社会就会发生混乱，所以佛教徒也应当尊敬和服从世俗的皇权。但是慧远却写了《沙门不敬王者论》来为佛教辩护，他提出，如果一个人在家在社会，当然应当服从皇权，礼敬父母，但是出家的佛教徒则是"方外之宾"，应当可以"遁世以求其志，变俗以达其道"。在各种文章中，他反复暗示说，身体和生命只是幻，宇宙与社会只是空。这就是根本所在了，如果你承认人生的本原和价值只是"空相"，那么，人的现世生存就是没有价值的，如果你承认宇宙和社会的一切只是"虚幻"，而社会的现实秩序也是没有意义的，如果承认人的生存是一种苦难的、连续的"因果"，那么，父母的养育之恩，家庭的血缘之情，君主的治理之德，都不具有天经地义的合理性，按照这个逻辑推下去，人何必尊重世俗社会的秩序与礼仪？

但是，在古代中国可不行，正如释道安所说"不依国主，则法事难立"，要想在中国汉族地区推行佛教，就要依靠皇权，这就有矛盾了，中国的皇权是笼罩一切的，没有任何力量可以对抗皇权，所以，佛教只能退避三舍。何况宗教教团对教徒即民众的控制，已经伤害了世俗皇权的政治权力；宗教教团的扩张，已经形成与世俗政权争夺经济利益；宗教教团的庞大，已经造成与世俗政权对抗的军事势力，所以桓玄才说，佛教对于世俗政权的根本问题，是"伤治害政"。

这是一个宗教是否可以优先于世俗的问题，大家知道，在欧洲中世纪，宗教象征的神圣权力，是与王权象征的政治权力双峰并峙的，但是这并不符合汉族中国的传统，也许它可以在欧洲和印度通行，但是不能在中国生根。印度佛教的这种传统，是否可以在中国继续？显然不行，由于中国和印度的历史差异，在中国，外来宗教绝不能优先于中国本来的伦理信条与道德规范，特别是在"孝"和"忠"的方面，中国上层文人不能接受佛教的观念，皇权也绝不能认同佛教的思想。因为在古代中国，"家"和"国"是不言而喻的实在，以"孝"为核心的血缘亲情是一种自然的感情，建立在这个自然感情基础上的人性，是维持家庭、社会以及国家正常秩序的基础，如果动摇了这个基础，那么一切秩序都将崩溃。

所以，尽管慧远很雄辩，但是，这场辩论却是不平等的，结论在开始的时候就确定了，那就是佛教必须服从中国的伦理和政治。从五世纪到七世纪的历史来看，显然并不是佛教征服中国，而是中国使佛教发生了根本的转化，要在中国生存，佛教不能不适应中国。它只能无条件承认政权的天经地义，承认传统伦理的不言而喻，承认佛教应该在皇权之下，并在这种范围内调整佛教的政治和伦理规则。所以，到了七世纪的中国，佛教一方面广泛地融入中国思想世界，一方面它的思想也相当地汉化了。

## 九、佛教启示录

不过应当说，佛教影响中国民众非常深，在中国历史上还没有一个宗教像佛教这样深入地影响着中国，很多的中国人都从佛教那里知道，自己面前的世界是一个充满苦难的世界，每个人面临着轮回的人生，过去、现在和未来有善恶因果报应，人们必须期待佛教的拯救，这对于在痛苦中生存的人来说，一方面让他们悲哀，一方面也给予希望，更传授了很多道理，所以在汉代以后，很多佛教信仰者接受了它的价值观和生活观，在那个时代留下来的文献和遗物中，在很多历史书籍里，都可以看到它的影响。

接受了佛教思想的中国人，同样也接受了佛教关于解

河南洛阳龙门石窟古阳洞南壁

脱的方法，比如开石窟、修寺庙、建佛像、抄经卷。那个时候，无论是南方还是北方，都修建了大量的石窟、寺院。在常见的文字资料中，像杨衒之的《洛阳伽蓝记》中记载了很多洛阳的壮丽寺庙，杜牧诗里也说，"江南四百八十寺，多少楼台烟雨中"，他写的是江南，比如金陵栖霞寺等。当时还流行着捐宅为寺的风气，连贵族也舍出宅院来建造金碧辉煌的寺庙。同时，无数人都在虔诚地、诚挚地用信仰支持着他们的生活，不惜金钱和时间，开凿着巨大的佛窟，在坚硬的岩石上，一斧一凿地建造佛像，用种种方式、大量金钱，雕刻着巨大的佛像，让我们从西往东数吧，像克孜尔、敦煌、麦积山、大同云冈，一直到洛阳龙门。他们不是在做艺术创造，而是希望用这种虔诚与坚忍来表达信仰，以换得自己、自己的家庭以及周边的平安和幸福，我们看当时造像供养人的题记就可以知道这一点。同时，在当时的民众信仰者中，还有一种念诵佛经或抄写佛经的信仰习惯。据说，不断地念诵佛经，如《法华经》《维摩诘经》《阿弥陀经》或者不停地念诵佛号、心中同时存念于佛菩萨，可以静下心来，除厄解困，也可以使在地狱六道中的亲人减轻苦难，甚至可以在念诵中看见西方极乐世界，往生净土，超越轮回。而抄写经典，也据说有很多功德，可以赎去亲人过去的罪过，可以预种未来的福田，特别是刺血写经，金字写经，更能感动佛陀，得到功德，所以至今还留下那个时代抄写的大量佛典。

重要的是，佛教关于世界、人生和自然的种种观念逐渐进入了普通信仰者的思想世界，并且改变了中国的传统，这些改变是：第一，使中国人从追求"贵生"即长生，到追求"无生"即出世；第二，从相信"承负"，到相信"报应"；第三，它的善恶标准与内容，由于受中国的影响，等于扩大了儒家伦理的控制范围，因此有着维护传统社会秩序的意义；第四，它也在少数有坚定信仰和深刻理解的人那里，确立了一种与现实利益无关的信仰与崇拜。不过，更主要的是它影响了民众的信仰，使他们对现世生活抱了一种虔诚、一种谨慎、一分小心，也对来世幸福怀了一线希望、一种幻想，以及一丝警觉。

# 第六回

## 似佛还似非佛——话说《坛经》与禅宗

### 引子：本来无一物，何处惹尘埃？

先讲禅宗史上的一个著名传说。

这个传说，可能很多人都听说过。公元674年，也就是唐高宗还在位的时候，在岭南新州（今广东南海），出了一个砍柴的人，姓卢。那个时候的岭南是"化外之区""荒蛮之地"，是流放犯人的地方，被看做是没什么文化的地方。唐代韩愈写诗"一封朝奏九重天，夕贬潮州路八千"，就是因为他被贬到潮州，运气不很好，才叹气这样说。宋代苏东坡则写"日啖荔枝三百颗，不辞长做岭南人"，肯做岭南人是有条件的，要有荔枝吃才肯做。

这个姓卢的砍柴人，当时就是住在这个时代的文化边缘地区。据说，有一天他砍完柴，把柴担到城里去卖，听见有人念《金刚经》，突然一下，他就好像触了电一样，觉得"心花开放"。于是他就问这个念经人，你念的是什么经？念经人告诉他，我念的是《金刚经》。他就问，你是从哪里学来的？念经人说，我是从湖北学来的，湖北黄梅双峰山东山寺有一个叫弘忍的大师，是禅宗的五代祖师，人们叫他"五祖"，很有学问。于是，这个姓卢的砍柴人就跑到了湖北去拜见弘忍学法。弘忍见面就问了他一句，说："你是南人（就是南方人），又是猲獠（即"蛮夷"，是对少数民族的蔑称），你到我这来学什么？"这个姓卢的砍柴人很机智地回答说:"我虽不识字,是南人,又是獦獠,但是,人虽有南北,佛性没有南北。"弘忍一听,觉得他还不错,就把他安排到磨房里去踏碓舂米,随众听法。

八个月后,就在这个东山寺,发生了一件禅宗史上的大事情。弘忍年纪大了,要挑选接班人。条件是每个人写一首诗,佛教叫做"偈",这首诗要表明你对佛教的理解。弘忍门下的人想来想去,大家都觉得,算了,我们也都别写了,因为弘忍门下有个非常杰出而且年纪比较大的学生叫做神秀,接班人非他莫属。这个神秀也当仁不让,写了二十个字在墙上:"身是菩提树,心如明镜台,时时勤拂拭,莫使有尘埃。"意思是,身体就好像智慧的树(菩提是佛教词语,意为智慧),心灵就像明镜一样,你要经常地对它进行擦拭,不要让它有灰尘。

大家一看都赞叹不已,都说这二十个字真是精练得不得了,完整地说出了佛教道理。可是,有人念给这个姓卢的砍柴人听,这个姓卢的砍柴人却说:"好则好矣,了则未了。"意思是好是很好,但是不彻底。他问有没有人肯帮我写几个字,我也来一首,不管好坏你们也写在墙上,于是他就念了两首,其中第一首非常重要,他反驳神秀说,"菩提本无树,明镜亦非台,佛性常清静,何处惹尘埃。"意思是说智慧本来就没有树,明镜也没有实实在在的明镜,人的那个心灵中的佛性本来就是干干净净的,哪有什么尘埃呀!这后面两句话:"佛性常清静,何处惹尘埃",在后来通行的各种本子里面被人改了,改成另外两句,叫做"本来无一物,何处惹尘埃",意思是,本来什么东西都是虚假的,没有什么真实的本质,所以,哪会招惹什么尘埃不尘埃的。

弘忍听到了这个事情,看到了他的这首诗,半夜三更,就把这个姓卢的砍柴人悄悄叫到房间里来。弘忍说:我给你讲《金刚经》,然后我把象征着佛教禅宗真理和权力的衣钵给你。但是有一条,自古传这个凭信——就是传授这个权力象征的衣钵——都会引起很多争斗,你没什么文化,又没什么力量,又是后辈,你得了衣钵以后赶快往南跑。听了弘忍讲《金刚经》后,这个姓卢的砍柴人便越过九江,一直往南,回到他的老家,而且轻易不敢出来,一直混在猎人里面。据说,他吃饭只吃"肉边菜",虽然还没有正式剃度授具足戒成为出家和尚,但他也不敢坏了佛教吃素的规矩。

十几年过去了,弘忍已经去世,神秀红透半边天,按照后来的一种记载说,大概是在公元689年,那个时候是武则天的时代了,这个姓卢的砍柴人终于出山了。有一天他到了广州,看到南海寺一个很有名的和尚叫印宗正在讲经说法,印宗问他的学生说,风吹幡动,你们给我讲一讲是风在动还是幡在动。于是,学生就分成两派,有的说是风动,有的说是幡动,只见这个姓卢的砍柴人大步走上前来说,"风也不动,幡也不动,是人心自动",印宗大师顿时大吃一惊,马上就走下来,恭恭敬敬地请他坐在上面演说佛法。这个时候他剃了头发成为和尚,公开亮出了禅宗正统的旗帜。这个姓卢的砍柴人,法名叫惠能,就是我们后来知道的开创中国禅宗的重要人物"六祖",因为他在中国的禅宗祖师谱系中排在第六位,第一位就是从印度到中国的菩提达摩。

明代宋旭《达摩面壁图》

这就是禅宗史上的一个著名传说,有很多人怀疑它的可信度。但是这个故事里面所包含的两首诗偈,却包含着非常深刻的象征性意义。

## 一、六祖之争的思想史意义:从印度佛教到中国佛教

这个传说到底有什么象征性意义呢?

第一个方面，就是象征着原来印度佛教的基本立场，转到了中国佛教的基本立场了。换句话说，就是佛教中国化了。神秀的那首偈语，代表了印度佛教以来，一直奉行的一种传统观念，就是说，人所面对的这个世界，是分裂成两个的，一个是混浊的、庸俗的世俗世界，但另外还有一个清静的、超越的、自由的心灵世界。尽管你说"身是菩提树，心如明镜台"，你的主观世界是非常干净的，非常超越的，但你常常禁不住外面世界的诱惑，世俗世界不断地给你搞精神污染，不断地用各种各样的名利、各种各样的美色来诱惑你，使你的心不能清静和纯洁。这就像现在的人说的，"外面的世界真精彩，心中的世界真无奈"。佛教为了让心中的世界始终能够平静，保持一种"心如古井之水"的"不动"境界，就一定要把外面那个混浊的或者说世俗世界和心灵世界隔开，所以，佛教告诉人们，你的心就像一面镜子，当灰尘不断地落下来时，你就要不断地擦拭，不擦，你的心就会蒙上灰尘，就会脏，然后你的整个心灵和整个人生就变得毫无意义，变得很庸俗。

这个思想代表了传统佛教的一个想法，叫做"法有我空"，佛教所说的"法"是现象世界，"我"是主观世界，佛教要说的是有这样两个对立的世界。我最近听流行歌曲，有一首歌里面有这么两句很符合"法有我空"的思想，叫做"在混浊的世界中，心还那么清澈"，这个人不知道有什么想法，如果外面的世界真的那么混浊不堪的话，他的心是不是能够明澈是很有问题的。但有人确实想坚持心灵的清澈和纯洁，宋代周敦颐的《爱莲说》，就是提倡"出淤泥而不染"，尽管外面都是淤泥，你可以"不染"。但是大家想想看，有一点是很难做也是很难过的，就是外面混浊不堪或者说充满了各种各样诱惑的时候，要使心像古井水一样保持那种静止的状态，至少也是一种痛苦。所以佛教的《妙法莲华经》里面有一个故事叫做"火宅"，说人间世界就像一个着了火的大院子，你要想在那个着了火的大院子里面保持你的宁静是何等困难，好比这个地方到处都着了火了，唯有你这个地方不着火，那是不可能的，所以这里面就存在着一个矛盾：法有我空，我怎么空？用"时时勤拂拭"，就是经常勤于擦拭，就很麻烦也很艰难，最终能不能保持心灵的宁静也还是一个问题。

但是,六祖惠能的偈语却讲了这样一个道理,非常干脆利落,就是说,一切都是虚幻的,既没有智慧树一样的身体,也没有什么透彻如明镜的心灵,法也是空,我也是空,外面的世界和心中的世界一样,都是空,都是幻相,这样就把佛教大般若学的"空"这个概念推向了极端。

## 二、说"空":空空如也

我这里顺便讲一下什么叫"空"。如果不懂得什么叫"空"的话,恐怕很难理解佛教和禅宗。

简单的说,"空"可以分成三层来理解。

第一,现象世界中的一切都没有"自性","自性"这是佛教的一个非常专门的概念,没有自性不是说它"无",是说它没有实在的本体,只是因缘和合的幻相。所以《金刚经》里面说,一切"如梦、如幻、如泡、如影、如电",最后一个是"如如",就是说"如什么东西"也是假的,也只是"如",就是"如如",都是虚幻之相,都是由于外面的"缘"和内在的"因"相结合产生的。内在的"因"是你自己"无明"产生的"妄想",外在的"缘"是使妄想成真的一些条件。这因缘合成的现象世界没有永恒性,都在不断生和灭的过程中。关于这个道理,我想只能用比喻来解释,按照佛教的说法,"空"是不可说的,一说就错。如果我这里还要勉强地来说,那么,只能用一个很勉强的比喻说,世间的一切就像放映电影,电影是声、光、电的综合,影像要显现出来,它必须有一个银幕,必须有一块布,上面才能演出无数令人感到悲哀,感到欢喜,感到激动的画面。在佛教看来也同样如此,外面的世界是由眼、耳、鼻、舌、身、意,就是眼睛、耳朵、鼻子、舌头、身体、意识的感觉和知觉组合成的,它并没有一个实在的本体,而你的心灵,就好像是那块银幕的布,接受了这些东西以后就产生了一个幻影，如果人一旦真的是全身心投入了，相信这是真的，就会跟电影里面的虚幻情节同悲同喜，付出你的感情，为古人落泪，为整个故事产生各种各样的情感，然后你会耗尽你整个生命跟它在里头厮混。

佛教有个非常著名的故事"盲人摸象"，现在很多人不了解它的原来的意思。"盲人摸象"原来的意思并不是说每个人只知道局部不了解整体，而是要人了解没有真实的实在。大象只是长鼻子、大柱子一样的腿、像鼓一样的肚子、像绳子一样的尾巴合成的，世界也只是由色声味嗅触加上意合成的，并没有一个真实的存在，人所感知的、看到的、听到的，甚至摸到的，都是那些局部感觉综合而成的。佛教说"四大皆空"，"四大"就是指地、水、火、风，或者叫土、水、火、风，宇宙就是四大合成，但它又是幻相。有一次，我看到一个寺庙里的对联，我认为那个对联很精致，它说："影外影为三等幻，梦中梦是两重虚。"实际上，按照佛教的观点，很多东西都像是梦里面的梦，由妄想和欲望构造的一个假相，其实，一切现象世界都是没有"自性"的，这是空的第一个要点。

再说关于"空"的第二个要点。因为你看到好像真实的现象世界，本来是没有自性的幻相，是各种因缘和合的，所以它本身就是"空"，就像电影一样。但是，毕竟它是电影，所以是五彩缤纷的"色"，尽管是本来虚妄的"空"，但是，它却与"色"一样，所以，佛教引申出来的道理就是"色即是空，空即是色"。三千大千世界都是由于幻相，也就是色、声、嗅、味、触、意，也就是眼、耳、鼻、舌、身、意所接受的感觉和知觉构成的。"色"就是形状，"声"就是声音，"嗅"就是气味，"味"就是味觉，"触"就是触觉，"意"就是意识的感觉，由于一切都是由这六种感觉和知觉构成的，所以又可以说"色不异空，空不异色"，幻相与空相并没有本质的差别。按照佛教的说法，一切是没有自性的，唯一存在的，就是这个"没有自性"，而没有自性的存在就是一切，所以在《般若波罗密多心经》里面这十六个字，"色即是空，空即是色，色不异空，空不异色"，大概很多人都背得很熟，但是，要去深切理解，却不大容易。

最后说第三个要点，"空"的观念落实到人的精神状态，就是说，在佛教中这个"空"还是一种最终的意识状态，是人排除对于现象世界的一切虚妄的认识以后，所产生的一种清静的状态。它不光是外在于人的宇宙本质的存在状态，也是内在心灵的本质的最终境界。因为你理解这种宇宙和人生的本质，就可以扫除心中对于现象世界幻相的迷恋和执着。当你排除了你的迷恋和执着以后，你对很多东西就不会产生那种求之不得、忧心如焚的焦虑状态，所以，白居易有一首诗讲："生去死来都是幻，幻人哀乐系何情。"它的意思翻译过来就是说，看戏替古人掉泪，听歌替今人担忧，其实一切都是幻觉，你何必为它付出情感呢，如果不付出感情，也不被它迷惑，人的心灵不就很清静了么？

## 三、渐修：神秀代表北方的禅

神秀和惠能的这两首偈语，象征着对于"空"这种概念的理解，一个是传统佛教的理解，还在"法"、"我"对峙的里面，追求法有我空，一个是中国式佛教的理解，把"法"、"我"打成一团，都彻底瓦解，一切都是"空"，这就预示着中国禅宗在很多方面就要取代和超越传统的印度佛教了。

为什么呢？因为这种理解很快就会顺势引申出佛教思想和理论上的变化，就是作为一个宗教，它的修行、救赎和解脱途径的变化。神秀接受的传统佛教认为，外面的世界对于我来说，每天都有很多污染，我每天都要擦心灵这面镜子，每天都要洗自己的脸，所以，有很多自我修行的办法，比如说，自我约束、自我惩罚、自我教育等。早期的佛教希望通过这种方式得到解脱，他们有"戒"，就是守戒律；有"定"，就是习禅、静坐；有"慧"，就是通过分析的法门，从"一切皆空"或"万法唯识"的角度，来理解现象世界都是幻相，了解一切欲望都是由于人的"无明"引起的,通过自己的理性分析,得到对宇宙、对人生的一种觉悟。早期的佛教修行是非常艰苦的,比如说早期佛教的"戒",就要对自己有种种约束,不能喝酒吃肉,不能娶媳妇,不能说别人的坏话和吹牛;又比如说"习禅",我们现在的人说坐个禅太容易了,可我深知那是不容易的,你们不信试一试就知道,你们能不能够把两只脚心向上,而且两腿交叉着放在两侧大腿上,然后心中排除一切杂念,很少有人能够做到,除非专门练过的人,但是这是必须的,而且不能闭眼,闭眼会睡着,但是,眼睛又什么都不能看,看一样东西则会引起一种知觉的活动,你试试看。

佛教早期的这些自我修练的法门,对于一个具有七情六欲的人来说,是相当艰苦的。早期佛教预设,在你的心灵之外,另有一个超越和光明的世界,人在追求那个超越和光明世界时,需要通过种种自我惩罚的方法,因为这实际上是在跟佛陀做一种救赎的交换,修行者要用这种方法来求得佛陀对你的世俗生活的一种宽容和原谅,或者说得到佛的"印可"。如果没有这种自我修练,那就不可能进入佛陀认可的世界。这是早期佛教的传统观念决定的,早期佛教一直认为,人之所以会变坏、堕落、沉沦在烦恼之中,是因为人的心灵受到外在的五阴黑云所覆盖,五阴就是眼、耳、鼻、舌、身合起来的五种感觉,这五种感觉本来是假的,但是由于人天生有"无明",所以总以为是真的,因此就会受它的蒙骗,就对这些东西执着得不得了,想吃、想喝、想贪,什么都想要,就起了很多贪婪丑恶的心思。很多人都看过《西游记》,《西游记》里面,孙悟空在比丘国假扮唐僧,当众剖开胸腹,滚出一堆心来,这些心里有好胜心,计较心,杀害心,狠毒心等,这倒是个好的比喻,其实人确实有这么多心的。

所以早期佛教认为,人的心都是被五阴黑云所覆盖,你要想清除它,你就得苦苦地去清洗、苦苦地去斗争,你得做好多事情来消灭自己的种种欲望和感情。早期禅宗最相信的《楞伽经》里面说:人的心本来是平静的,之所以会风云起伏、骚动不安,是因为外界的诱惑,就好像平静的大海为风浪所掀簸。要想到达彼岸,就要苦苦修练,压制欲念，使自己的心灵回归平静状态。据说神秀活了九十多岁，他临死的时候对门徒说，我告诉你们，佛教的道理只有三个字，第一个字是"屈"，受委屈的"屈"；第二个字是"曲"，弯曲的"曲"；第三个字是"直"。他的意思是什么呢？就是人要想变成佛，想从混浊的世界进入那个清静的世界，就要像蛇入竹筒，首先那个蛇要曲身而入，这个身体呢，本来就是弯曲的，进入竹筒后才能变直，但是你想，一条弯弯曲曲的蛇进入一个笔直的竹筒子愣给撑直了，能不难受吗？的确，早期的宗教是要人难受的，他认为只有你难受才能够得到佛的认可，所以这是一个痛苦的、艰难的，或者说是执着的宗教修行方法。而且，特别要注意的是它只能渐进，不能一蹴而就，所以一般研究禅宗的人都同意，神秀所代表的早期禅宗的思想是"渐悟"，或者说"渐修"，就是渐渐的修行的方法，而且信仰者多少还要靠别人（他力）来指引他、拯救他。

## 四、顿悟：惠能代表南方的禅

但是，由于惠能认为一切都是"空"即虚幻，所以这一下子，对污染的抵抗就不必要了，因为按照这个思路往下想，连这个污染本身也是虚幻的了。惠能说，佛性本来就是清静的，哪里会有什么污染呢？所以，他就把修行者从苦苦的修行中给解放出来了，不需要修行，一切都是假的。据说，他认为人常常处在迷惑中，其实人只要一悟，就明白过来了，什么都是虚幻的，修行也是虚幻的，修行不也是人为的吗？人为的事情只能给心灵带来更多的负担，惠能用这种"佛性常清静，何处惹尘埃"的观念，实际上是把早期佛教的那种苦苦修行的方法，一下子全抛弃了，他使人们有了一个新的解脱方式，这个解脱方式就是不必解脱，回头看去，原来此岸就是彼岸。

如果说，以前的修行是从此岸到彼岸，你得慢慢游过去，坐船过去，很辛苦。这回可就好了，此岸就是彼岸，可以不用那样苦修也可成佛了，这个时候才叫大彻大悟。这个变化很重要，从后来禅宗发展的结果来看，惠能的这个思路使中国禅宗有了自我拯救的新方式，同时，也使得佛教不再像是宗教，而只是一种精神信仰。宗教要使人服从和相信，毕竟要有一些严格的戒律，要有一些严格的修行方法，而且要有全身心的崇拜对象，否则，要宗教组织、要师傅传授、要团体纪律干什么呢？但是，经惠能这么一解释，就像现在的流行的词叫做"消解"，一下子就把它全部抹掉了，因为不再需要神灵，不再需要佛陀，也不再需要戒律、组织、师傅，以及各种各样的方法，在意念中一个转向，就可以大彻大悟，所以，做一名禅宗信仰者就变得很轻松了，换句话说，禅宗的宗教性质就越来越淡了。

广东南华寺至今保存了六祖惠能的真身

神秀和惠能这两首偈语代表了一种思路的转换，这种思路的转换，可以说是从印度佛教立场到中国道家立场的转换。因为早期印度的佛教，是提倡个人艰苦修行的一种宗教，但是中国的老庄基本上是追求心灵自由和超越的一种思想，它非常适合中国一些上层知识分子的心理，也很容易被那种害怕艰苦修行、推崇自由超越的中国知识分子所接受。大家都知道，《庄子》的第一篇，也就是《庄子》影响最大的一篇，就是《逍遥游》。逍遥游三个字，本来都是从"走"字偏旁的，就是茫茫大地随便你走，不能有一点束缚。你让我走路，可成天的一会儿是红绿灯，一会儿又是人行道，警察又管着我，还得罚款，那多难受呀？如果落了个白茫茫大地真干净，随便走来走去不更快活吗？中国接受老庄思想的知识分子，特别向往这种好像绝对自由、绝对超越的路数，所以，他们特别提出的一个说法，就是"无心是道"，对什么事情都"无心"。有心就有执着，有执着就有痛苦，有痛苦就活得不自由，所以要无心，而无心的最后状态是什么呢？按照老庄的说法，是自然而然，适意放松，这个自然适意的状况，绝对不是说把自己捆得跟个粽子似的，动也不敢动，吃也不敢吃，睡也不敢睡，然后在那儿修行，像禅宗说的"睡时不肯睡，百般须索，吃时不肯吃，千番计较"，这当然不自由。

当禅宗的惠能提出这样的自由超越之路的时候，熟悉老庄的士大夫就很容易接受惠能所开创的南宗禅佛教。

## 五、《坛经》的故事

有一个外国人叫许理和，他写了一本关于南北朝佛教史的书，我觉得它的精彩不亚于中国学者汤用彤先生的一本佛教史著作《汉魏两晋南北朝佛教史》，但是，他这本书的名字用中文翻译过来叫做《佛教征服中国》，很多人对这个名字很不以为然，我也曾写过一篇文章，说不是佛教征服中国，而是中国征服佛教。其实，整个中国佛教，特别是影响知识分子最大的禅宗，后来的思路就是沿着惠能所开创的这条思路走的，而惠能所开创的这个思路只不过是披着佛教的外衣，实际上是长在老庄的根上的。神秀的偈语和惠能的偈语，实际上就意味着从印度禅学到中国禅宗的分界线。所以，记录惠能说法的《坛经》这本书，实际上在中国思想史上非常重要。在中国佛教里，历来都把印度传来的佛经叫做"经"，这是因为佛教的起源在印度，"外来的和尚会念经"，"如是我闻，佛说如是"才是正牌经典。但有一本书是唯一的例外，那就是惠能的《坛经》，这本由中国人自己的讲演记录整理而成的书，也被称之为"经"。

那么，《坛经》这部书是怎么回事儿呢？

据说，惠能在广州南海出山以后，他的团体迅速地发展。于是，他到了现在的广东韶关。在广东韶关一个叫做大梵寺的寺庙里开宗说法，当时韶关这个地方叫做韶州，此地一个姓韦的刺史就带着几十个官员和

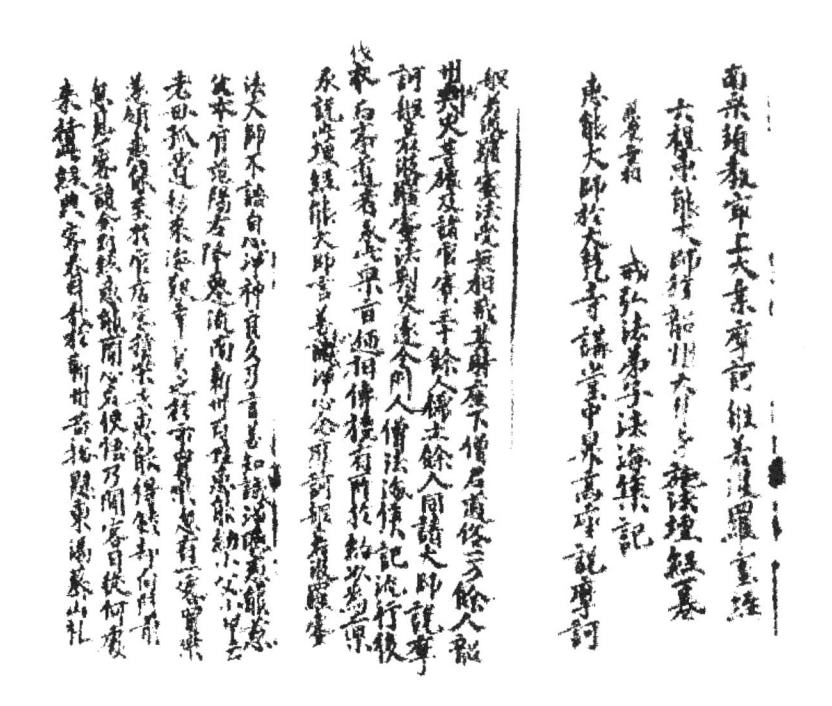

敦煌发现的古写卷《坛经》

一些儒者,据说一共有一万多名信仰者,来听惠能的讲演,盛况空前。这部《坛经》就是当时开坛讲演的记录,记录者叫做法海,是惠能的学生,不是传说里面镇住白娘子的那个法海。法海记录了惠能的讲演,是为《坛经》,这本书就一直这么流传下来,一千多年以来,这个说法是没有疑问的。

但是,后来因为二十世纪初在敦煌的一次文献大发现,这部书的来源突然有了问题。因为在敦煌发现的古文书里面,有一些禅宗的古书给我们提出了很多问题,让人怀疑《坛经》到底是不是真的记载了惠能的言论?它是不是后人伪造或删改的?敦煌的发现,使《坛经》的真伪、内容、思想突然成了问题。我们知道,在古代历史书里的确有很多假的历史,而很多真的历史有时却是靠一些偶然的机会被突然发现的。比如说,咱们现在能知道古埃及有这么多灿烂的文化,还有这么多文明的创造,很大程度上是由于一个偶然的事件。十八世纪末,大概是 1799 年吧，拿破仑远征埃及的时候，带了五万多军人，还带了好多学者，他们在战败撤退到尼罗河三角洲西北修工事的时候，无意中发现一块刻了几种古文字的石碑，这个地方叫做罗塞塔村，所以后来也叫它罗塞塔石碑（Rosette Stone），后来到了 1822 年，经商博良（Jean Francois Champollin, 1790—1832 年）破译，人们才读懂了古埃及文，从而再现了古埃及的历史。因为那块石碑上面，刚好古埃及文字和古希腊文是对比刻在一起的，幸好人们那个时候还懂古希腊文，所以，拿古希腊文和古埃及的象形文字一对，译出了古埃及文，古埃及的象形文字一个个被确定以后，再来读其他的象形文字的资料，才慢慢地揭开了六千多年的古埃及史。另外，比如说《圣经》，近代关于《圣经》的真正大发现是在二十世纪五十年代。有一次，一个农民在死海边上一个叫库兰的地方赶羊，无意中拿了一块石头往山洞里面一扔，只听得山洞里面传出瓦罐被打碎的声音，正是这一声响，使人们发现了现代著名的所谓"死海文书"。这死海文书是公元以前，也就是耶稣诞生以前，后来形成《圣经》的另一些文本，这才让现在的人知道很多过去并不知道的东西。

同样，在中国也有两次非常了不起的发现。一次是甲骨文的发现，当时河南安阳的农民用地下挖出来的骨头来骗人，把它说成是"龙骨"，是包治百病的灵药，拿到北京来卖，后来碰到一个对古文字很感兴趣的官员，叫做王懿荣，他买来这个东西后大吃一惊，因为他发现上面有他不认识的文字，他觉得可能是古文字。从此甲骨文才揭开了中国三千五百年前的秘史。还有一次就是跟我们现在所讲的有关系的敦煌文书。1899 年，在敦煌有一个王道士，有一天无意中敲了敲他坐的地方后面的墙，觉得墙空空地响，于是他把它打开，发现了一个小房间似的洞窟，里面密密麻麻地堆满了文书。这个洞是在公元十世纪下半叶封起来的。这些文书突然被发现了，陆陆续续地，英国的斯坦因、法国的伯希和，还有日本的、俄国的探险队，都来这里买走或者说是骗走了许多文书，直到最后，中国人才发现这些是无价之宝，但是当中国官方去收集这些文书的时候，只剩下不到一万卷了。现在，英国大英博物馆藏有近万卷,是最漂亮最完整的一部分,在法国巴黎图书馆收藏的是最有价值的近一万卷,在俄国圣彼得堡,也收藏着近一万卷,大体上是较零碎的,其中有许多过去没有公开,最近才由上海古籍出版社出版了一部分,叫《俄藏敦煌文献》,全世界共收藏有几万件敦煌文书,中国有一万多卷,大多存放在北京的国家图书馆。

## 六、胡适的发现:《坛经》的著作权出了问题

言归正传,正是因为敦煌文书的发现,人们才对《坛经》的真实性提出了很多问题,其中最早提出问题的是胡适。二十世纪二十年代末三十年代初,胡适接连写了好几篇文章,认为《坛经》不是惠能所作,而是惠能的学生神会编出来的,他的结论使全世界研究禅宗史的人都目瞪口呆。胡适的论证是这样的:第一,公元 800 多年的时候,有个人叫韦处厚,他写了个碑叫做《兴福寺内道场供奉大德大义禅师碑铭》,说神会的学生和他学生的学生"竟成《坛经》传宗",他认为九世纪的人讲这句话,说明《坛经》是神会编出来用来做传宗凭证的。第二,敦煌文书里面还发现了很多神会的资料,神会讲的很多道理和《坛经》是一样的,可以证明《坛经》可能是神会编的。第三,使禅宗真正在中国取得绝对优势的是神会,所以神会炮制《坛经》,确立一个死去的权威。画人不太容易,"画鬼最易",炮制一个死去的绝对权威是很要紧的。所以,胡适写的《荷泽大师神会传》中最后讲了这几句话:"南宗的急先锋,北宗的毁灭者,新禅学的建立者,《坛经》的作者,这就是我们的神会,在中国佛教史上没有第二个人有这样伟大的功勋和永久的影响。"

胡适这个人极聪明、敏锐、清楚而且好发新见,他一生在中国创立了很多新的思想,确实是个了不起的人。但是在这一件事情上,胡适好像有点证据不足。首先,用《坛经》当传授的凭证,是《坛经》中说过的。《坛经》中说,"不得《坛经》,即无禀受",即没有《坛经》就

不算南宗的弟子，大概神会也只是沿袭了老传统而已，可能惠能在世的时候就已经肯定《坛经》作为他们这一派的凭证，所以这不足为证。其次，老师和学生的话相似，不一定是学生炮制了老师的话，也可能是学生抄了老师的话，这也是不能作为绝对证明的。第三，确立禅宗的地位不一定就是禅宗的创立者，历史上有很多著作都是在作者去世很久以后才成为绝对权威的经典的。

当然，我们也应该承认，胡适提出的很多新见解也不是胡编乱造的。胡适看书很认真，直到晚年他坐轮船的时候，还在拿着禅宗的书慢慢看，还不断地写文章，写笔记，在他的日记里面有很多这样的记载。所以，胡适关于《坛经》的考证里面，确实还有一个疑问始终得不到解决，因此他的质疑也无法推翻。这就是《坛经》最后暗示，惠能死后二十年，将有一个人要继承惠能，为禅宗的复兴大声呼吁，这恰好就是神会的故事，神会在开元二十年也就是公元732年，在邻近东都洛阳的滑台大会上宣布，惠能这支禅宗要取代神秀这一支禅宗，而且要跟神秀对抗，这件事情正好发生在惠能死后二十年。如果不是神会在事后编写，怎么可能惠能在当时就预言二十年后的事情？这一条胡适的疑问始终没有被推翻。所以，我们很多人都相信这样一个比较调和的结论，就是原来可能有一本《坛经》，是惠能说法的记录，但是后来神会在这里面掺了很多自己的思想，加了很多东西，而神会一支后来曾经很兴盛，所以他们传的《坛经》就成了禅宗的经典。很可能是这样。

那么，我们现在看到的《坛经》究竟是不是最早的样子呢？即使不是惠能时代的原本，那么是不是神会时代的修订本呢？显然也不是的。现在，在敦煌发现的《坛经》，大概抄写的时间是公元780年左右，是惠能死了六七十年后、神会去世二十多年后抄写成的，这个抄本只有一万二千字，有两个卷子，一个藏在大英博物馆，一个藏在敦煌博物馆，显然已经不是原本了，但这还是早的。在日本京都的兴善寺，还藏有一个宋代初期抄成的一本《坛经》，这个时候已经是一万四千字了，多出两千字来，和敦煌的抄本又不一样了。到了北宋的中期，一个叫做契嵩的著名和尚又做了一个校订本，有两万字，又多出六千字。而此后流行的，又是元代人校订并且分了篇章的一个版本，在敦煌、日本的各种版本发现以前，大家都是读这个本子，没有谁有疑问。这个版本是元代的两个和尚宗宝和德异分别依据契嵩的本子编成的，有两万三千多字，又多出三千字，共分成十章。第一章讲惠能出家的经过和南宗的建立过程；第二章讲般若学的"空"；第三章回答当时韦刺史对他的提问；第四章讲"定"和"慧"是一回事；第五章是讲坐禅，指出坐禅不仅仅是打坐，而是心灵不起念头；第六章讲什么叫无相忏悔；第七章介绍了惠能的各个弟子怎么样得到了彻底的觉悟；第八章是讲什么是渐修，什么是顿悟；第九章是讲禅宗跟政府的关系；第十章记载惠能临死的时候对各个弟子的讲话。这就是我们现在能够看到的各种禅宗版本的内容，可见，这部中国佛教自己的经典是渐渐形成的，是不断增加修订出来的。我们一定要了解，所谓的"历史"和"经典"，有时就是这样被书写出来的。

## 七、《坛经》的关键词之一：自净

要理解《坛经》，先要理解《坛经》中的若干关键词。

第一个关键词叫做"自净"。惠能在《坛经》里面讲，智慧就是般若之智，世上的人本来自己就有，"般若之智，世人本自有之""世人性本自净"。

任何一个宗教的目的都可归纳为两个字"救赎"。佛教拯救世俗世界，有两重界限是一定要遵守的，第一是信仰程度的界限，首先要使得有文化、有知识、有道德、有信仰的人得到解脱，然后才轮到普通信仰者，而不信仰的人是不能得到拯救的，否则它没法分谁有信仰谁没有信仰，这是一个常识，按照佛教的说法是使"上根人"得到解脱；第二是信仰非信仰的界限，它要对真正的信仰者承诺，而拒绝异端，否则真正的宗教信仰就没有意义和价值了，也不能劝诱人们保持信仰，一个宗教要保持自己的存在，必须做到这一点。

说到信仰，就要注意，在所有的宗教里，信仰的起点和信仰的终点是不是一回事？显然不能是一回事。作为一个宗教，如果信仰的起点和终点是一样的，就等于瓦解了自己，宗教就没有存在依据了。所以早期的佛教一定要强调信仰的起点和信仰的终点是不一样的，人性跟佛性也是不一样的，人对于佛教的信仰就在于提升人性而趋近或达到佛性，遵守种种戒律，进行种种修炼，都是为了使人性向佛性趋近。但是，从中国的南北朝以来，有一个思想一直非常强烈地在瓦解这个观念，这就是"人人都有佛性"的思想。南北朝有两件事情是非常重要的，一件是关于是不是人人都有佛性的讨论，这个讨论涉及一个经典，叫《大般涅槃经》，这个《大般涅槃经》本来是在北方流传，当时有一个人叫竺道生，在公元五世纪初到南方来，告诉人们即使是有罪的人也有佛性，叫做"一阐提有佛性"，当时，南朝的京都即现在的南京一时舆论大哗，他被攻击得不成样子，只有少数的人支持他，直到《大般涅槃经》传到南京，大家才相信他的说法是有依据的。第二件事情和《楞伽经》有关，《楞伽经》是禅宗早期依据的重要经典，它提出了一个看法，即清静的如来藏在每一个人的心中，所以禅宗的第一代宗师达摩也说"含生同一真性"，由于肯定了人人都有佛性，于是解脱和超越的关键就渐渐地不再是靠别人来拯救自己，而是自己来拯救自己，一般的佛教修行思路还是依靠外在的苦行，要通过自己对自己约束来拯救自己。但是，由于惠能非常强调"自净"，认为没有必要用苦苦的修行，在本来就清净的心灵上"头上安头"，用佛教的一句话来说就是"佛头着粪"，在佛的头上泼粪，那不是污染吗？没有必要来多此一举，这时候修行和学习就不太需要了。

## 八、《坛经》的关键词之二：无念无相无住

这就涉及我们所说的第二个关键词，就是无念、无相和无住。由于每个人心里面都有本来清静的佛性，成佛的关键就在你自己的心里

面,所以,怎么样使你自己的心灵达到佛性的境界,是一个很重要的问题。惠能在《坛经》中提出来,要"以无念为宗,无相为体,无住为本"。

"无念"并不是什么都不想,而是"念而不念",所谓"念而不念",就是不执着于自己的每一个念头,中国古代老庄学说里有一句话叫做"物物而不物于物",就是把物当做物,但是不把自己的思想束缚在物上面,被外在的"物"牵着跑,佛教经常用这种比喻,就是人的心像一面镜子,天地万物都在镜子里面照出来,但是镜子里面何尝有万物呢?但是,更重要的是它并不拒绝万物,人的心就应当是这样,如果你要拒绝万物,拼命地跟混沌的世界保持距离,你的心就会处在一种非常紧张的状态,佛教不希望你处在紧张的状态,而是一种所谓自然的、放松的、适意的状态里面,所以它告诉你连镜子都忘掉,那才最好。禅宗有两个著名的,而且是文学性很强的句子:"雁无遗踪之意,水无留影之心",或者叫"水无沾月之心,月无分照之意",就是说大雁飞过湖泊,并没有想到把影子留在湖泊上,湖面映照出大雁的影子,湖面本身也并非有意要留住大雁,完全是一种偶然的遇合;水和月亮两个很清澄皎洁的东西互相映照,但是,水并没有要沾月亮的光,月亮也并非有意要把自己的光分给湖面,按照禅宗的说法,人应该对一切现象世界及现象世界留在你心里面的那些念头,采取一种"无念"的状态,就是虽然有"来往",但是不"执着",所以,佛教有一句话叫"无执",佛教认为,人之所以会有痛苦有烦恼,就在于人有"我执",就是"有我之心",最彻底的是连"无念"也不要在你的心里面。"无念"就是不固执、不留恋、不沉湎,随意而自然地在这个境界里面,保持一种自然而然的状态,英语的"自然"(nature)和中国话的"自然"是很不一样的,中国话里面"自然"这两个字应理解为"自然而然",是自己这样的,没有谁逼你;但是你也不要"我非不进入你这个境界",你要拒绝一个境界,实际上也就肯定了一个境界,于是你的心就会两分,佛教是要你超越两分世界的。

这是无念。"无相",同样是"于相而离相",用话来解释是很困难的,也许可以叫做看而不看,听而不听。如果你闭目塞听,你就会很痛苦，因为人毕竟是有种种视听感觉的，真正的禅宗所要求的"无相"的境界，就像风过耳、影过眼一样，使自己不被一种形、色、声而束缚，自由的意义是能够随心所欲，是自我感觉到空间的宽阔无边。我有时候跟人讲两句话，一句是自由并不是你想干什么就干什么，而是你在意识里面能够感觉到你的精神空间里面是非常宽阔的，第二句是自由不是想干什么就干什么的自由，而是拒绝干什么的自由，这才是真正的自由。所以，"无相"实际上并不是一种偏执，讲究的是中道。

同样，"无住"就是在一切现象中不停留自己意识的脚步，《坛经》里面讲，在一切现象上不要固执、不要留恋、不要停留，如果你有一念停留，那么你所有的"念"就被停留，在这个地方就等于是被这个念头所束缚，所以，它后面讲，"于一切上，念念不住即无缚也"。惠能有一个隔世传人叫做马祖道一，他有一次在山上和另外一个禅师有一段对话。这个禅师说，你要修行，就要解脱束缚。他就反问道：谁给了你束缚？有人说，要擦干净心里面的脏东西，他说，有谁弄脏你了？他的意思是，一切都是虚幻的，只要你不把它当做是实在的，使自己的意念束缚在它上面，你就不会被这个东西束缚住。苏东坡有一次登山，他看见山很高，山顶上有一个寺庙，心里面很悲伤，想：我真是爬不上去了呀，但是同时心里面又想，我今天一定要爬上去，于是就不停地爬。到了半山的时候，他在一个叫做松风亭的地方休息，他转回头想了一句话，这句话很重要，就是"有什么歇不得处"。这意思是：我干嘛一定要被爬上去这个念头束缚住，搞得我那么紧张？他后来又有一句话叫"吾心安处是故乡"，人真正的故乡是什么地方呢？凡安心处就是故乡，还有一次他生病时说"安心是药更无方"，这个就基本上把禅和佛教的思想完全地转到了中国老庄的思路上来了。其实，这就是禅宗的基础，老庄和禅宗发展到极点都是这条思路，人应该处在自然的、适意的、随意的状态里面，这时人的心灵是放松的，你会感觉到一种轻松，佛教认为这是一种永恒的感觉。

## 九、《坛经》的关键词之三：不立文字

第三个关键词是"不立文字"。《坛经》中有好几处说到这句话，你对于终极境界的体验和观照，应该是"自用智能观照，不假文字"，这个问题比较难讲。

语言文字是对现象的命名，而且是使现象世界呈现在人们面前的符号，用海德格尔的话来说"语言是呼唤物的，物只能在语言中呈现"。我们每一个人不可能了解和观察一切，我们所了解的这个世界，实际上大多是由语言文字符号传递到你的脑子里的。然后，用佛教的话来讲，"名者，想也"，当一个名词出现在你的面前就引起你的联想。比如我说"瓶"（vase）这个词，这个声音和这个字的形状呼唤你的思维里面出现的是一个瓶的形状，但实际上并没有真正的瓶，就像"望梅止渴"中的"梅"一样，当你听到并想起"梅"，就会不由得口舌生津。语言在你的心目中构造了第二个世界，它是处在你的心灵和真实世界之间的，这个东西可能是一扇门，是从这个世界到那个世界的一个主要的通道，但也有可能它关上以后就阻隔你从这边进入那边。语言文字对于人和世界来说也是这样的，它有可能使人们了解世界，但也有可能使人们误解这个世界。

对于佛教禅宗来说，语言文字传递的不是最终境界，也不一定是真实世界。首先，禅宗思想里面，最关键的是要让人体验那种轻松的、自由的、超越的终极境界，按照佛教的理解，这种终极境界是不可以言说的。我们经常在生活中会碰到没法说的感觉和体验，所以佛教经常讲"不可思议"。思想是靠语言来思想的，可是确实有那种最高境界的感受和体验是不可思议，或者不可言说的，就像成语中说的"不可名状"。禅宗很早就主张以心传心，不立文字，就是因为语言文字常常在人心里面产生一种阻隔，使人不能由自己的内心体验到最终境界，有人叫做"高峰体验"。其次，因为自从人类有理性以来，人类的理智就支配着人类的理解，形成的一个理解结构就支配着人的分析，在人的心里都有一个不言而喻，不证自明的先验的框架，这是一种背景，

而这种背景又由于我们的语言和文字被固定下来，成为我们所说的"理性"。实际上，人的理性是后天的一个框架，它所描述的我们面对的世界有可能是不对的。《红楼梦》里有一句话叫做"真事隐去，假语村言"，对于人来说，不太可能直接以经验了解这个世界，只能借助于理性，通过语言文字来了解这个世界，但是文字所说的那个世界真的绝对正确吗？

　　禅宗要在"无念、无相、无住"里面体验这个终极境界，就非常反对人们用语言来描述，因为语言描述的这个世界，并不是你自己能够亲身体验的真实世界，也不是佛教要你去追求的终极的超越世界，那个世界是不可言说的，只能用心去体会，用自己的心直接面对它，中国的传统里面好像有这样的一条思路，老子说："道可道，非常道"，所以后来人们也说，绝对真理"不可说，一说就错"。

　　不可说的东西怎么把握，语言不可表达的东西怎么表达？禅宗一方面提倡"以心传心"，直接用本心来领悟，另一方面也得用语言来告诉你，于是它采取了很多方法。我们要特别说明，"不立文字"，它的原来意思是不确立文字的权威性，并不是"不要文字"。禅宗为了瓦解人对文字语言产生逻辑和联想的习惯，用了三个方法。第一个方法是单刀直入，干脆不要文字，这是最简单的一种方法，也是最基本的一种方法，对于万事万物，你都直接体验，语言有时候就在你中间产生一种障碍，这时你抛开这种语言是必要的。在明代小说《笑得好》里面有一个著名的故事：有一个很傻的差人押送一个犯罪的和尚，他记不清自己都带了什么东西，他的妻子就教他念个顺口溜："包裹雨伞枷，文书和尚我"。途中，和尚把傻子灌醉，剃光他的头逃走了。第二天早上他醒来，按例念"包裹雨伞枷，文书和尚我"。——都在，和尚哪？一摸头，原来也在，"可是我呢？"有时我们接触这个世界，经常出现的一个事情就是"我到哪儿去了？"人们通过语言文字来了解这个世界，实际上语言文字是别人告诉他的，不是自己亲身去理解的，所以世上的人经常也会忘记"我"到哪儿去了。西方现象学也有一句名言：面向事物本身。禅宗对待文字上的思想跟现代西方哲学的一些思想是很像的。这是第一种方法。

第二种方法,在没办法的情况下也得用文字,用文字破坏文字,用语言来破坏语言。《坛经》里面讲到,人问你"有",用"无"来回答,问你"无",用"有"来回答,问你神圣,要用平凡来回答,问你平凡,要用神圣来回答,即用矛盾的、不通的、别扭的语言来破坏你对语言的习惯性执着。因为人对于语言都有一种下意识的遵从习惯,事实上,这只不过是语言规定性的一种表现,人要是盲目服从语言,那么也许就要上语言文字的当。反过来想一想,"问道于盲"也许并不错,这个盲人不知道"东"还是"西",也许告诉你向前走,向右拐,再向前走,你就会凭自己的感觉自己去找路了。唐代有一个赵州和尚,别人问他住在哪里,他答"赵州东院西",东院是哪里?西是木字旁的"栖",还是东西的"西",他也不给你回答。在这类经常出现在禅宗的话里面,又有两句著名的话,"仰面看波斯,面南看北斗。"完全是矛盾。还有一首偈语叫:"空手把锄头,步行骑水牛。桥从人上过,桥流水不流。"这些都是用语言破坏语言的例子。因为正面讲,合着逻辑地讲,你就会被语言误导了,你想不通,那最好你自己去看,面向事物本身。

禅宗有一句话问:"当你父母还没生下你的时候,你的本来面目是什么?"是"无",但是"无"是包蕴着一切可能性的,当你没生下来的时候,你有一切可能性,可能是男的,可能是女的,可能叫张三,可能叫李四,拥有无限的可能性。一旦成为"有",被命名以后,就落入语言文字声色形体的规定性中,你就是你,你就有限定性。要超越语言就是这个道理,就是回到"原初之思"。这是第三种办法。这里借用了西方的一个术语,西方人认为,人一开始形成理性的时候,这个理性就制定了理解的框架,但这个理解的框架凭什么是对的?西方哲学正是要追问这个问题,凭什么它要指挥我们理解一切?因此要回到意识之初,用你自己的观念来理解,用你自己的眼睛、耳朵来理解一切。也就是说,当人的理智还没有形成固定的框架,语言文字还没有把这个世界固定化的时候,从那种原初的起点上出发再重新思考,这就是禅宗要做的事情,这一点与现代西方哲学的思路确实有很多相近之处,从胡塞尔到海德格尔、雅斯贝斯,基本上都是这个思路,现代西方的一些人开始把视野转向东方,海德格尔曾经和一个中国学者萧师毅一起念《老子》,而荣格曾经读过道教的著作,雅斯贝斯也曾经读过中国的很多书,还写过一本《佛陀传》,从这里可以找到原因。这是第三个关键词,也就是"不立文字"。

## 十、《坛经》的关键词之四:顿悟

既然人的解脱的关键在于人的自身,人最重要的是"自性清静",而且能够做到"无念无相无住",能够抛开语言文字,那么,人在一刹那间在意识的转换中,就可以达到很高的境界。惠能认为,既然一切都是"空",一切外在的修身养性都不需要,那么,也不需要拒绝过去被认为是庸俗的实在的世俗世界。他觉得,只要在自己心上无念无相无住,信仰者就可以超越和解脱,在心灵意识的转换里面,达到一种自己感到轻松的境界,这就是被后来人称之为"顿悟"的法门,而这种"顿悟"的法门就是分别中国佛教和印度佛教的一个重要的标志。

在五世纪末六世纪初,有一位有名的中国人叫谢灵运,他是个大诗人,谢灵运作了第一篇有关中西思想比较的文章,他说西方人(印度)容易受宗教性的约束,而不能在里面理解和觉悟到"理",而华人"易于见理,难于受教",所以,中国人一定要"顿悟"。其实在谢灵运时代就已经讲到"顿悟"了,不过,这个口号直到惠能时代才被揭出来作为一面旗帜,由于有了这面旗帜,中国佛教后来就一直提倡"自己解脱自己",人在刹那间的意识转换中就可以达到超越和解脱。讲一个故事,禅宗大师马祖道一还没有领悟的时候,曾经在那儿苦苦地坐禅,希望自己能够解脱,他的老师看到他,就找了块砖在石头上使劲地磨,马祖和尚被搅得很烦,就问:你磨砖做什么?老师答:磨砖做镜子。马祖问:磨砖怎能成镜?老师就说:磨砖不能成镜,坐禅又岂能成佛?他的意思是，一切都在你的心里面，如果你的心灵意识不能够转换，不能够意识到自心清静，你坐禅又怎能坐出佛来？一切都要在一刹那的意识转换中，自我体验到自性清静，于是自己就清静了，这才是禅宗。

  这道理，你明白吗？

# 第七回

## 大慈大悲观世音——民众的佛教想象

**引子：大慈大悲与救苦救难**

四五年以前，我客居在欧洲一座小城里，小城的中心广场用石头铺成，欧洲的城镇中心，照例都有华丽的市政厅和威严的教堂。每天我都到这个广场闲坐，看风卷云飘，看鸽子飞过，有时也到教堂里"随喜"，听着风琴缓缓奏鸣，看着彩绘玻璃上的《圣经》故事画像，在庄严肃穆的气氛中体会信仰者的心情。这座圣彼得教堂（St. Peter's Church）在欧洲大概是一座中等的教堂，并没有什么特别之处，只是那里的一座圣母像，却让我想了很多，为什么呢？因为她太像我们熟悉的观世音菩萨。我在想，她真的与观音菩萨有关联吗？

把欧洲的圣母放在一边，先说东方的观世音菩萨吧。可能大多数中国人都知道，观世音是一个非常慈祥可亲的女性形象，而且观音菩萨有好多好多种化身，有千手千眼观音，有鱼篮观音，有童子拜观音，特别是小说《西游记》流行以后，大家都知道，这个观世音菩萨不仅美丽，而且神通广大，孙悟空收伏不了的妖怪，她可以来收伏，像偷唐僧袈裟的黑熊怪，还有通天河的鱼精，连孙悟空头上的紧箍，也是她给安上的，而她身边的童子，据说是牛魔王和铁扇公主的孩子，叫红孩儿，在观音菩萨收服他之前，孙悟空本事再大，也有点奈何他不得。

不过，那都是小说故事。实际的社会生活里，观世音菩萨的影响也

比利时圣彼得教堂中的圣母像　　　　　敦煌榆林二窟"水月观音"

很大。在中国佛教有四大名山，据说象征地水火风，分别有四大菩萨，也就是地藏（地，安徽九华山）、文殊（骑狮，风，山西五台山）、普贤（骑象，火，四川峨嵋山）、观音（水，浙江普陀山），如果在民间作一个民意调查，比一比哪一个最有影响？那一定还是观音菩萨，佛教的佛菩萨罗汉里面，大概除了阿弥陀佛、弥勒佛之外，就数她最有名了。在很多佛教寺庙里，都有她的塑像，大多是手持杨柳枝，以甘露清凉净水，洒向人间。

　　观世音菩萨的名望为什么这么大，她为什么得到这么多信仰者的崇拜？这还要从历史讲起，其实，关于观世音菩萨的历史故事很多，里面的问题也很多。比如，为什么他在印度本是男身，到中国变了女身，这里面有什么奥秘？他是怎样和中国历史上的"妙善传说"联系起来的，究竟为什么民间叫她"三皇姑"？她在晚明是怎么和天主教联系在一起，并且代替了被禁止的圣母被虔诚的教徒崇拜？今天，就要说一说这些历史故事。当然，我们更要让各位想一想这样几个很特别的问题，第一，观音由男性变成女性，背后是什么原因；第二，在西藏、内地、日本的观音信仰中，有什么文化的差异和背景；第三，观音信仰是如何与中国民间信仰混融的。

## 一、佛教经典里的观世音菩萨

观世音菩萨的信仰，在公元的第一个世纪就在印度流传，"观世音"，在梵文（阿缚卢枳帝湿伐逻）里面，前半是观看、显现的意思，后半是声音的意思。"菩萨"在梵文（菩提萨埵）里面，前半"菩提"是智慧，后半"萨埵"是"有情众生"，意思就是以智慧解救众生的大士，所以，"观世音菩萨"就是视觉和听觉中都能感受到的、以智慧拯救众生的菩萨。

《普门品》书影

在大约东汉三国的时候，提到他的佛教经典像《法镜经》（东汉安玄译）、《维摩诘经》（三国吴支谦译）刚刚被翻译过来，他被翻译成"窥音"，到了西晋竺法兰等人译《放光般若》，他又被译成"现音声菩萨"，而竺法护译的《正法华经》，则叫他做"光世音"，这一称呼延续了很长时间。后来，鸠摩罗什翻译的《妙法莲华经》的第二十五品《普门品》才把他译做"观世音菩萨"，因为这个《普门品》译本盛行，"观世音菩萨"的名号才渐渐地在民间流行起来。那么为什么这品经特别流行呢？还有一个故事，据说大约在四世纪的时候，北凉的国主沮渠蒙逊生了大病，医生没有办法，各种药都不灵，这时有一个印度和尚昙无谶劝他念这个《普门品》，他照办后，果然病就好了，所以他下令全国都读这品经文，于是它便流传开来。那个时候，五胡十六国在北方中国天天打仗，各种民族如鲜卑、羌等都进来了，政权变得很快，社会变得很动荡，人们要寻找一种安宁，所以有一个观音出来，很能吸引人们信仰呢。不过，到了唐代初期，因为要避唐太宗李世民的讳，所以就简称"观音菩萨"了。顺便说一下，所谓"避讳"，就是遇到比自己地位和等级高的人，不能直接书写或称呼他的名字，要缺笔、缺字、或者改字、提行、空格等，这是为了表示尊敬，比如康熙皇帝叫玄烨，所以清朝的时候，也把"玄"写成"元"，"玄而又玄"就成了"元而又元"了，把观世音叫成观音，就是为了避开李世民的名字中的"世"字。

这个菩萨，在佛教中是显教和密教都尊敬的，顺便再说一下什么是显，什么是密。"显教"就是传说中可以公开传授的佛教，古代中国如大小乘各派，什么三论宗、天台宗、净土宗、华严宗、律宗、禅宗都是"显教"，它们有好多道理教育信仰者，虽然有一些仪式举行，但更主要是依靠自觉的修行，如戒定慧等。"密教"是秘密传授的佛教，据说有很多技术、方法、崇拜等，是秘不示人，只能师徒秘传的。这里包括中国内地、西藏、蒙古的喇嘛教以及传到日本的真言宗，他们有"曼荼罗"、"阿字观"、"咒语"，有秘密的修炼方法，还有"身口意三密相应"等，都充满了神秘的色彩。无论显、密，各自都有很多经典，在这些经典里，都有关于观世音的记载，所以这是两派都重视的菩萨。据文献的记载，在大乘佛教的各种菩萨中，观音信仰最为普及，广泛流传在印度、中国、日本等国，及西域、东南亚等地，因此有关观音之信仰史事为数最多。在中国佛教徒的印度旅行记像《高僧法显传》《大唐西域记》等书中，就记载了印度及西域各地崇拜观音菩萨的事实，尤其《大唐西域记》卷十记载，南印度的秣罗矩吒国布呾洛迦山有观音菩萨之灵迹，近代又真的从艾罗拉（Ellora）、坎内利（Kenheri）及鹿野苑废墟中发现若干圣观音像。其中，坎内利窟寺中存有诸难救济图、十一面观音像等物，可以证明观音信仰在印度的流行。

## 二、有关观世音菩萨来历的传说

那么,这个菩萨是怎样一个人呢?他是如何获得大神通力的呢?

敦煌壁画中的大势至菩萨(左)和观世音菩萨(右)

关于他的来历有好几种传说。我们只讲其中一种,据说,很久很久以前,有一个国王,常常听佛陀说法,在后花园修行禅定时,有两朵莲花从左右长出来,化为童子,一个叫宝意,一个叫宝上,后来得到佛陀的指引,就是后来的"观世音"和"大势至"两个有名的菩萨。这两个菩萨是阿弥陀佛身边两个胁侍菩萨,据说佛入灭以后,观音将成为佛,叫做普光功德山王佛,所以好多观音菩萨的头上有阿弥陀佛像。在《法华经·普门品》里,佛陀对大众说,这个观音菩萨很了不起,如果有人念诵他的名号,可以入大火不被烧,落大水不被淹,佛陀还举了很多很多的例子,比如过去曾经有千万个贪心的人,争先恐后到大海里去寻找金银宝贝玛瑙珍珠,结果"黑风吹其船舫,飘坠罗刹鬼国",可是其中有一人念观世音菩萨名,结果所有的人都得到了解脱。又比如世界上有一个满是强盗的地方，一个商队身怀重宝路过，其中有一个人说，只要念诵观世音，就可以不必害怕，平平安安。而且按照佛的说法，如果女子拜观音菩萨，乞求生男，就会"生福德智慧之男"，如果乞求生女，就会"生端正有相之女"。

按照佛教的说法，观音菩萨拯救信仰者是很灵验的，南北朝有名的和尚竺道生在注释《法华经》的时候就说，本来佛教拯救世人的途径很多，专门推崇观音，是为了使众生都向往一个目标，产生热烈的感情。后来敦煌出土的唐代的卷子，年代大约在十世纪，就有更多对观音的赞颂文字，像用血写的《普门品》里就说，写《普门品》可以使"当今圣主，保寿遐长。使主千秋，万人安乐"，"一切有情，舍种类身，各获圣位"，甚至可以使"凡是远行，早达乡井"。而且观音菩萨拯救世人，又有很多种"法门"，除了上面说的最普通的，也是最容易的那种"念诵名号"之外，还有很多种方法，一种是始终怀着慈悲心情看待世界，希望解除众生的痛苦，据说这样自己也可以解脱。还有一种是用智慧观察世界，像《心经》中说的"行深般若智慧"，观照和体验"空"，在心灵中得到超越的感觉。还有一种是念诵咒语，像现在寺庙中常常念的"大悲咒"，共八十四句，据说念诵就有各种应验。再有一种就是"观想往生法门"，想象西方极乐世界，以后就可能真的往那个世界去。总之，最常见的是念诵名号、造观音像、供养礼拜、念有关观音的经咒等几种，这里包括了在中国所有最简明的解脱修行方式，所以观音菩萨的信仰者就特别多。

因为观音菩萨受尊敬，所以又有很多传说故事和很多记载传说的书，其中有两类很重要，一种是中国人渐渐编出来的佛教经典，像北魏孙敬德编的《高王观世音经》，以及后来的《观世音菩萨救苦经》等，都是记载他的种种神话，还有一种是记载信仰者传说的书，记载人们信仰他、念诵他，如何可以得到拯救和解脱的故事，像晋朝谢敷有《观音持验灵传》，南北朝时代大约公元五世纪前后刘宋的傅亮编有《光世音应验记》、张演编有《续光世音应验记》，南齐陆杲也编了《系观世音应验记》等。总之，从公元五世纪前后，这种传说、书籍就已经很流行了。

## 三、观世音菩萨的各种形象及其故事

据说观世音菩萨现身的时候，有种种不同的形象，按照《普门品》说有三十三身，也就是说，观音菩萨会在各种不同情况和场合中，以不同的形象出现，像《西游记》里他第一次在人们面前现身，是变化成老人的。而密宗经典《清净观世音普贤陀罗尼经》则说，普贤、观音都是释迦佛的胁侍菩萨，还说在当时绘画中，在佛陀的"右厢画观世音坐华座，着白色衣，胡跪合掌，面向佛看，听佛说法。左厢三手，一手执华，一手捉澡罐，一手捉经甲。右厢三手，一手施无畏出宝，一手捉索，一手捉珠。菩萨顶上有佛"。但是，在佛教的书籍或雕塑中，有十几种最普遍。首先是正观音（又叫圣观音），这是佛教密宗系统里所说的"六体观音"里的总体，结跏趺坐，双手结禅定印，头戴宝冠，冠上有佛像，身上有璎珞项钏等装饰。不过，在后来的信仰者那里，还流行有以下几种：

千手千眼观音。这是密教六观音之一（密教六观音是圣观音、千手千眼观音、马头观音、十一面观音、准提观音、如意轮观音），唐代以后，这种观音形象很多，石窟中渐渐把她当做主要的观音像来供奉，在日本也很多，像京都著名的三十三间堂，里面就供有据说是千年以前木雕的千尊千手观音，很是壮观。这种形象，主要是中间的双手合掌，一般以四十只手在背后伸出，象征千手，左右各半，两两对称，分别手持

西藏江孜百居寺"千手千眼观音"

金刚杵、宝剑、经箧、宝印等，每一只手中有一只眼，每一手一眼都有二十五种神通，所以象征着千手千眼。一般来说，这种菩萨形象，头上

还要有宝冠，冠上有结跏而坐的化佛像。其象征意义，据《佛说千手千眼观世音菩萨广大圆满无碍大悲心陀罗尼经》说，是表示能圆满普度众生，可以用千手护持，千眼照见，避祸消灾。

十一面观音。他有十一面相，除了主要的面相之外，上面的十张脸，象征十方，据《佛说十一面观音神咒经》说，前三面是菩萨面，左三面是生气的嗔面，右三面似菩萨面，后一面大笑面，顶上一面是佛面，每一面都要戴冠，冠上有佛，观音菩萨左手持串璎珞，手作施无畏印，右手拿净瓶，瓶中有莲花。

敦煌壁画中八臂十一面观音像

不空绢索观音。绢索是传说中用来绊野兽的工具，不空绢索的意思是永不落空的捕获，指在苦海里拯救众生也是永不落空。这一菩萨形象身披鹿皮，所以也叫做鹿皮观音。这种观音形象是很和善的，但是另有三面六臂，一面四臂，一面十八臂等，据《不空绢索神变真言经》中记载，三面六臂的观音，三面各有三眼，正中的脸面很慈祥，头戴天冠，额头上有一只眼睛，但是左面却是怒目突出，鬓发耸起，右面也是蹙眉怒目，狗牙上出，六臂分别拿着绢索、莲花、三叉戟、钺斧、如意轮杖，以及作施无畏印。

如意轮观音。这也是密宗六观音之一，因为他手持宝珠、如意、宝轮，所以叫做如意轮观音。他第一只右手作思维相，表示悲悯众生，第二只右手中是如意，表示能满足众生愿望，第三只右手中是念珠，表示度一切众生苦难。第一只左手按明山，表示不动摇，第二只左手拿莲花，表示纯洁，能够清洗一切污垢世界，第三只左手拿的是宝轮，又叫做"转法轮"，据说，有六臂象征着可以在六道巡游。

准提观音。也是密教六观音之一。准提是洁净之意，指这种观音形象象征着心性清净，有一个传说，也把这种观音看成是过去无量诸佛之母，所以叫"七俱胝佛母"，"俱胝"在梵文中是千万，七千万的意思是极多。据说这种观音可以消灾延寿，念诵他可以家庭和睦，小儿平安，治愈各种病症。准提观音左右有难陀、跋难陀两个龙王守护，观音坐在莲花之上。

——以上是密宗的六体观音，密宗系统的观音形象，大体上都是有印度来历的，也就是说是舶来的，虽然也经过了修改，但还是遵照了印度佛经的。在这六种之外还有一些，像马头观音，传说这是婆罗门教时代就有的信仰，但是在婆罗门信仰中，观音是一对孪生的小马，是双马童神，他是善神，可以使盲人再见光明，可以使公牛产奶，朽木开花，还可以让久不生育的女人生育等，

明代德化窑何朝宗款"足踏祥云观音"

后来佛教就把这种神话也吸收了，在观音头上加一个马头，所以叫马头观音，也叫"马头明王"。此外，在中国很流行的，还有数珠手观音、杨枝观音、白衣观音等，拿着杨柳枝的，可能是受了印度的影响，传说印度佛教相信杨柳枝可以治病，就像中国传说桃木避邪一样；拿着净瓶，则象征着清洁身心，后来传说中就把两者结合起来，用杨柳枝在净瓶里蘸甘露，普洒天下，沐浴世界。这些形象也在中国民间很常见，有的有

一些经典的根据,但是大都受了中国文化和审美观的影响。其中,特别是水月观音,水和月都是最清澈透明的东西,象征着佛教色空空色的思想,人心中很多阴云,遮蔽了本来澄澈的心灵,而佛教就是要恢复每个人原来就有的澄明境界,像水和月亮一样,阴云散去,便现皎洁,于是,中国人按照《华严经·入法界品》的描述,又发挥了自己的想象,创造了这一种形象。水月观音像看上去很安详,很平静。这在中国是最常见的观音形象之一。观音到了中国,就又有了新的故事、新的形象,以下介绍的,大概都可以算是中国人的想象。

## 四、古代中国关于观音菩萨的另类想象

特别要重点介绍的是马郎妇观音和三皇姑故事。

马郎妇观音又叫鱼篮观音。这在古代中国是最普通的观音菩萨形象,是根据唐代就流传的一个故事。据说,唐代元和十二年(817年),有一个地方叫金砂滩,这个地方的人不信仰佛教,喜欢打猎厮杀,上天曾经想灭绝他们,但是观世音菩萨不忍心,于是有一天变化成一个美丽的女子,提着篮子到这个地方卖鱼,很多人包括这个地方的恶人马二郎都想娶她,她就说,如果有人能够在一夜背诵《普门品》的,她就愿意嫁他,于是这地方的人都开始背诵佛经,一夜中有二十多人背诵出来。接着她又说,不能嫁二十多人呀,如果有人能在一天之内背诵《金刚经》的,就嫁给他,于是,他们又开始背诵《金刚经》,

元代赵孟頫绘《鱼篮观音》

居然也有十人一天就背出来。然后她又提出，看谁用三天可以背诵整部《法华经》，最后，只有马二郎一人了，于是她就答应嫁给马二郎了。可是刚一过门，她就因病去世了，人们把她的遗体埋葬以后，过了几天，一个紫衣老僧人来打开坟墓，里面什么也没有，只剩下一副黄金锁子骨。于是他告诉人们，这是观音大士来拯救你们，因为你们罪孽深重，又不能听从正确的教诲，所以只好用这种方法来启示，现在你们读了佛经，减轻了罪恶，说完，僧人便飞空而去。于是，人们就把这个观音叫作马郎妇观音，又叫鱼篮观音，并把她想象成一个提着鱼篮的美丽女人，像《西游记》里，当通天河的鲤鱼兴风作浪时，她就来帮助唐三藏等人，她提着竹篮，"解下一根束袄的丝绦，将篮儿拴定，提着丝绦，半踏云彩，抛在河中，口中念念有词"，原来那鲤鱼本来是观音莲花池里的一条鱼。

三皇姑的故事大约出现在宋代。据说，有一个国王叫妙庄严王，他有三个女儿，第三个小女儿叫妙善。到了出嫁的年龄，大女儿、二女儿都顺从父亲的旨意，但是这个小女儿却无论如何不愿意出嫁，宁愿吃斋念佛，这很让国王生气，于是把她关在后花园里，她依然不服从，干脆出家为尼，与家庭和富贵断绝了关系。国王更是大怒，派兵去烧寺庙，但是天降大雨，国王更是怒不可遏，干脆把她送上了刑场，让人把她凌迟处死，但是佛陀却保护她，

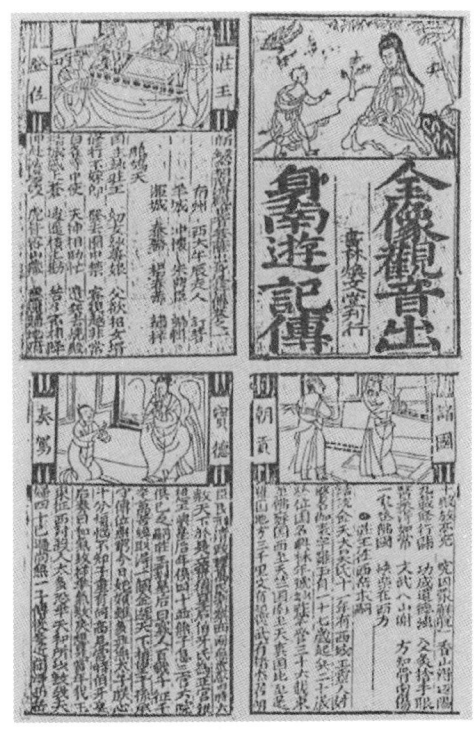

明代书林焕文堂所刻小说
《全像观音出身南游记传》

刀断剑折，只好用弓弦绞死，还有一种传说是，幸好土地公上奏玉帝，玉帝说："如今西方，除了如来，就是妙善，此等大识智菩萨今日有难，岂可坐视？"所以派了神仙变成老虎，在刑场上把已经死去的妙善驮到山林，"令魂游地府，游遍即还魂"，并把她送到香山，据说香山得通南海普陀。这当然是后来添油加醋，增加上去的。据说，九年以后，国王生了重病，无人能医，生命不保，这时有一个僧人来，自称神医能治其病，但是需要"无嗔人手目"，这时，变化成僧人的妙善就献出了自己的手和眼，治好了国王的病。后来国王与王后到山上拜谢恩人，才知道这个救命恩人，其实就是以德报怨、始终孝顺自己的女儿，于是终于改变了自己对佛教的看法。而妙善也因此获得了更大的报答，她献出了手和眼，但成为了拥有千手千眼的观音菩萨。

这个故事，最早在刻于北宋元符三年（1100年）的蒋之奇《香山大悲观世音菩萨传》中就有记载，这块碑原藏于河南汝州宝丰香山寺，后来收在陆增祥编《八琼室金石补正》里。故事已经相当完整，其中，说到国王病好以后，知道献出手眼的是自己的女儿，于是大为悲痛，"以舌舔儿两眼，续儿两手"，于是生出千手千眼。可见北宋的时候，就已经有这个传说，也许形成的时间会更早一些。后来，它广为流传，是因为《香山宝卷》，据说这是宋代普明禅师编的一个通俗说唱文学作品，佛教通俗讲唱

清代年画《香山三皇姑》

的场合通常是在各种法会、法事，参加的人很多，有的佛教徒就以会唱、会讲、会表演著称。这种在通俗宣传中常常演出的作品，渐渐把妙善就是观音的故事，传得更广了。到元代，著名书法家、文学家赵孟頫，就是刚才我们看到的那幅《鱼篮观音》的作者，他的夫人，也就是很有名的管道昇，就写了一篇《观世音菩萨传略》，广为流传，好像就把这个故事变成了观音的主要故事，比其他故事都传得广。我们要注意，古代民间流传的很多知识，是通过宝卷、通俗戏文、大鼓书、评弹、快板、相声、善书、皇历等不起眼的东西传播的，也正是因为这个故事的广泛流传，说妙善是皇帝的第三个女儿，所以，人们也把观音叫做"三皇姑"，左页有一张清代年画，画的就是这个故事的主角。

## 五、观音故事中的文化接触问题

在观音的各种传说故事中，有很多很有意思的问题，值得我们去想一想。

第一个问题是，在印度本来是男性的观音菩萨，在中国汉传佛教中为什么变成了女性？我们看各种佛经尤其是印度传来的佛经，大体上都没有把观音菩萨说成是女性的，比如《华严经》里面，说"勇猛丈夫观自在，为度众生住此山"，显然是一个男性菩萨，和文殊菩萨、普贤菩萨、地藏菩萨一样，有一个关于观音菩萨的故事说，观音是转轮王的儿子，叫做不眴，长有胡子，所以早期一些观音像，常常是男子的形象，如隋代的观音像，如敦煌莫高窟二七六窟的观音，身材雄壮，有八字须，榆林二五窟大约是唐代中期的观音像，也有胡子。直到北宋初期，观音还有胡子。在印度、中国西藏地区的各种观音像中，也说不大清楚是男是女，因为本来佛教的各种佛像就不太显示男女的特征，但是，大体上从密宗一系的观音，大约还是男像，像现存元代一尊千手千眼观音像，就有八字胡子。

不过，很早也开始有女性观音了。最早出现关于女性观音的传说，

敦煌六六窟的观世音菩萨像　　　　晚唐五代观音壁画

是在南北朝时的北齐，据《北齐书》卷三十三《徐之才传》说，有一人生病，神思恍惚中，"自云初见空中有五色物，稍近，变成一美妇人，去地数丈，亭亭而立，食顷，变为观世音"。大约隋代这种传说已经流传很广，到唐宋以后，汉地的观音像，就大都渐渐成了女性了，最流行的，一个是有善财童子和龙女侍从的观音像，一个是所谓的渡海观音，因为传说中她住在南海普陀山，要拯救世界上的众生，就要渡海，而且她也保佑着渡海的船，像妈祖一样。无论哪一种，都成了慈祥、美丽、和气的女性，让人看上去就有亲和感，甚至有的想象中，还把她变成一个普通的妇女，像《西游记》第八回《观音奉旨上长安》第一次出现观音菩萨的时候，就说她"眉如小月，眼似双星，玉面天生喜，朱唇一点红"。第四十九回写到孙悟空等三人去南海请观音菩萨来救师父时，看到的也是"懒散怕梳妆，容颜多绰约。散挽一窝丝，未曾戴璎珞。不挂素蓝袍，贴身小袄缚。漫腰束锦裙，赤了一双脚。披肩绣带无，精光两臂膊，玉手执钢刀，正把竹皮削"。

那么是什么原因使观音从原来的男性变成女性？有很多推测，法国一个很有名的学者石泰安对此还有很专门的研究，甚至还引用了弗洛伊德的理论，但是似乎也不能完全说清楚这里面的问题。有人说是妇女具有天然的同情、温柔、善良、母性，使观音由男变女，像印顺法师就说，女性的苦难，从古代以来，一直多过了男人，女性内心的特性，是慈忍柔和，表现在她们的日常行为中，即是爱，女性的慈爱确实超过了男人。但这恐怕是一种想象，因为佛教、道教神很多，那么，为什么其他也承担了拯救世人的神不由男变女呢？也有人说，这是男性中心的社会想象，把观音想象成美丽的女性，可以满足男子的向往，在对观音的想象中寄托了男子的欲望，这恐怕也是一种凭借理论的推测，因为这种崇拜和向往，已经离开观赏太远了，而且古代中国，恐怕对于男性来说，没有那么严厉的禁欲限制，他可以从其他很多渠道得到欲望的满足，不必藉观音来偷偷地满足对女性的窥测欲望。特别是，在印度、中国西藏地区，同样也有人有这种相同的愿望和欲望，为什么偏偏到汉族地区来，观音就由男变女？那么原因究竟是什么？

明丁云鹤所绘观音像

第二个问题是，在观音的形象变化中，体现了不同文化接触的一些有趣的现象。

水月观音菩萨

南海观音与童子，这是中国常见的图像

比如说，观音为什么用鱼网呀，按照法国学者的研究，这是来自《世袭传智未定经》中湿婆的故事，据说湿婆的弟子塞建陀偷了秘密经文，并把它扔在海里，经文被鱼吃掉，湿婆就以神力网（saktijala）捕鱼，取回经文，但是是不是这样？也许并不很确凿，只是一种猜想。不过，观音住地的故事，就很有意思了。过去佛教经典的传说中，观音是住在南方补怛洛迦山，《华严经·入法界品》里说那山里西面岩谷之中，山泉清澈，树木郁郁葱葱，香草都向右旋，铺满地面十分柔软，观音菩萨就坐在金刚宝石上，结跏趺坐，给各种菩萨说法。这个补怛洛迦山，据说是在南印度，又叫普罗多山，"补怛洛迦""普罗多"的意思是光明，但是，到了中国，菩萨的住地就由南印度转到了浙江舟山群岛的普陀山，传说在唐代大中十二年（858年）日本的和尚慧锷到五台山进香得到观音像，他路经四明（今宁波）回国，这时船到普陀，居然船附在石头上走不动，众人就相信，这是观音离去的时机不成熟，应当留在普陀，所以便把慧锷请来的菩萨像留在岛上，并建了寺庙。也有一种说法，这是五代后梁贞明二年（916年）的事情，慧锷船载观音像，到这里不能前进，发愿在此地建寺，于是船自己漂到了观音洞这里。这当然都是传说，像杭州飞来峰一样，可是为什么会有这种菩萨居住地的人为移动？这和建立本民族宗教信仰，或者和汉族改造宗教传说有什么关系？很多宗教传播中的一个重大问题，是信仰不能转变，不能走样，一定要强调"原来旨意"（原教旨或者叫基本教义），像早期佛教就为了出家人能否拜皇帝，天主教就为了中国可不可以用"上帝"这个词，有很多争论，其实，只有适应传教地区的民族文化习惯，新宗教才有可能生根开花，像观音菩萨就是这样的例子。

一开始我们就说到西方的圣母和观音形象的相似，那么究竟两者有没有关系呢？二十世纪四十年代，日本学者宫崎市定在《东方的文艺复兴和西方的文艺复兴》中就指出，1515年前后，欧洲人简·帕瑞尔（Jean Perreale）在制作圣母像的时候，已经受到了东方观音形象的影响，如瓜子形的长椭圆脸，合十的动作等，这是否可靠，还不好说，不过，我看欧洲的一些圣母像，真的彷佛是观音，也确实可能受到影响。同时，有一点是很确实的，就是中国的观音信仰确实也帮助了早期的天主教徒，法国学者德贝格在1974年发表文章就说，十六世纪泉州制造的观音瓷像，就被天主教徒用来掩盖对圣母玛利亚的崇拜。加州柏克利大学东亚图书馆所收藏的一张明代中国刻印的圣母像，就很像观世音。在天启、崇祯时代，曾经有抵制天主教传教的风气，虽然徐光启、李之藻等人很支持天主教传教士的事业，尤其喜欢他们带来的科学知识，但是在社会文

十七世纪中国所刻印的《圣母与圣婴》

化习惯很深的情况下，人们还是不太相信外来的宗教，而且外来的宗教要人相信自己的主张，也最好借助本来就有的资源。所以在沿海一带如泉州等地，就用观音像代替圣母，还有一张芝加哥自然博物馆所收藏的十七世纪的中国版圣母画像（A Chinese version of the miraculous image of the virgin），就是把水月观音的形象用在了这里，头上戴的是观音的风帽，头后面有月轮，穿的也是中国式的衣服。同样的事情还出现在日本，我曾经去访问过长崎的大浦天主堂，那里有一尊玛利亚观世音像，日本人虽然绝不像中国人那么固执，不过，在皈依天主教的早期，一些坚定的信仰者也常常把观音像当做圣母来想象，特别是在天主教信仰被禁的年代。传说在禁止洋教的二百多年中，他们就是把大慈大悲观世音菩萨像，当做圣母玛利亚来默默祈祷的。所以，文化接触中常常要依赖转译，这转译并不仅仅是语言。几乎对所有异族文化的事物的理解和想象，都要经过原有历史和知识的转译，转译是一种理解，当然也羼进了很多误解，毕竟不能凭空，于是只好翻自己历史记忆中的原有资源。就像洪秀全梦中的天主是照着中国皇帝加上道教天尊的模样翻译的，最初听说埃及狮身人面像的人则把它画成《山海经》中的怪物，这就好像古代中国，借了传统的龙、马、鹿、牛形象，把异域的长颈鹿想着想着，就想象成了麒麟。

　　第三个问题是，在不同区域、不同宗教之间，其实也可以互相沟通，甚至互相借用各自的神灵的。除了天主教曾经用观音来代替圣母之外，比如说，观音菩萨和福建、广东、台湾地区的妈祖，常常是可以互相借用来想象的，甚至还有"观音妈祖"的叫法；像道教主管生育的"送子娘娘"，也常常被画成观音的模样，比如"送子观音"。为什么会这样？简单的回答是，因为，第一，在中国的信仰者这里，灵验是第一位的，在普通的信仰者中，并不特别去严格地区分佛教、道教、天主教甚至其他民间宗教，所以中国的民间信仰多少有点实用性，只要实用，干嘛要分那么清楚？所谓白猫黑猫，抓到老鼠是好猫，就是这个道理。第二，在中国，宗教并没有特别的超越世俗的独立立场，所有宗教都在皇权的笼罩之下，不像西方宗教的神权那样，力量大到可以和世俗的皇权对抗，如清代乾隆年间北京刻的《千手千眼观音像》，它虽然是宗教性的图像，但是还要刻上"皇图永固，帝道遐昌"之类的话，然后才是"佛日增辉，法轮常转"，因此它们之间没有特别明确的权力范围，所以，在中国宗教之间的界限并不很清楚，宗教之间的"排他性"也不很强烈，按照宗教内容来讲，就是没有一个"唯一"的、"神圣"的崇拜对象，没有不可通约、彼此冲突的"原旨"，所以，从来没有过宗教性的战争，像所谓"十字军东征"、"新月对十字架"、"伊斯兰圣战"等，但是，更深层的因素，是不是还可以进一步思考呢？

# 第八回

## 古代中国的道家——从老子到庄子

### 引子：道家与道教

  道家思想是一种很吸引人的学说，很多人都喜欢它。特别是中国的读书人，觉得它玄妙超脱，至少不像儒家学说，有那么多的伦理责任，有那么多的道德说教，好像比较轻松，所以两千年来，很多文人都受到它的影响。每个人的心里都觉得，生活太累，负担太重，希望自由、轻松，有个机会可以逃避一下世界给自己的压力，所以特别喜欢道家。有人说，中国文化就是"儒道互补"，一个关于社会，讲秩序，一个关于个人，讲自由。这种概括可能太简单，不过也有一点道理，古人说"出处"，"出"就是达则兼济天下，出来救苍生，建功立业，"处"就是不达则独善其身，保持一种超越的姿态，显出清高的价值。同样，西方研究中国的人也特别喜欢它，老子在西方有相当多的译本，一些西方人觉得它才像是西方人所谓的"哲学"，里面的形而上的东西让人可以琢磨，不像孔夫子，一开口就那么具体和现实。原因是什么？我觉得，原因恰恰是它和西方的东西一样又不一样。大家一定要知道，文化交流上，常常是类似的东西能被人理解，但不同的东西能让人注意，道家在很多方面和西方人习惯的哲学、神学都既相似又不同，所以西方人从一开始就对它很有兴趣。

  道教呢？这可真是中国土产，如今中国几大宗教（佛、道、伊斯兰、天主教、基督教），以及古代中国各种宗教（佛、道、摩尼、景教、祆）里面，只有道教是土生土长的中国制造，也特别体现着古代到现代中国人的想法，还特别深地渗透在中国社会生活里面。1918年，鲁迅在给许寿裳的信里说"中国根柢全在道教，以此读史，有多种问题可以迎刃而解"（《致许寿裳》），后来他又说，中国人恨和尚、尼姑，却不恨道士，"懂得此理者，懂得中国大半"（《小杂感》）。可是，道教究竟是什么？道教信仰的神鬼、仪式以及方法究竟如何？其实很多人并不清楚，就好像老话说的，普通人都是"他说是庙你就磕头，他说是灯你就添油"。有一年清明，我到茅山去调查，看见到山上进香的人很多，背着黄香包，口里念念有词"菩萨保佑"，这是怎么回事呢？西安有一座八仙宫，是道教的宫观，可一个日本学者在调查时，记录下来门口善男信女嘴里唱的歌却是《十朵莲花》，"莲花"明明是佛教的象征，歌词里又是菩萨又是弥陀，当然是佛教的通俗赞颂词。特别是民间出殡，包括上层人士出殡办丧事，请了和尚，又请了道士，可能还会请喇嘛，像《红楼梦》里面的秦可卿出殡就是这样。那么，到底这些人信的是什么？

　　先要说清楚，思想学说和宗教是不太一样的。作为一种思想学说，道家是以"道"为中心论述哲理，分析宇宙、社会与人的存在的；作为一种宗教，道教是以神的崇拜、沟通天人神鬼之间的仪式与方法、宗教团体组织和思想信仰合而为一构成的。作为一种学说，道家只管提出各种各样的问题，让人思考，也允许人怀疑，它让人更聪明一些、多一点理解世界的思路；可作为宗教，道教却要管人生的解脱，管生活的苦难困厄，给人提供虚幻而又具体的承诺。所以，它们大不一样，可是偏偏有很多人却把它们混为一谈，全然不清楚彼此的界限，觉得它们都是"道"，都和"老子"有关，西方人也常常混成一团，一个Taoism就又指道家，又指道教。

　　所以，这里我要从ABC讲起，先讲道家，下次再说道教。

## 一、道可道：那个关心身外事的时代

离现在二千四百年到二千二百年前后的战国时代，是一个很自由开放的时代。那时候中国分成好几块，互相不统辖，人可以来往，这样说话也就很自由，各种思想都纷纷出来，特别是一个似乎统一的周王朝崩溃了，三代一体的神话也破灭了，有些人就开始思索，究竟天下应当如何建立秩序？什么样的道德是好的道德？人应当怎样实现自己的生命？宇宙和社会的根本道理应当建立在什么样的基础上面，才算是合理的？那个时候，"儒分为八，墨分为三"，有的讲礼乐是重建秩序的途径，有的说要兼爱非攻，还有各种各样不同的声音，像特别讲究实用和目的的，就提倡"术"，特别关心生活领域里的技术的，就在考虑各种预测的方法。诸子百家大体上关心的就是这几个问题，一个是宇宙，天地怎么是这样的，这样的天地有什么意味？一个是社会，社会怎么变成这样了，怎样才能是一个最好的社会秩序？还有一个是关于人，人怎样才是最好的状态，是在秩序与规矩中互相和谐，还是超越社会成为绝对自由的人？

有没有一个简单而又能解决一切的总方法？有没有一个让我们可以解释一切的大前提？"吾道一以贯之"，人们都希望"执一御万"，企图找到一把可以开一切门的万能钥匙，拿了这把钥匙就安心了，当时人们都想找到一个可以贯通各种知识、技术、思想和信仰的终极基础，对宇宙、社会和人的事情，来一个一劳永逸的解释，所以，那个时候有很多学者都爱讨论"道"是什么，或者用"道"来表示他们追求的真理，所以，后来人统统把他们算作道家。

## 二、非常道：道家也不同

虽然都是讨论"道"，可是"道"并不太一样。

仔细说来，大概有好几种不太一样的思路。一种呢，是讨论"天道"，

汉代齐山画像石中的孔子见老子，传说孔子曾经向老子学习礼，所以引起后来关于孔子和老子先后的争论。

也就是阴阳五行的知识和技术，更多地琢磨各种天地人变化状况的，大约后来的黄帝之学就是这一类，因为他们总是打着黄帝的旗号，借黄帝名义，像《管子》里的一些内容，《吕氏春秋》里的一些部分，马王堆帛书的《道原》《称》《十大经》以及一些医方、数术的书。据马王堆帛书里的《黄帝书》说，这一派"观天于上，视地于下，而稽之男女"，常常讨论"天地人"的学问，并且以天为基础，推出一套思路，在天圆地方、四季流转、物候变迁的天文地理知识中，总结出人们必须遵循的自然法则，这叫"毋亡天极，究数而止"，所以和数术的关系很深。另一种呢，是讨论语言的，像什么"白马非马"、"离坚白"之类的命题，他们想把语言与世界分离出来，在纯粹语言符号上运算，并从中寻找一个抽象的"道"，比如他们讨论"天下之中，在越之南，燕之北"，这明明违反常识，不过这种对语言表达的常识的违反里面，就有一些可以深入探讨的思想。不过，这一思路很快就湮灭了，大概是太抽象太玄虚了。再一种呢，就是下面我们要介绍的老、庄之道了，他们是从天道和人道中思考一种超越的道理，又希望以这种叫做"道"的哲理，反过来解释和处理人面对的所有问题。简单地说，就是以黄帝之学讨论和解释天地运行的根本道理，用这个道理贯通一切日常生活和政治生活，惠施、公孙龙一系讨论超越语言的根本道理，希望人能够摆脱语言的控制，找到终极的真理，老子、庄子一系也讨论超越知识、语言、概念的根本道理，但是他们更要求从历史上批判社会秩序和社会道德，主张回归自然。因为后来这一支绵延下来，而且产生了很大影响，两千多年以来他们的著作被中国文人反复诠释，所以后来一说"道家"，就以为只有老、庄、文、列，其实并不是的。

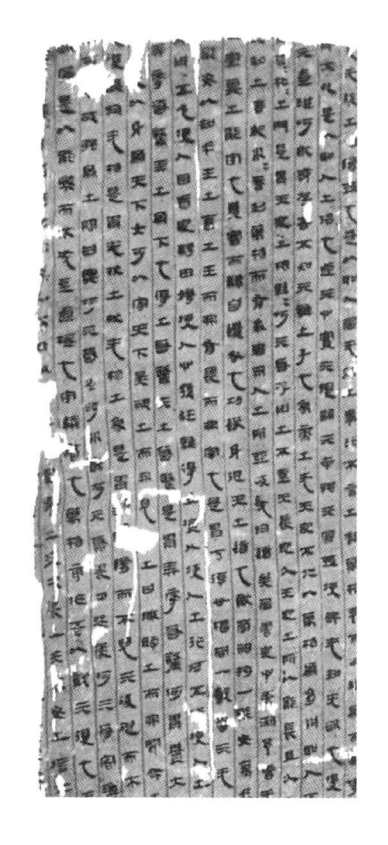

二十世纪七十年代长沙马王堆出土西汉帛书本《老子》

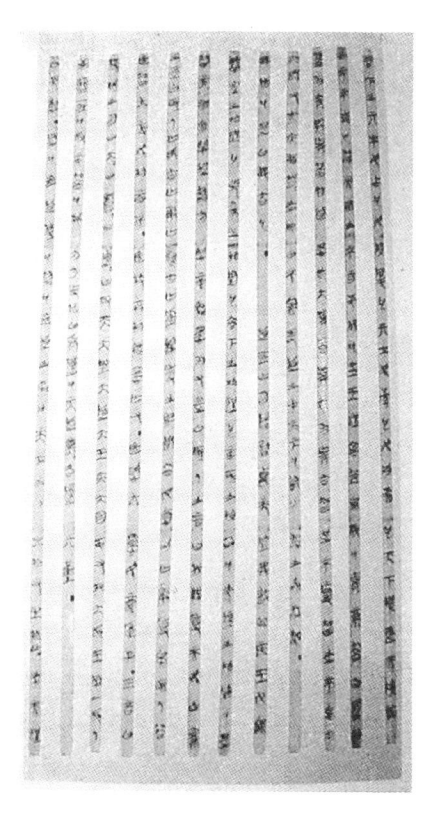

二十世纪九十年代在荆门郭店这个地方发现的竹简,其中有公元前300年左右抄写的《老子》

顺便说一个老子时代的问题,传说老子姓老,"子"是尊称,好像孔子、墨子一样,《史记》里对老子的事迹记载,有些吞吞吐吐、疑疑惑惑,说不清楚,一说他是楚苦县曲仁里人,一说他可能就是老聃,孔子曾经向他请教礼,最后又怀疑他是否就是太史儋,是"周藏书室之史也",好像现在的国家图书馆馆长。所以,过去关于老子、道家的时代,就有很多争论,梁启超、胡适、冯友兰、钱穆等大学者讨论来讨论去,意见不能统一。有说老在孔前,因为传说孔子曾向老子问礼,也有说孔在老前,因为老子好像总在批评儒家的仁义道德,还有人更是因为老子的话里,有一些如"万乘之国"之类,就断定它应当产生在战国末期,甚至比庄子还晚。就连西方汉学家也卷进来，像史华慈《古代中国的思想世界》就坚持老子在孔子之后，甚至在庄子之后。所以，《史记》里的三种说法，引起了人们的种种怀疑，可是，这一直无法结案，即使是二十世纪七十年代，在马王堆汉墓里面发现手抄在帛上的《老子》，大家还是无法断定《老子》是不是很早就有的，因为毕竟那是西汉的抄本，离战国还远得很。

碰巧的是，1993年，湖北荆门郭店这个地方，突然发现了公元前300年的战国楚墓，这个坟墓里有八百多支竹简，八百多支竹简里有三种《老子》残本（去掉重复，总数约占现在《老子》的三分之一），这下子可了不得，在战国中期墓发现它，说明它至少是在比这早一些的时候写成的，按照古代的习惯，一本书从写出来到定型，还得有一段时间，所以大家现在都相信，至少在战国初就有了《老子》这部书了。

### 三、不得不说的，和"不可说可不可说非常不可说"

那么，书归正传，老子的"道"，道家的"道"究竟是什么呢？

《老子》这部书第一章第一句话就说："道可道，非常道。"意思就是说，"道"是不可以说的，可说出来的就不是道了。以前有个故事，说古代人避讳，五代时的宰相冯道让手下人给他念《道德经》，这个手下人可尴尬了，既不能不念，又不能犯了冯道的"道"字，灵机一动，就只好把第一句念成"不可说（道）可不可说（可道），非常不可说（非常道）"。所以，"道"是不可说的，一说就可能错。不过，现在我没有办法，在这里还是得硬着头皮跟大家说上一说这个"道"。

汉字有很强的连续性，它保持了创字时代的一些原始意思，所以很多古代的思想是可以通过文字分析来知道意思的，像"天"是"人之颠"，就是人头上的星空，"本"是"木"下面有一点，表示是树的根，所以，我们就知道讨论古代的"天"的思想，要考虑头上的天，而不能只考虑抽象意义上的"天"，讨论"本"，也要考虑古人思考中关于树有叶有根的涵义，不能只是抽象地谈"本质"、"本体"。我们在分析"道"的时候，也试着把"道"字拆开来看。道字从"首"从"走"，这两个字一个有"开始"、"起初"、"领头"的意思，比如"元首"、"首先"、"首当其冲"、"首相"，它总有个原初、根本和基本的意思，一个是"行走"，所以和"运动"、"道路"等有关，而"道"字还有一个意思，大家都知道，那就是说话，比如常常用的"说道"、"道情"，这三个意义刚好都与《老子》的"道"有关。

所以过去哲学史书里用"规律"来解释道，也许可以，但太简单，而且"规律"这个词太多现代西方哲学意味。西方人的哲学，是"爱智"，它有特别的思路，层次清楚、概念明确，解决的问题也很清楚，比如"物"和"心"的位置、知识的获得、逻辑的合理性、概念的内涵外延等。但是，古代中国人不同，学过古汉语的人都知道，在古代词语里面，常常包容着很丰富的歧义，不像后来人那样条分缕析、概念讲究精确，在所谓讲哲学的方面尤其是这样，如"气"、"性"、"命"等，像"气"，就可以想象为饭气，它和"精"字都有"米"字的意符，和生命有关，像"性"，就可以解释为"有心灵的生命"，而其他的"生"就都只是"自然之生"。所以要了解古代思想中的关键词（词），要有很多面向来考虑。

那么，怎样理解这个玄而又玄的"道"呢？

## 四、模棱三可："道"的多重涵义

首先，"道"在《老子》那里是一个"先天地生"，"可以为天下母"的本源（二十五章），它无形、无名，却是一切有形有名的事物的起源和基础，换句话说，就是宇宙还没有的时候就有了"道"。由"道"而生出一切，就像现代大爆炸宇宙学理论。古人和我们一样，虽然也相信"一生二，二生三"，或者像郭店楚简《太一生水》讲的那样，但终归要有一个来源，习惯于具体想象的人，没法接受一个"无中生有"的解释，所以，他一定要想象一个万物万象的总来源，哪怕是一个"无"，或者彷佛"无"的"道"，《老子》说："道生一、一生二、二生三、三生万物"，这个"道"是时间的起点，是空间的中心点，时间从"道"开始延伸，空间从"道"开始膨胀，时空由"道"开始走向无限，一切事物从"道"这里产生。

其次，"道"也是万事万物产生、发展与消亡的必然道路。"道"不光指的是本源或起点，它不仅仅躲在起始站目送时空万物离去，按照老子的想法，它还跟着时空、万物一道，在冥冥之中指导着运行，用看不见摸不着的力量来操纵一切，就好像铁路两条轨，火车必须得依照这个"道"走，否则就会翻车出轨。现代的人说，道是"规律"，在这个意义上也对，但这只是其中一个意思。这个"道路"怎么行走呢？老子说，道就是返，"反者道之动"，"反"是"返回"，"动"是"运动"，老子说，一切事物的生长运作过程，就是"反本复初"，一切事物生了死，死了生，太阳东升西落又东升，昼夜交替，都是"反本复初"，从"无"到"有"，从"有"到"无"，这就是万物必经之路，一切从"道"那里出发，有了形有了名，也有了生死，最终，又回到无形无名的"道"的最初状态，归于消亡。这就是"道"。

再次，道有说话和命名的意思，在老子那里，"道"是一切的根源，是"无名无形"的，但从它那里衍生的一切，则都是由它那里给予名称的，有了名称，就有了事物，就不再是"无"而是"有"了。所以《老子》说："无名，天地之始，有名，万物之母。"也有人标点为"无，名天地之始，有，名万物之母。"就是说，"道"是一种无名状态，它是"无"，而"无"是"天地"的本源，这个时候，天地还没有形成，也没有形状，也没有名称，所以它是无限。就像一个人，还没有出生之前，他有无限可能性，包含着最丰富的未来可能，但是，一旦生出来有了名称，他就只是一个他，是张三李四，就不可能是其他。后来禅宗的语录里有一句说"父母未生前，你的本来面目是什么"，那个时候的本来面目，就是一个"无"，而"有"却是在"无"中孕育命名的，所以，无名状态是根本，是一切的可能，是对于一切的命名者，当天地形成以后，处在有名状态，那就进入了有限的世界，所以说，"天下万物生于有，有生于无"（四十章）。

### 五、虚玄的与实在的

这个"道"在老子看来实在太伟大了，但是，由于"道"很虚玄、很抽象，不能说，所以老子只能用象征和比喻来描述它。他说："道冲，而用之或不盈，渊兮似万物之宗。"（四章）这一句的意思就是说："道是虚空的，但作用却不会穷尽，太深太玄了，那是万物的宗主。"（陈鼓应译文，略有修改）。这当然太虚玄了，以前陈独秀在《新青年》创刊号上就骂这种说法是笼统含糊。不过，这怪不得古人，这个"道"究竟是什么呢？它什么也不是，老子说，它"视之不见名曰夷，听之不闻名曰希，搏之不得名曰微"（十四章），它只是一个"无"，要知道，这个"无"并不是什么也没有的"无"，不是"一无所有"，而是暂时空旷，却又如孕育着无限可能性的"无"。这道理很容易懂，我们通常形容一个空间体积大的东西，可以说它三丈高五丈长，可以说它像地球那么大，可是要说一个最大最大的空间，我们就只好借用"无"、"无限"、"无量"、"无数"、"无比"，这个"道"的"无"就既是"无"，又是"无限"，就像前面我说的，一个人出生之前，虽然是"无"，但拥有着无限可能性，没有名字、性别、相貌，可他可能是这、是那，没有确定性的状态，拥有最大的自由，可是一旦出生命名，他就是张三或李四，是男或是女，是个什么样的人，也就固定了，也就只能是这样一个人了。所以，这种"无"，就是包孕最多、最丰富的状态，尽管它是"无"，但它是幽深不可测的，是朦胧恍惚的一种神秘的境界——用老子的话说，就是恍恍惚惚，其中却有形象，朦朦胧胧，其中却有实物，深远晤昧，其中却有精质，精质是真实的，其真实可以信验的"浑沌"（二十一章）。

思想追问的，常常是那些最形而上的、最终极的东西，而且也是最原始的状态。"道"据说就是知识最根本、最原初的状态，老子是很有历史意识的，有人说老子出于史官，也许有一定的道理。他觉得，历史一步一步建立了理性和知识，用语言来表达知识，通过语言来了解知识，可是也同时掩盖了自己的经验和感觉，老子觉得这种知识史有问题，人应当重新来认识自己。他追问，为什么人要靠符号来认识宇宙和社会呢？这不是对"心灵"的蒙蔽吗？同样的问题是，社会在历史中渐渐建立了道德、伦理和政治秩序，可是，这种外在于人的秩序，又不能完全控制欲望的力量，所以人一方面需要用这些东西来控制人欲，一方面又觉得这些东西真是没有用，为什么人越来越坏呢？所以，他对这种历史中形成的道德、伦理和政治规则很反感，他对于当下社会的秩序、知识、道德等，都不免有些轻蔑。

过去，哲学史和思想史常常要说，老子思想中有"反智"，就是对道德和知识的反感，比如他认为有了道德反而使人道德更坏，有了知识反而使人受到知识的愚弄，都不能从自己内在心灵中去体会真理和意义，但这是否真的是老子的本意？过去并没有人怀疑，因为一来从逻辑上说，重视根本的、超越的"道"，常常会对具体的、历史的道德和知识很蔑视；二来从历史上说，老子正好和儒家相反，作为儒家的批评者，他一定会对儒家最看重的道德和理性产生怀疑和质疑。但是，因为二十世纪九十年代郭店楚简被发现后，有人说，在郭店楚简本《老子》中，不是"绝圣弃智"，而是"绝伪弃辩"，这一来就麻烦了，至今关于老子是否"反智"这一争论还在没完没了地进行着。

## 六、同是道家，老子、庄子也不同

庄子是老子"道"的思想的继承人之一，他也认为"道"是最了不起的，他说，道是真实的，有信验的，但又是没有行为和形状的，可以用心体验但不能以语言文字传授，可以用心感悟而不能用眼看见，它自为本源与基础，在没有天地时就已经存在。不过，仔细分析好像他和老子又不一样，老子论"道"，既把"道"用于社会治理上，又把"道"用于个人生命的保养上，而庄子论"道"，好像更偏于人对社会的态度和人对自然的关系，更注重个人的精神自由。

为什么这么说呢？我们回头来看看老子，我们发现，他讲"道"讲得好像很玄，但是他的着眼点却很实。为什么？

话分成两处说。

首先，他的道理是针对个人的人生，特别是生存。《老子》第十三章里说，"何谓贵大患若身？吾所以有大患者，为吾有身，及吾无身，吾有何患？"这意思是说，肉体的生命和欲望，给人带了种种忧患和麻烦，怎么办呢？他并不叫人抛弃生命和欲望，像后来的佛教一样叫人"出世"或"无生"，所有道家都有"贵生"、"重命"的传统倾向，他要人重视这一点，即一切困扰和麻烦都和自己这个身体，以及承负着生命与身体的生活有关，所以要小心翼翼地珍重这个生命的基础，使它永远健康，同时又不受困扰和戕害。那么，如何保护生命使它处于良好状态呢？老子要求人效法自然的"道"（人法地、地法天、天法道、道法自然），模拟"道"来生活，这就和孔子的感受一样，"天何言哉"，可是四时流传，永远不停，"道"是"无"，所以人也应当恬淡无欲，保持"道"一样的虚静冲默。他说，执着于满足，不如适时停止，锋芒毕露，不能长久，金玉满堂，无法守位，富贵而骄，自取灾祸，所以应该"功成名遂身退，天之道"。同时他认为，贪图五色，人就会瞎眼，贪恋五音，人就会耳聋，人只要有了贪欲嗜好，就会走向衰老死亡，要保持长久，就应该像"道"一样回归到"无"的状态，像婴儿一样，婴儿什么也不想，所以有长久生命，人到中年，老年，一辈子在利禄场里厮混耗尽了心力，就会死亡，所以要保持淡泊、无为。

其次，他的想法是针对政治的。他觉得世上尔虞我诈，兵戈相向，是因为社会太发展，太富足，分配不公平，世上犯罪者多，残杀盗窃，是因为禁令太残酷，太严厉，人没有自由，老子觉得应该按照"道"的方式，少管，无为，《老子》第五十七章里说，禁令太多，老百姓不知所措，刑法太严，弄得人不自由，所以反而使人犯罪（压抑太甚，反弹愈强），第七十五章里说，税太多，老百姓没法活就逃避和反抗，统治者欲望太多，老百姓满足不了，也会犯罪作乱（前面说的好像红牌、黄牌太多，中国人不会踢足球，后面一段说的好像是狗急跳墙，人急上房）。所以老子说："民不畏死，奈何以死惧之。"最好是，第一，仿照"道"的状态，无为，无事，不干涉，顺其自然。《老子》第五十七章里就说："我无为而民自化，我好静而民自正，我无事而民自富，我无欲而民自朴。"第二是返本复初，像"道"一样，回归最初的本源状态，即"鸡犬之声相闻，民至老死不相往来"的小国寡民时代，很多人批评老子主张倒退，其实这不过是老子在自然、社会、人方面保持了一以贯之的逻辑思路，"道"是返本复初，政治也应该返本复初，人也应该返本复初，他认为这是保持永恒的方法。

## 七、无待：浑沌凿七窍的故事

庄子似乎不太关心政治上的治理方法，也不太关心人身的养生修炼，但更注意作为"精神"的东西，也就是说，老子的"道"是抽象，但实际上着眼点很实在，但庄子好像更关心精神的自由、心灵的超越等问题。庄子也强调"道"的本源意义，但他强调"道"是自然与自由。《庄子》第一篇也是最有影响的一篇《逍遥游》里说，大鹏一飞冲天，击水三千里，扶摇直上九万里，自北海飞，到南溟息，可是知了（蝉）和小鸠鸟（学鸠）却嘲笑它，觉得它这是何必呢？我们飞来跳去，到树上就歇，落到地上也就落，多好呢，可是，它们怎么能够理解大鹏自由翱翔于天涯海角的自由自在。庄子又说，大鹏飞还要凭羊角风，列子飞行也要凭风，都要凭藉外力，而真正的超越境界是绝对的自由："无待"。人生要达到真正自由，则要"无己"、"无功"、"无名"，因为人有了"自己"的想法，就要为自己考虑，有了"功德"，就会被功劳所累，有了"名气"，就要被名气束缚，人的自由境界，不仅不能靠"己"、"功"、"名"，而且恰恰要抛开这些，什么都不依赖（待），这样才能得到自由。这种"一无所有"的"无待"状态，对于人的精神状态来说，也就是"道"的境界，因为"道"即是"无"，人在"无"中才能自由自在，试想一旦落入多种"有"中，岂不磕磕绊绊，怎能得自由？

那么，人怎样才能达到"无"呢？庄子的回答是首先应抛开知识和贪欲。

在《庄子·应帝王》里有一个故事，说中央的帝王叫浑沌，本来好好的，可是南海之帝倏、北海之帝忽却为了做好事，帮他凿了七窍，结果浑沌反而死了。这就是有名的"浑沌凿七窍"的故事——这个故事实际上是说，人若处在无知无欲，浑然不觉的状态里，就是永恒而自由的，一旦人有了知识和欲望，反而就失去了永恒和自由的精神。

为什么有了知识反而不好呢？《庄子·徐无鬼》里说，舜有知识，能做好事，结果很多人都来投奔他，在邓这个地方集中了十多万家，尧知道了，就让他出来主事，结果搞得他年迈力衰还不得休息，这就是"劳形自役"，换句话说是自讨苦吃，所以"真人"连蚂蚁那点心智都要抛弃，这样就可以像鱼一样自得其乐。《庄子·山木》里又说，有一棵大树，枝叶繁茂，但是不成材，"无所可用"，伐木人看都不看一眼，结果它反而得"终其天年"。这两个故事都是说"知识"有时反而是一个人的累赘，这就是《庄子·人间世》末句里说的，山木是自招砍伐，膏火是自招煎熬，桂树因为可以食用而遭伐，漆树因为有用而遭割。

为什么有贪欲就不好呢？贪欲是人人都有的，可是庄子认为，有了贪欲，就使人不能保持一种自然的心态，在《庄子·天地》一篇里他讲了一个故事，子贡看见一个人种田，打井取水，就问他，有机械在，可以一天灌溉百畦，"用力甚寡而见功多"，你为什么不用？种田的人就说：有机械就有机事，有机事就有机心，一有了这种心思，心里就不纯，心里不纯，神性就不定，神性不能安定，就不符合"道"。一席话把子贡说得十分惭愧。同样，有了贪欲，心里就躁动不安，躁动不安，就有可能去争去抢去夺。可能就为此失去了单纯自由的精神，甚至丧失了生命。

## 八、蝴蝶、乌龟与骷髅

那么怎么才是真正"道"的自由境界呢？庄子认为是"无心"，对政治也好，对功名利禄也好，对生死也好，都应该采取"无心"的自然态度，他觉得小人为利而死，士大夫为名而亡，连圣人为天下牺牲，都是一种可恶的现象（《庄子·骈拇》），所以庄子在《让王》篇里叹息"今世俗之君子，多危身弃生以殉物，岂不悲哉"。"物"是指有形世界，他觉得"心"的精神世界才是最可贵的，而"物"的有形世界是"心"

南朝墓室砖画《竹林七贤与荣启期》

的累赘，要达到精神上的自由和自然，就不能依靠外在的名利、权力，也不能依恋心中的感情、欲望，一切都任其自然，这就叫"安时而顺处"。比如说生死，这是人最关心的事，谁都在为这事苦恼，生了孩子高兴，死了人悲哀，可是庄子却不是这样，他觉得生与死很平常。著名的"庄周梦蝴蝶"和"庄周妻死鼓盆而歌"的故事就是讲的这种"达观"态度和"无心"境界。又比如说功名利禄，这也是人最关心的事，人为了功名利禄争来夺去，不惜一切，可是庄子却觉得这一切都是致人心淆乱、人生悲哀的东西，《秋水》篇里记载，楚王让两位大夫来找庄子，请他管理政事，就是当宰相，可他说，听说楚有神龟，已死了三千年，被供在庙堂上祭祀，受到珍重，可是你们若是龟，是愿意做死龟被尊崇呢？还是愿意做在泥里爬的活龟呢？两位大夫说当然愿意做泥里爬的活龟，于是庄子就说："那你们走吧，我愿意做在泥里拖着尾巴的活龟。"在《至乐》篇里，庄子又写了一个寓言，说他遇见一个骷髅，他问骷髅："你怎么这么可怜，你究竟为什么会到这个地步？"夜里骷髅托梦给他说："我虽然死了，但上无君管，下不管臣，没有四时辛劳，自由自在，即使是当天子也没我快乐。"庄子不信，就试探说："我可以让你复活成人，你愿意不愿意？"骷髅皱着眉头说："我怎么能放弃我的这种快乐而又去遭受人间的辛苦呢？"

很多人都觉得庄子是在批判人间的黑暗，其实不全对，庄子更注重的是人在种种绳索捆绑、种种欲望冲击的现世怎样保持个人的精神自由，如果人能够对政治、生死、利禄"无心"，那么你不会为得失、福祸、死生等而烦恼。人就在内心中自由了。

## 九、无心是道：心斋与坐忘

真正的自由是心中的自由，追求这种心中的自由，庄子觉得需要"无心"。什么是"无心"？就是一切不系挂在心上，这在庄子那里，也叫做"心斋"，好像心灵处在一种平静和淡泊的状态中，没有激动，没有愤怒，没有贪婪，富贵如浮云，于我何所有哉？这种境界，又叫做"坐忘"，庄子觉得这是体验宇宙人生之"道"的唯一途径。

按照庄子的说法，知识有很多，技艺也有不少，但是，这些都只能解决具体的有形的问题，用我们现在的话说，他只能达到"谋生"的水平，只能成为一个"工匠"，为什么？因为他达不到自由和超越的境界，被那些具体的、枝节的、低下的东西束缚了，鼠目寸光嘛，以前老话讲，井底之蛙，见天就不大，所以他只能懂得"技"，而最高级的"道"，却不是工匠式的知识技艺能领悟的，只能靠一种自然而然的、心灵虚静的境界才能领悟。这种"道"不是知识可以描述可以了解的，说得玄一点儿，那是一种心与天的沟通，心要沟通宇宙，必须首先虚静、空明（心斋），只有达到"无心"——"坐忘"——才能悟到"道"，说得具体一点儿，就像传统中国人讲弹琴，你不能 GDAE 死记指法，要"弹无弦琴"，心忘手，手忘琴；也像人讲下棋，如果只会死背定式，跟着人走，永远不能成为超一流，要有感觉；又比如书画，大书画家岂是死记肩架结构，笔墨浓淡的？就连武侠小说里面讲武功的境界，也得是无招胜有招，金庸小说《倚天屠龙记》里面讲张三丰教张无忌太极剑法，就是要忘记具体的招法而领会剑法的意境，所以这些就叫"琴道"、"棋道"、"书道"、"剑道"，一讲"道"，就入了道家的彀中了，庄子就曾讲过很多寓言故事来说明这一点，如果你有兴趣，可以看他的"老者承蜩"、"庖丁解牛"、"郢匠运斤"等故事，说的都是这个"无心是道"的意思，他让人去追求个人的精神自由、个人的真实存在，后来中国文人、士大夫受他影响，总是期望在人生上有一种潇洒、超脱的境界，他们觉得，这才是宇宙与个人共有的终极意义"道"。

真是这样吗？

# 第九回

## 永生,如何永生?——话说古代中国的道教(上)

### 引子:这是"中国的"宗教

讲过了道家,接下来就要讲道教。

我们都知道,古代中国曾经有过各种各样的宗教,比如佛教、摩尼教、祆教、景教、天主教、伊斯兰教等,但是,这偌多的宗教中,只有道教是唯一在中国土生土长的宗教,说它"土生土长",是因为它的资源都来自中国本土的思想、知识和技术,出身很纯。

可能有人会问,它就是道家吧?他们不是都崇拜"道",都相信老子吗?问这个问题并不奇怪,西方人也是一样,他们用一个 Taoism 就既指道家,也指道教,常常觉得道教就是从道家那里"生长"出来的。可是,这里我还得再重复说一遍,尽管道家与道教有一定关系,但两者毕竟不同。道家可以说是一种思想学说,道教却是一种宗教信仰。如果说,思想关心的、讨论的是人的智慧,这些学说是可以检验和反驳的,它的道理是可以相信接受但又不能直接付诸实用的,那么,宗教关心的是人的灵魂与生命,它是一种信仰。据说,西方有一种说法,要问什么是宗教?宗教就是对信仰的理解。先信仰,再理解,不是先理解,再信仰。而且,宗教还要解决每个信仰者的具体的生命与生活问题,信仰者最关心的是什么呢?一是生死,二是活着的时候过得好,而道教承诺的就是永生和幸福。

有趣的是，法国和日本各有一本很有名的研究道教的书，不约而同用的书名，就是"永生的追求"。

## 一、从秦汉到明清：两千年道教简史

关于道教的起源可能要追溯到很久以前，先秦两汉时代，有各种各样的巫师方士，他们有各种技术，也有各种神话传说，像什么求雨祷旱，什么炼铜成金，什么服气成仙，什么海外幻想的神山仙岛，什么预测吉凶的占卜技术，当然也包括种种天文地理知识，这些知识、传说、观念和技术在后来统统影响到了道教。

到了汉代，仍然活跃着很多这种方士、巫师，他们在朝野吸引着各种信徒，从东汉末年的太平道、五斗米道开始，这种方士开始有了组织团体，有了自己的理论、仪式和方法（符水治病、二十四治、天师、祭酒、鬼卒）。进入魏晋时代，这种宗教形式渐渐成熟，天师道也就是原来在四川和汉中一带的五斗米道，随着曹操迁到华北，又随着晋代北方的大乱，流转到了江南。东晋以后，一连出了好几个了不起的道士，南方的葛洪、陆修静、陶弘景，北方的寇谦之，渐渐把道教组织整合起来，得到上层的信任，所以，天师道就在南北都传开了。

这时，天师道在南北方形成各种不同风格的道教流派，编制出了很多道教早期经典，有的推崇上清经典，这些经典据说都是"降授"的，像现在扶乩写字一样，是神仙降临的时候写出来的，像《真诰》里面收录的就是这些东西，传说西晋的大司徒魏舒的女儿魏华存，也就是南岳魏夫人，是一个重要的传人，她有仙人降授的经典，像《黄庭经》《上清经》等，她自己又有一些经典传下来，后来由句容茅山的杨羲写下来，又传给许迈和许谧兄弟，许氏兄弟又传给许谧的儿子和孙子，于是就形成茅山为中心的一支。还有一支呢？则重视灵宝经一系的经典，大约和葛洪一系有些关系，本来葛氏就是江南的道教，从葛洪的先辈葛玄即葛仙公以后，一直在南方流传，到了葛洪以后的葛巢甫，就继续炮制了一些叫做"灵宝经"的文字，传了开来，于是成了南方新的道教系统，这一系统和上清系统有些不同，上清比较重视思神存想，灵宝比较擅长祈禳仪式。到了南朝梁代的大道士陶弘景，把各派的长处都学了，而且还学了一些佛教的东西。这种风气到了唐代更加浓重，道教各派又互相混融，派系之间的界限已经很不清楚了，其中，上清的存想思神方法和灵宝的斋醮仪式很盛行，上清渐渐占了思想方面的主导地位，不过仪式方面却由灵宝为主，而劾治召考的那些东西，大家还是沿袭着天师道以前的传统。到了宋元时期，受佛教的影响，北方新兴起了性命双修、讲究出家、设置丛林的全真道，而南方擅长符箓的正一派仍然十分兴盛，终于形成了一直延续到现在的全真和正一两大系统的道教格局。

总之，道教起源很早，形成期很长，在中国文化土壤中摸爬滚打了很久很久，吸纳了很多古代中国的知识、思想、技术和各种各样的传说、神话，还从佛教那里学了很多宗教性的内容，像建造像、立庙宇、设仪范等，渐渐形成了这个中国自己的宗教，这就是道教大体的历史。两千年来，道教虽然没有佛教那么兴盛，但是在民间生活世界里面，影响却不比佛教差。我注意到一点，现在，东西方很多研究道教的学者都同意一个看法，就是最深刻地表现中国社会生活传统一面的，而且最本质反映了古代中国的人性观念的，可能不是儒家思想，也不是佛教，而是道教。为什么？因为道教的全部理想，就是对永恒生命和幸福生活的追求，这是很本质的。

那么，道教是怎样追求永生和幸福的呢？为什么中国人会相信、信仰这个宗教，并且期待这个宗教给他带来永生和幸福呢？下面我们一一说来。


## 二、九转还丹：为永生的炼丹术

我们先讲道教的炼丹术。

《西游记》里说到，孙悟空被二郎神捉住，让太上老君放在炼丹炉

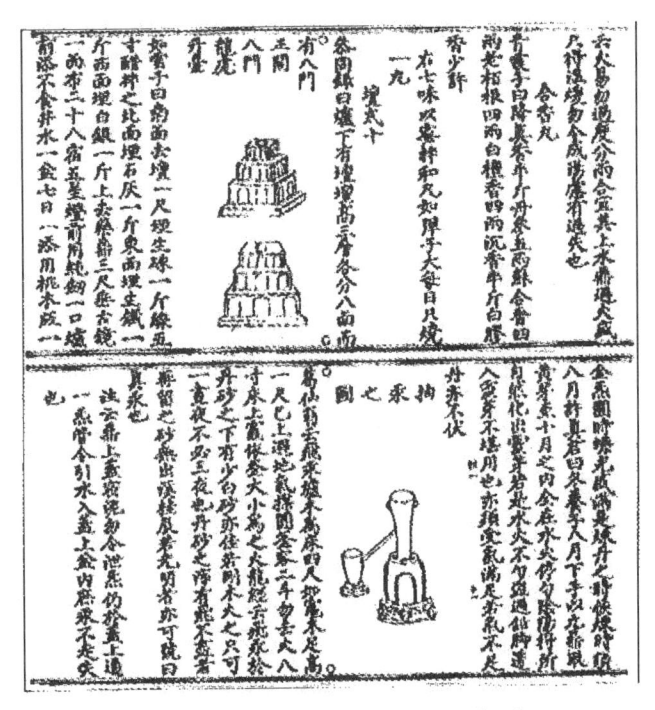

《道藏》中关于炼丹鼎炉和安放鼎炉的方式的记载

里,因为他在天庭当齐天大圣的时候,像吃炒豆一样,偷吃了老君一鼎炉辛辛苦苦炼的九转还丹,所以,老君想把这个浑身都渗透了丹药的猴子当原料,重新炼成还丹。那么,什么是九转还丹呢?就是经过反复炼制,吃了可以永生不死的丹药。古代中国千百年里,道士一直在想方设法地炼丹。过去,炼丹也叫炼外丹,因为这种追求长生的方法,和"内丹"就是靠自身内在的炼气养生的方法不同,它主要是依靠制造和服食外在药物来保持生命,所以叫做"外丹"。保持生命,和神仙一样永远不死,这就是道教最重要的理想。

蝼蚁尚且贪生,人当然也惜命。重视生命的传统,在古代中国一直有,像先秦两汉的时候,黄帝之学中讲究"贵生",杨朱之学中讲究"为我",战国的《行气玉佩》上面讲炼气,《庄子》里面也提到熊经鸟伸、吹呴呼吸。在那个时候,还流传着海上三神山有不死仙人、不死仙药的故事,引得秦皇汉武都想去寻找。特别是古代中国人都有这样的观念,人死不能复生，所以对生命看得格外宝贵。怎么样延长生命，成了大家都关心的事情。两千多年以前，中国就流行着各种方术，马王堆出土的帛画中就有《导引图》，画了很多人形，像现代人做体操时的动作分解图一样，有熊经、鸟伸之类，后来传说华佗的五禽戏，其实很早就有。还有的人相信有仙药仙草，也有的人相信有神鬼的护佑，所以常常有海外传说，有真的出海入山求仙的事情。其中，有的人还相信，人可以借用外在坚固的物质使自己也同样坚固，就好像借了钢筋为水泥建筑加固一样，这不仅使人们开始炼各种不死丹药，而且想象可以攫取天地人精华为自己补充生命力，就好像吃人参果或人形何首乌一样。《楚辞》里说"餐六气"，医方里说"饭赤子之精"，房中书里更说"补脑还精"，传说里更是说要去寻找各种不死之草，在长期的整合中，人们渐渐形成了一种理念，就是"人是可能像神仙一样不死的"。

怎么样不死？就要学仙人，道教就是从叫人学仙开始的，所以它也叫"仙学"。因为道教不光是解决人生的具体问题，还要解决人生的终极归宿问题。如果说，佛教更重视精神超越，那么，道教则更注重肉身升华，道教认为，人生最终的目标、最高的理想境界是成仙，而成仙不但要信仰，而且要有一套技术，道教的外丹、内丹，就是这样的技术，它是比仪式方法更为重要的，能使人超越现世，达到成仙目的的途径。

## 三、凭什么相信外丹能给你永恒？

所谓"外丹"，就是通常所说的炼丹术，为什么能让人相信，它可以帮助人长生呢？

其实，古人炼丹最初可能是炼金，追求财富也是人类的一种天性，这种技术一直到明清还有，三言二拍里面有过炼假金的道士，《儒林外史》里面也讲西湖边上有骗人炼金的道士。从汉代起，炼金术中一支渐渐转成了炼丹术，追求生命永恒也是一种天性。不过，从炼金到炼丹，从单纯地想象化学性质的转变，到相信它可以辅助生命，其中要有一些特殊的想法支持。

什么特殊的想法？很多学者在研究中都感到，中国古代有一种相当特别的思想，就是相信同类之间有一些很特别的互相感应，而这个"同类"不是金属、非金属、生物、非生物这样现代的分"类"，而是阴阳五行八卦十二宫二十八宿等在感觉基础上的"类似"，所以，有天人感应之外，还有物类相感，就是说，除了天与人能够互相感应之外，现代人看来互相不同类的东西，也可以在多种类似点上互相渗透和沟通，比如木和东方、青色、酸味等都对应。那么，金呢？古人认为它是阳性的、不怕火炼的，性质稳定、永恒存在的东西。而汞（水银、朱砂）呢？则是阴性的、能够不断循环的金属，《抱朴子·金丹》就说"丹砂烧之成水银，积变又还成丹砂"。于是，人们就想，如果能够通过服食它吸收其性质，是否也会获得和它们一样坚固、不朽、永恒、循环的生命？

这种想法，你仔细想想在中国是很普遍的，这就和中医里对一些药的想象一样，比如中医通过龟长寿、茯苓在长青的松树下、人形何首乌像人、人参果像童子，就会想象它们都可以提供生命力与时间，这和现代人还相信的"吃脑补脑、吃肝补肝"一样，其实不见得有效，比如吃猪脑，是不是会变得像猪一样聪明或者愚蠢呀？这方法不一定可靠，可是古人相信。被称为"万古丹经王"的《周易参同契》上篇里面，有一段话很重要，说是——

金性不败朽，故为万物宝，术士服食之，寿命得长久。

可是，道教说，我们普通人平常吃的东西，主要是米饭、蔬菜，有了病也只是吃草药，像人参、当归、三七、柴胡、黄连、枸杞等，可是，仙人平常吃的，是交梨、火枣、胡麻，而在生命的修炼上，他们服食的又是丹砂等，比我们就高明了。葛洪在《抱朴子·仙药》篇中，总结了汉魏时代秘传的种种仙药，据说，"仙药之上者"为丹砂，然后依次为黄金、白银、诸芝、五玉、云母、明珠、雄黄、太乙禹余粮、石中黄子、石桂、石英、石脑、石硫黄、石饴、曾青，再然后依次为松柏脂、茯苓、地黄、麦门冬、木巨胜、重楼、黄连、石苇、楮实、象柴、天门冬等。你可以看到，最上等的十几类都是矿石药，然后才是植物药。为什么？葛洪说，一般草木之药不行，因为草木一烧即成灰，可丹砂、黄金却不然，它们都是相当稳定的或者循环的物质，所以吃了它们，人也可以获得它们的性质，就是永恒和长生，这就叫用异类物质来帮助人类肉体生命得到坚固，这叫做"假求于外物以自坚固"。

## 四、经历九转方成丹：丹炉与丹药的炮制原理

当然，黄金和丹砂并不能直接成为长生药，第一，这种炼丹过程是一门宗教垄断的神秘技术，不是人人都会的常识，甚至也不是像中医那样可以公开的技术，道士把它神秘化，就使想长生的人不能不信仰道教。第二，用黄金、丹砂来炼长生药，理论上，还要经过阴阳调和，据古人说，黄金是"日之精"，"积太阳之气熏蒸而成，性大热，有大毒"，而丹砂又是阴之精，也有大毒，所以要用一些方法，配一些原料，比如铅（黑金，属北方水）、硝石（秋石）、雄黄等，经过配置和炼制，来

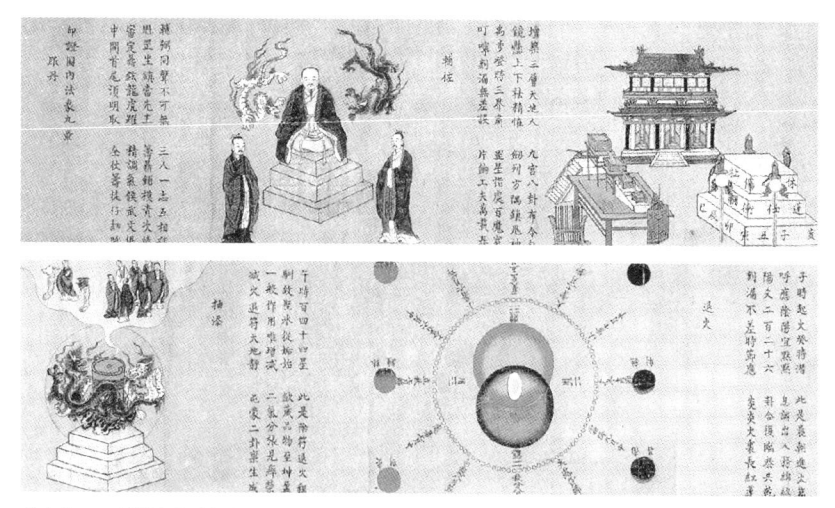

北京白云观所藏清代《秘传炼丹图》，需要注意的是，在这幅图中，内丹和外丹的界限有些分不清楚，看上去像是炼丹，但是很多地方让人觉得是讲身体内部的气的运行。

克制它的毒性和异性，比如《太清石壁记》里说的，"水银有毒，铅配太阴，终不独行，行必为偶，若无制伏，二毒难消"，这道理和中医里用药的"君、臣、佐、使"是一样的，就是经过多次的调理炮制，使它成为适合人服用的"还丹"。

外丹之所以能使人长生，在道士那里还有一种思维上的依据。他们炼丹时，除了配方秘术之外，还有其他一些鼎炉和炼制中的规定，据《大洞炼真宝经九还金丹妙诀》的一种说法，他们的鼎炉分三层，分别是对应天、地、人三才，三层中象征天的上层又要开九窍，象征天上的九星，中间象征人的一层要开十二门，象征十二辰，而且门门要有扇，而下层象征地，又要开八达，象征大地上有八风。鼎炉每层又分四象（青龙、白虎、朱雀、玄武）、五行、八方（八卦）、十二月、二十八宿。也就是依照宇宙而建的，丹药在这个小宇宙里模拟宇宙生成过程烧炼，烧炼的火候也很有象征性，要象征阴阳二十四气、七十二候等。古人认为，这样药物在里面的反应，就等于是在宇宙中化合，当它随着宇宙运转一周，丹药就具备了宇宙的永恒性质。据说，鼎炉作为宇宙象征，鼎炉中的一个时辰，即人间一年，炼丹九九八十一天，就几乎相当于人间千年，金丹有千年之炼，人吃了这种千年炼万年炼的天地宇宙精华，当然就能长生不死了。你看《西游记》中关于兜率天宫太上老君的炼丹炉的想象，大概就知道普通人想象中的金丹是何等的灵验了。

道教炼丹炉

关于外丹的书不是很多，像研究化学出身的陈国符先生当年写的《道藏源流考》和后来出版的《续考》，都是很重要的著作。而最清楚也是最深入的研究，要看李约瑟和何丙郁的论文和他们所写的《中国科学技术史》的化学卷。同时也可以看美国学者席文（Nathan Siven）的《伏炼试探》英文本，"伏炼"就是炼丹。炼丹术的书不太容易懂，一是需要化学知识，二是道教炼丹的书，常常用一些象征和神秘的名词来包装，包括原料、火候等都有特别的名称，所以还要有一本词典，唐代就有《石药尔雅》一类的书，现在又有现代人的解释书了。

两千年的历史中，古代的道士就是这样，一直炼呀炼呀，从魏晋以后，到唐宋，到明清，一直在延续。他们炼丹的场所，一般在山里面的静室，要建坛，要在坛的四周设计很多象征性的东西，而且需要准备很多原料，没有金钱也是不能来炼丹的，所以唐朝的诗人卢照邻要写文章向人讨药值。可是，很多人吃了丹药会丧失生命，因为那里面有兴奋剂，有致幻的成分，也有一些本来就是金属，就是毒药，像砷就是砒霜，所以，像唐朝的唐宪宗、唐穆宗、明代的明世宗就是嘉靖皇帝，还有清代的雍正皇帝，据说都是死在这种仙药上面的。不过，道士也从炼丹里面发现了很多种有效的药，今天中医里的很多药叫什么"丸"、"丹"，就是他们的功劳。当然，还有很多化学上的发现，比如类固醇（激素），据说就是唐代的道士在提炼小儿尿时发现的，而铜、银变"假金"的技术，也是他们发现的。人的两大欲望，就是发财、长生，在炼丹术里，这两个欲望都很显著地表现着。

### 五、内丹：古代中国思想世界的产物

接着我们来讲"内丹"，内丹就是我们很熟悉的"气功""养生术"，不过，要注意的是，它和纯粹的气功并不一样，它不仅仅是一种保健长寿的方法，在道教的观念系统里面，它应当是一种使人长生不死的仙术。

"内丹"这个名称起源很晚，大约是在隋唐之间吧。在汉魏时代甚至更早，古代中国的养生术主要包括三方面，一是辟谷食气，二是引挽健体，三是房中术。具体的方法我不多讲了，这里主要讲这些来源很早的养生术，为什么人相信它能养生甚至成仙，它的基本理论基础是什么？

现在很多人都对养生、气功感兴趣，我在各个地方讲课，一讲到禅道，就有人让我讲内丹，而且最好讲得"现代一点"，好让大家明白。可是，这实在很难讲，之所以如此，是因为"气"是很虚玄的，在中国人的思想里面，这种"气"是要靠自己向内体验才能感受到的。特别是道教，它还有一个字"炁"来表示先天的元气，但是什么是先天的元气呢？就是父母生你的时候，禀天地之气，通过父精母血，传到你身上的，用道教的话说，人生下来有三百八十四铢气，六十岁就只剩下七十二铢，这又是怎么算出来的？不知道。

所以，气功、道教的内丹，以及中医，它属于古代中国人的思维世界，可是，现在中国人的语言和概念是受到西方科学影响的，现代的我们习惯用"概念——判断——推理——分析——归纳"等一套形式逻辑，这就好比是电视，里面如果是一个黑白显像管，信号显示的是黑白图像，如果是彩色显像管，过滤的就是彩色图像。所以，用我们现在的概念去解释古代的思想，当然会比较麻烦，好像成语说的，是圆枘方凿，格格不入。比如二十世纪八十年代的时候，有人希望用"场"的理论，用红外辐射、静电、磁波、次声波，用"物质、能量、信息三者有机综合"来解释"气"，听了你都不一定懂。有人说，中国的养生术"神秘"，其实"神秘"是因为古人的想法和我们不同，我们用平时习惯了的逻辑去理解它行不通，于是我们便觉得奇特、神秘，就好比身在一个外星世界一样。

## 六、气：内丹的根本道理

言归正传，"内丹"这个名称起源较晚，辟谷、食气、导引，这类名称起源较早。古代中国人，把世界分成"大宇宙"也就是天地，和"小宇宙"也就是人的身体，他们觉得这两者是相通的。因为后来道教中人认为，"外丹"能使人成仙是因为鼎炉模仿了宇宙，黄金丹砂又是不朽之宝，不朽之宝在小宇宙里长时间炼制可以成为仙药。那么人体也是一个小宇宙,气则是人生命的本源,气在身体内的积存和运行,也就像天地之间的"气"的周而复始一样,也能使人成仙长生,所以它也是炼丹,所以把它叫"内丹"。

这里面有一个基本的设想。道教认为,人是由父精母血禀受天地阴阳二气而成的,"气"(也叫"炁")是人生命的根本。古代中国人想象,在婴儿甚至胞胎状态中,人的气是周流循环于全身的,而且那时候是"先天的元气",根本不用鼻呼吸。可是人一生下来之后,呼吸上面到鼻,下面最多只到尾闾,"气"不能流贯于全身,所以《庄子》说"众人之息以喉"。而且,他们觉得,人在世上有了欲望,有了欲望就气粗心燥,气粗心燥就耗费原有的"元气",仅仅靠口鼻吸气来补充,毕竟是《老子》所说的"动而愈出"。人的元气有了亏损,那些情欲耗费着人的精气神,五谷杂粮荤腥又占据了人体,使新鲜的"气"补不进来。久而久之,就把生命力渐渐消耗掉了。

正是根据这样的想法,除了药物补充后来成为外丹术之外,古代一直有很多养生的技术,前面我们讲它包括三大类:一是食气,二是引挽健体,三是房中术。

其中"食气",就是用自己的意念引导吸进来的"炁"在身体中运行,使全身的气脉流动和贯通。这在古代是很早就有的,很多年以前发现的战国时《行气玉佩》,近年来发现的张家山汉简《引书》,讲的就是这方面的知识。在古代人看来,由于自己有消耗,所以要补充,补充的方法之一,就是食气,气又分清浊,先天元气也就是生命要素的那种"炁",是没有污染的清气,为了能服食到清气,就要清洁身体,防止污浊,所以要"辟谷",因为食物也是浊的东西呀,而食气最好是凌晨的元气,"吐故纳新"的意思就是说,吸进新的,吐掉旧的,吸进清的,吐掉浊的。所以,至今还是这样,为什么有这么多人早晨去爬北京的香山,就是这个观念,觉得早上的空气是新的清的。荤和素、浊和清的观念,在中国人的世界中常常是可以凭感觉理解的。所谓"引挽健体",就是体操锻炼,来源也很早,《老子》有"专气致柔",《庄子》里面有"熊经鸟伸",这大概都是讲"引",在马王堆汉墓发现的《导引图》,

马王堆出土汉代帛书《导引图》

一直到华佗的五禽戏,就是这一方法。至于"房中术",可能来源也是很早的,马王堆汉代帛书的《合阴阳》《十问》《养生方》,就是讲如何通过男女性生活,得到生命和身体的保健的,甚至还有人把它说成是一种成仙的途径,后来道教中就有黄书合气,就是用"黄赤之术"来求得成仙。这是当时很流行也是很重要的知识,那个时代的人没有现代人那种道德和伦理意识,可能在唐以前,这种知识还是公开的,所以日本人从中国抄的古书中,就有很多这方面的记载,不公开流行他怎么能抄到呢?你看《医心方·素女经》就知道了,那时这种文字很多也很公开。像署名白行简,就是白居易的兄弟写的《天地阴阳交欢大乐赋》,就是赞美这种事情的,只是到了后来,道德普遍化以后,男女禁忌渐渐严了起来,它就逐渐边缘化,成了不能公开提起的"采阴补阳"之术。

## 七、内丹的基本方法

回到道教内丹本身的话题来。应该说,道教的内丹功夫就是建立在这种思想上的,炼内丹的要求概括起来并不复杂。

首先,要求人保持身心两方面的虚空和洁净,这一点又回到道家思想上去了，心要静，心静才能保持元气不动不耗，体要净，体净才能排尽浊气换清气，所以道教要求人排除各种世俗的杂念，不食荤腥五辛甚至少吃五谷食粮，以保持心理上的恬静平和，生理上的洁净无垢。

其次，以意念控制呼吸（腹式呼吸），双目微闭，含光内视，眼观鼻，鼻观心，心存丹田，舌抵上颚（舌反卷以舌底顶住上颚的两个漏气孔——天池穴），丹田在道教看来是最重要的大仓库、"元气"的基地，所以又叫"气海"，每夜子时吸取天地新生之气，二吸一呼，以多吸多存元气，按照道教的说法，要服食五方精气，而且还得想象东南西北中、青赤白黑黄，合着五行的推衍变化。这时，要达到无欲无念状态，同时呼出浊气，这叫"吐故纳新"。在吐纳的同时，还要有一些辅助的活动，像服元和就是吞漱唾液，握固就是手握如拳，叩齿即上下牙互击，有时还要有按摩、梳头、撞天钟（即以手指叩击头两侧）。

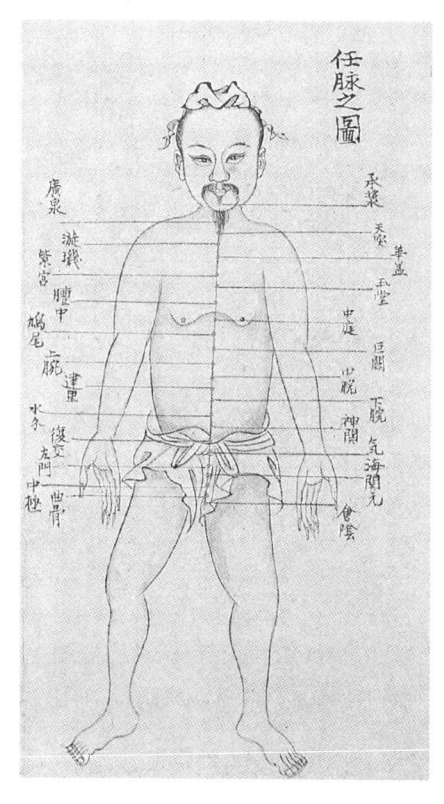

《任脉之图》

再次，吸入丹田的"气"要在体内缓缓运行全身，道教假设人心头有"火"，用《易》里面的"离"象征，假设人的肾里面有"水"，用《易》里面的"坎"来标志，而"气"引导阴阳水火交互平衡，同时，还要把人体内部的浊气渐渐排出去，把吸收的清气即元气一点一点聚集在自己的丹田里，所以要引导气周游全身。《庄子》说："真人之息以踵。"就是说真人的气要运行到脚后跟，但最重要的是打通任督二脉，就是先将气以意念引导，缓缓下行，通过会阴，沿督脉而上。大家看小说常常

《内经图》　　　　　　　　《体象阴阳升降图》

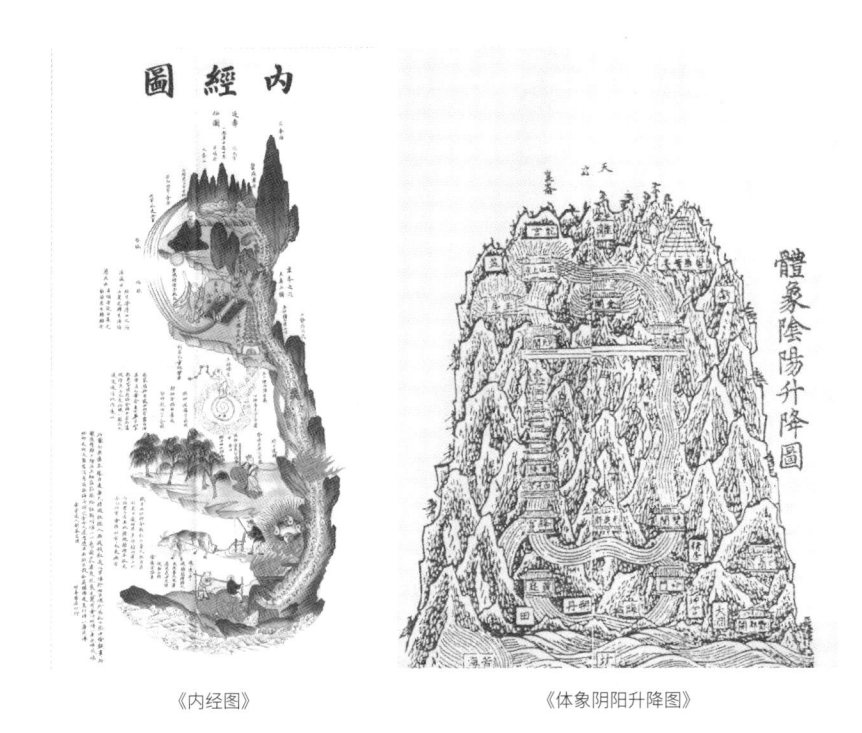

会看到这两个词,任脉是胸前大脉,督脉是脊后大脉,打通了任督二脉,即打通了"小周天","气"在小周天里运行一周,就好像在宇宙里周流一圈一样,成为"先天元气",可以存入身中,如果更高一级,则上通"重楼十二环",达到上丹田(人脑门正中),再缓缓下至中丹田(心门),这样又打通了"大周天"。这时的"元气"就更高更有生命力了。"气"在体内流转,即使周身血脉气脉贯通,血脉气脉贯通,人就长生了。道教常常把这种气通行的过程看成是追求成仙的天路历程,所以有不少图画都把这种气在身体中的运行,想象成登昆仑寻仙。像上面两幅《体象阴阳升降图》和《内经图》就是这类想象。

最后,人习惯了这种吐纳功夫,始终用丹田呼吸。气脉周流不息,达到浑然不觉状态,人就达到了心定神清、无念无欲、绵绵不绝的状态,这时存在丹田的元气和精神打成一片,成了道教所谓的"金丹"、"九转还丹",人就与神仙一样,"其息深深"了。

道教把"内丹"也看作炼丹,而且把"气"的运行和八卦联系在一起,他们说，心是火，属"离"（—），性好动，肾是水，属"坎"（--），性好静，在"气"的周流中，它们互相在丹田中交融，达到"坎离交济"式的平衡，然后肾水上升到心田，心火下降到肾府，这样，人就阴阳平衡，百病不侵了。

要说起道教内丹，也要提醒各位，道教关于内丹的书虽然很多，但是因为内丹不像医书，它不是一种公开的知识，而是一种神秘的技术，它追求的不是健康，而是成仙不死，所以，这些道教内丹之书，常常很难懂，一方面，它总是用神秘的隐语和专门的名词，像用外丹的"铅"、"汞"，用《易经》里面的"坎"、"离"，用传统数术中的"白虎"、"青龙"，用化了名的隐语如"姹女"、"黄花"、"白雪"等。另一方面，可能有很多关键的地方，需要师门的传授，所以道教里面常常有所谓"要诀"，没有师授往往是练不成的，这才能保证这一门知识的垄断和神秘性。

## 八、永生的追求

这就是道教追求永生的方法和技术。道教追求幸福的方法和技术，在下面介绍神谱、道教仪式和方法时再说。所谓永恒或永生，实在是一个很古老的又是一直使人焦虑的问题。什么可以永恒？在古人看来，江河湖泊、山川大地、日月星辰，那些永远在那里的东西是永恒的，和它们一比，人生就很短暂，所以人生很可悲，古人说"对酒当歌，人生几何，譬如朝露，去日苦多"，所以特别希望长生，特别是在佛教"轮回"的观念还没有生根，"轮回"的事实没有得到确证的情况下，人会觉得，一死就告别了世界，多么悲惨呀！所以想方设法追求永生，道教正好就对准了这一焦虑和烦恼，这是道教能够存在和兴盛的原因之一。在古代中国，儒家关心的是社会和秩序，"未知生，焉知死"，他们觉得人一生可以立德、立言、立名，就已经完成了生命的价值，所以并不关心生死的问题。佛教讲究超越，把人生看成是苦难的，所以要求人对生死看得不那么重，在这种哲理和观念层次上，它可以解脱生死。但是只有道教把人生看成是美好的，把人生的乐趣定在享受和欢乐上面，所以它才有这样的外丹和内丹。

在外丹和内丹，尤其是内丹中，我们可以看到，道教除了依靠幻想与神沟通的一面之外，还有依靠体验感受自身的一面，那种"意念"和"气脉"不是那么容易掌握的，只能在极静的外部条件和极净的内部条件中才能感悟。在这一点上，道教和道家是一致的，他们也认为"心斋""坐忘"状态，是最佳的与"道"合一的心理状态，他们也认为"无心"状态是达到和体验"道"的唯一途径。所以在道教里面，道家哲理也一直是正宗的理论，当士大夫进入道教时，常常就把老庄的思想和道教的思想混在一道，他们领受的，是主静的体验和感受一路，和老百姓依靠人神沟通来拯救现世问题的幻想和迷狂不同。

# 第十回

## 幸福，如何幸福？——话说古代中国的道教（下）

### 引子：神灵佑我得平安

接着上次的题目，我们继续讨论道教。

《西游记》第二回记载，美猴王渡海向菩提祖师学法，菩提祖师虽然名为佛教"菩提"，事实上却是教授道教法术的道士，他问美猴王，是要学"术"（请仙扶鸾，问卜揲蓍，能知趋吉避凶之理）、"流"（诸子百家，诵经念佛）、"静"（休粮守谷，清静无为，参禅打坐，戒语拣斋，或睡功，或立功，并入定坐关），还是"动"（采阴补阳，攀弓踏弩，摩脐过气，用方炮制，烧茅打鼎，进红铅，炼秋石）？这倒是倾囊相授，把道教宝贝全都抖落出来了，其中"动""静"便差不多是内外丹，内外丹是道教至高的功夫，所以，菩提祖师念了一首偈语说："难难难，道最玄，莫把金丹作等闲，不遇至人传妙诀，空言口困舌头干。"也就是说，金丹——无论内丹或外丹——是最核心，最神秘，只能师徒传授的道教法术。可是，美猴王偏偏不爱学，要学有用的法术。在古代中国，普通民众也和孙大圣一样，对于那些玄而又玄，不切实际的外丹内丹都不感兴趣，外丹花费太多，内丹见效很慢，那都是"超前消费"，也"不切实际"，而他们需要看得见、用得上、能够"变现"的法术，帮助自己在生活世界里解除困厄，得到幸福。所以，这里我要讨论的是道教的神鬼、道教的祭祀仪式、道教劾治的方法和技术等，因为这些东西才是为了世俗的信仰者在生活中免除困厄,去除疾病,使死者得到安宁,使生者得到幸福的。

而这恰恰是道教中间最现实、最有影响的一部分内容。

### 一、多神与一神:从永乐宫三清殿壁画说起

在黄河边上的山西芮城有一座道教的永乐宫,永乐宫的三清殿里,有元代的道教壁画,壁画保存得非常好,传说这个壁画是照了宋人的画样画的,我也不知道是不是,不过,现存宋人画的《八十七神仙卷》和壁画的风格有些像。据说,宋人画神仙又是学了唐代大画家吴道子,这三清殿壁画的渊源就很久远了。

山西永乐宫壁画

三清殿壁画分为三面,画了三十二天帝,十方上帝,各种神仙、星宿,一起朝拜中间端坐的三清,三清的塑像在中间聚焦处,四周的壁画和中间的塑像形成一个众星拱月的格局。在这里,你好像可以看到道教崇拜的各路鬼神,不知怎么的总让我想起《西游记》第五回里王母娘娘开蟠桃会,把各路神仙都请了来的情景,《西游记》里除了提到佛祖、菩萨、罗汉,有点儿不大符合道教规矩之外,另外的什么"崇恩圣帝、十洲三

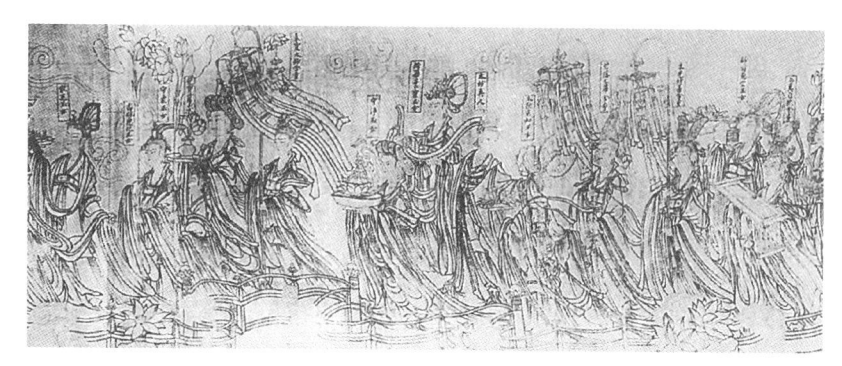

著名的宋代人所绘《八十七神仙卷》（局部）

岛仙翁、北方北极玄灵、中央黄极黄角大仙"，还有什么五方五老、五斗星君，上八洞三清、四常、太乙金仙，中八洞玉皇九垒、海岳神仙，下八洞幽冥教主、法世地仙，真的彷佛是道教庞大神仙队伍的花名册。

  道教神仙多，这不奇怪，它是多神的宗教。在道教那里，各种神仙鬼怪各司其职，两千年里不断有新的加入，旧的消失，好像一个庞大有序的神鬼官僚系统。顺便再说一下，道家并不等于道教。道家像老庄学说，讨论的是抽象玄虚的"道"，并没有什么神仙鬼怪，可是，道教却是有神论而且是多神论。最初在汉代，也许道士们有一段时间主要崇拜老子，后来变来变去，大概受了佛教的刺激，又开始崇拜元始天王，在魏晋时期逐渐形成了比较完整的神鬼队伍，到了南朝梁代的陶弘景写《真灵位业图》的时候，就有了一个清楚的神鬼系统了。

  多神教也有多神教的好处，比起一神教来，它没有那种关于"唯一"和"绝对"的紧张。大多一神教的，像天主教、基督教、伊斯兰教的信仰者，常常会把自己所信仰的神，看成是绝对的、唯一的，人必须时时刻刻围绕他，向他祈祷，对于他的信仰和态度就是一切，换句话说，不尊重他或者违背他的旨意，就只有被钉在耻辱柱上，而所有其他的神，都只是邪恶妖淫，所以不能妥协，自己如果不能与唯一神相遇，也会终身痛苦。著名社会学家许烺光在《中国人和美国人》这部名著里分析说，当这些信仰一神教的人看到异端信仰的时候，他们会觉得自己的基础受到威胁，教士的自信心和安定感会受到挑战，于是，常常会引起战争。

现在的世界上，很多战争就是因为宗教不能通融而引起的。

可是信仰多神的呢？因为神本来就多，所以不会因为你信这个神，我信那个神，互相就不通融，你看中国人、日本人、朝鲜人，可以信这个教，也可以信那个教，可以拜这个神，可以拜那个神，还可以都信都拜，没有关系。所以，像古代中国"三教合一"这样的情况，之所以可以发生，就是这种信仰能够包容和含糊的缘故。当然也要承认，这种信仰可能也有自身的问题，问题之一就在于信仰并不坚定，像鲁迅说的，只有"迷信"，没有"坚信"，拜神求仙，就好像在买股票，并不是真的信仰，而是希望换回利润。偏偏道教就是多神教，而且可能是最典型的多神教，因为它的神鬼名单可以随时增加，也在不断变化，到明清以后，这个神鬼名单已经太长了，一个叫亨利·道尔（Henri Dore）的欧洲传教士，写了十大册《中国迷信研究》（*Researches into Chinese Superstitions*），开列了很多神名，却都没有办法列出一份全体的名单来。

老子坐像

## 二、神仙系谱：三清、玉皇与众仙

长话短说，道教的最高神是"三清"，玉清、太清、上清。有人怀疑说道教这三个神并列，可能是从佛教"三身"学来的，道教最早只是一个老君呀，从南北朝最早的造像也可以看出。但是，道教后来把"三清"解释成宇宙天地开辟以来的最初的三种境界。玉清就是元

宋代石刻"老君岩"

始天尊,在道教词汇中,元始天尊就是"道",他是天地间一切的本源又是一切的主宰,可他又是"无"。太清是灵宝天尊,仅次于元始天尊,象征了宇宙天地初始状态。而上清是道德天尊,就是俗话说的"太上老君",有人说他就是"老子"本人的神化。《封神榜》里"一气化三清"里的"三清",其实就是指这三清,可是,作者却把三清当成老子一个人的三个化身了,骑青牛一入敌阵就化成"三清",这是不对的。"一气"本来指宇宙开辟之前就存在的元气,元始天尊等三清就象征着宇宙从无到有、再到天地万物生成的时间过程。所以,道教三清塑像,元始天尊手中虚空,象征鸿蒙时代的"无"或"道";灵宝天尊手拈玄珠,象征着"一"或"一气";而太上老君手持画有阴阳双鱼的太极图的扇子,象征着"二"或阴阳始分的时代。

也许后来的道教觉得,"三清"应当高高在上,按照"无为"、"虚空"的说法不理会人间事,于是又造出一个"玉皇大帝"来管事,宋代最迷信道教的皇帝宋真宗封了他一个长长的号叫"太上开天执符御历合真体道玉皇大天帝",而《西游记》上则叫他是"高天上圣大慈仁者玉皇大天尊玄穹高上帝"。大家看《西游记》里,住在灵霄宝殿,管天上事,管地狱事,管海龙王的,都是这个灵霄殿的大神,灵霄殿的两边柱子上写的是"天地无私"、"神明暗察",中间写的是"世间善恶表彰,注定富贵贫贱"。老百姓不怕官只怕管,正如俗话所说"县官不如现管",所以也都记住了他,连新造民歌都唱:"天上没有玉皇,地下没有龙王",没有人提到"三清",何况"玉皇"又很像地上人间的皇帝,人们熟悉,所以现实感也很强,对他格外尊崇,传说正月初九是他的生日,叫"玉皇诞"。

就像人间官僚机构一样,除了这些等级尊贵的神,道教还有各种各样的管某一方面的专职神仙。最早有三官,也叫三官大帝,就是上元、中元、下元三元节里祭祀的那三位,即天官、地官、水官大帝。此外还有很多,像管生孩子的"送子娘娘",和玉皇大帝配对的"王母娘娘",分管四方的四方大帝及玄武、朱雀、青龙、白虎四神,有管寿命的寿星,管福的福星,管禄的禄星,管文人的文昌帝君,管武人的关圣大帝⋯⋯还有各种稀奇古怪的神(如传说灶君管向上天告状,八仙过海故事里面的八仙,像吕洞宾、韩湘子、何仙姑、李铁拐等,民间常常有八仙的年画和戏剧)。当然还有各种各样的鬼,道教死后的世界很有意思,原先古代中国专管人生死的泰山神,后来在道教里面,一面扩大变成了五岳,一面又想象成了北阴酆都大帝,后来在四川还有酆都县,说是酆都大帝的住地,搞了很多地狱、鬼怪、奈何桥之类的东西。像《太真玉帝四极明科经》里则说,酆都山在

清代绘制元始天尊像

北方癸地,山上、山中间和山下各分成八座狱,共二十四狱,每座狱中都有十二个官吏,又有二千四百力士,拿着金锤铁杖,专打犯罪的死鬼。而在北周时代的《无上秘要》里面,道教又把五岳当成五个恐怖的地狱,有很多刑罚,分别惩罚各种不同性质的死后罪犯。有人考证说,道教的酆都山受了印度佛教泥犁地狱和古代中国传统的泰山双方面的影响,可最后又和佛教合流成了十殿冥王等,阎罗王底下有各

天津杨柳青年画《八仙庆寿》，八仙也是古代中国流行的道教传说中的神仙

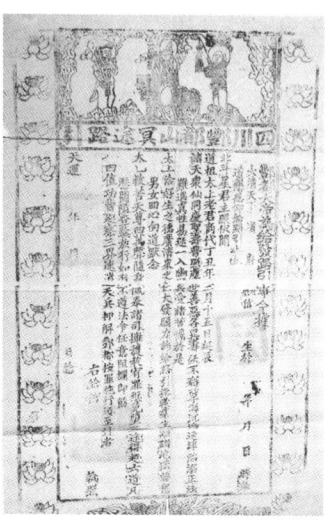

北阴酆都大帝发给死者的"冥途路引"

张天师像

长春子丘真人像

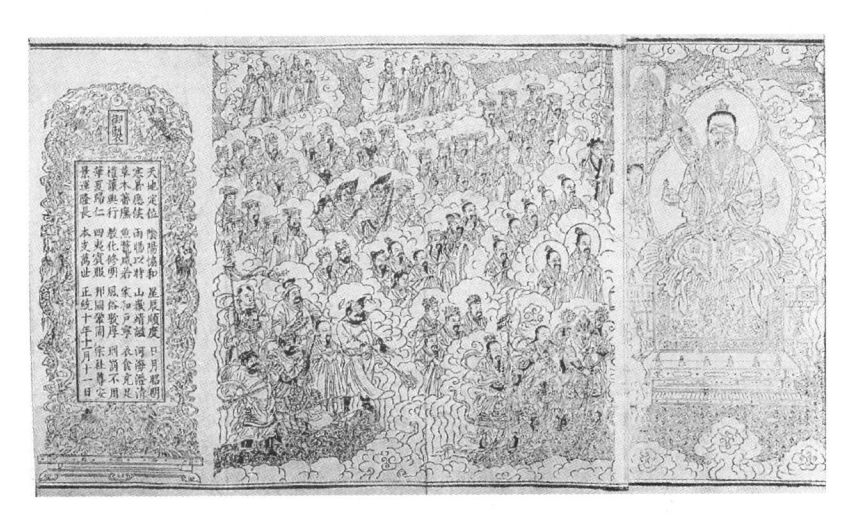

《道藏》卷首的三清及众神图（局部）

种鬼，管惩罚人间的善恶。

当然，道教各派还有后来由人升格为神的，像正一派（流行于南方包括香港、台湾，以龙虎山张天师府为中心）的重要神灵中，还有张天师。而全真派，除了王重阳外，还有全真七子最有名的丘处机等。大家看一看就知道了，道教的神鬼世界，基本上是根据人间世界的想象扩大而来的：世上有皇帝，神里面也有最高的皇帝，世上民众怕的、相信的是官府，天上也有负责管理的官府，而且比地下的还细，还多。这么多道教的神鬼，大概可以分成两大部门，一个是君临天下、无处不在的三清和玉皇大帝，以及他们手下掌管各种职能的神仙，有大臣、有将军、有土地、有城隍、有灶神、有管文武两界的文昌帝君和关圣帝君，好像是人间世界的镜像一样，他们监视着人们活着的时候的种种行为，负责分配各种幸福、痛苦和命运；另一个是死后世界的北阴酆都大帝或者阎王，他们手下有牛头马面、有判官、有各种狱卒，他们根据人活着的时候的种种行为，给他们在死后算总账，然后给予奖惩，这个世界是上个世界的反转片。好像一个是阳一个是阴；一个管活人，一个管死人；一个主要对善人进行奖励，一个主要对恶人进行惩罚。道士一方面把世上的信仰者和神鬼世界分开，一方面又用种种方法沟通神鬼和人，代替神鬼来给人们治病、解厄，代表神鬼来监督人的善恶，甚至根据这些善恶来许诺来世的生活等。

### 三、斋醮仪式：沟通神鬼人

道教这么多神鬼，都是为了处理人们生活中的种种问题而幻想出来的，那么，怎么才能把人的想法和神鬼的旨意沟通呢？道教既然是宗教，宗教需要有信仰者，有信仰者就要对信仰者有所承诺，它就要引导和帮助信仰道教的人们。其中，道士就是沟通人神之间的中介，人有了问题要请道士帮忙告诉神，人害怕灾祸想躲避鬼也要请道士帮忙。反过来，如果人和神鬼可以直接对话，道士要是不能沟通人神之间，道士也就没有用了，道教也没有用了。小说里经常讽刺道士"作法不灵"，所谓作法不灵，就是不能"下情上达"，把意思传达给神鬼，神鬼就不会下来帮人。为了沟通人神鬼之间，道士有一套独特的方法和仪式，这些源自上古方技数术的仪式、方法是道教的一个重要部分。

道教的仪式非常多，也非常复杂，不仅各地不同，各派不同。而且古代和现代也不太一样，不过，无论如何复杂，其中，最重要的还是"斋"和"醮"。

我们先讲斋。道教的"斋"种类很多，起源也很复杂。"斋"本来并不是一种仪式，而是仪式中一种清洁身心的方法，在上古人心目中，神是应该尊敬的，而且神不喜欢肮脏荤腥的气味，所以人要和神沟通，就要先把自己的身心搞干净，身体要沐

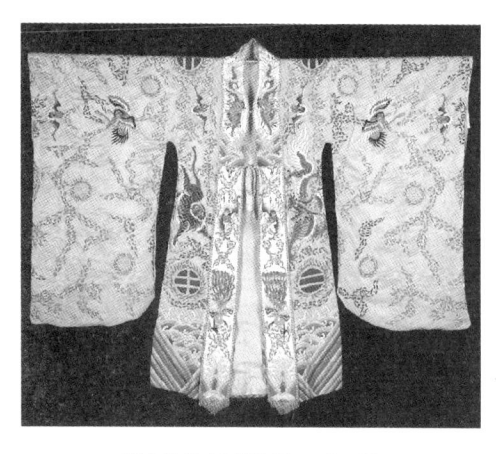

道士设斋时穿的法服——龙凤服

浴，心灵要纯净，这就叫"斋"。"斋"有仪式，比如要献上清酒，要供上三牲，还要请巫师唱歌奏乐，道教就继承了这些方法。在"斋"的时候，斋主——也就是希望神赐予的人——要沐浴、静心。在选定的日子，在道士指引下，走上斋坛。斋坛周围有围栏，围栏处按照方位要悬挂幡旌，坛分三层，有阶梯相连，方坛要象征性地开若干门，像东北角的"天门"、东南角的"地户"，坛上点若干灯，这些悬挂的幡、开的门、点的灯，分别象征着从地下到天上的几重境界、生死休咎的各种途径、天上的各种星辰。斋坛上有供桌供上祭品，道士诵经焚香，步虚缭绕（走禹步、唱赞颂），斋主默默地祈祷（求神保佑），道士便诵神名（降神请神的名目），上青词等。这时候要伴有种种音乐，道教的音乐之所以很出色，和这种仪式有关，主要用鼓、钟、磬、琵琶、月琴、胡琴、笛、板等，武当山和苏州现在的道教音乐就很有名，有名的二胡演奏家瞎子阿炳就曾经是道士。

在这种仪式中，人与神在道士中介下沟通。古代斋仪有很多种，比如有上清派的，有灵宝派的，有天师派的，其中上清一派的斋仪主要是追求自心的清净和冥想，天师派的涂炭斋很苦。在上古人心目中，神是有怜惜心、同情心的，人们受苦受难，神就会帮助他，所以天师道的斋仪上还有一些自虐和入迷的方式，像举行涂炭斋时，人就要自缚、自扑，以黄泥涂面，拍打胸口，把头发绑在栏杆上，在长达七天、十四天甚至四十九天中自我折磨，在这种状态下达到神人之间的契合。而灵宝一派的斋仪在隋唐以后最兴盛，有金箓斋、黄箓斋、明真斋、八节斋、自然斋等，这些斋仪很隆重，像在三元斋也就是正月十五、七月十五和十月十五向天地水三官祈请的时候，还要上章和投简。上章是用青藤纸写上祈愿祷神的文辞，然后焚烧以达上天。投简是用铜做的金龙和玉做的简版，投到深洞或山谷、湖泊中，以达神灵。在古代中国，"斋"有大有小，形式也各不相同，但大体上都是为人们解决具体问题，像求雨、超度之类。

我们再来看什么是"醮"。道教的"醮"是祭神仪式，也有点像今天道观里所作的神仙大会，和"斋法"很相似，早些有五帝醮、六甲醮、七星醮等，从名字上看就知道这是祭谢五帝、六甲、七星的。《三国演

清代康熙年间所绘制的道教醮仪图

义》里面诸葛亮五丈原为自己延命，就是北斗七星醮，因为古人相信，人的生命由北斗星管。醮仪和斋仪有很多一致的地方，其实有的醮仪就是从斋仪中发展出来的，最早是在斋仪举行完了以后，要举行答谢神灵的醮，后来便独立出来了，唐代以后，醮渐渐比斋还盛行了。道士把被祝祷的众神供在坛上，像"罗天大醮"要供几百个神的牌位，把各种悬轴分别布在四周，象征着天上的境界，然后一一念祷，和斋一样，也要步虚、缭绕、诵经、奏乐、焚香。

举一个例子，在传说是唐代杜光庭删定的《道门科范大全集》中记载了祈求子嗣的大醮仪，就很复杂，分为一天四阶段（清旦、临午、晚朝、散坛），先宣咒、唱诵，然后鸣法鼓二十四通，上奏三清，接着称法位，念诵三清、玉皇、勾陈星官等，接着把意思上奏，然后是唱方、忏方、三启、三礼，陈述十二愿，覆炉，最后念"出堂颂"，这才可以出门，结束一个阶段。在最后一次散坛的时候，还有步虚、散花、降圣等。

"醮"也是给人们祈福消灾的手段之一，当然仪式有简有繁，民间常常有简化了的仪式，也是传统仪式的偷工减料，民间常"请道士打醮"，指的就是这种仪式。

## 四、解决世俗困厄的法术：念咒

道教的法术中最普通的是三类，祝咒、符箓、剑、镜、印等驱鬼请神的法器。

诅咒的方式在中国历史悠久，古代人认为一切祸灾都有鬼在作祟，而鬼也和人一样，怕被诅咒，所以古代早就有"咒"，在先秦也叫"祝曲"，道教的"咒"就是继承了古代人的传统。"咒"之所以被人相信有两方面原因：一是人从自己心理上感到被诅咒很难受，因为诅咒的话在脑子里会产生联想，说你"挨刀"，就好像真的脖子痒痒地"挨刀"，说你"天打五雷轰"，就好像真的有雷轰隆隆打，胆大的人心里难受一下，胆小的人则多半害了怕，古人觉得"鬼"和"人"一样心理，所以诅咒总是一种有效的威慑手段。二是巫师的咒好像是和神事先约好的一种密码或切口，就好像打仗时电台呼叫的暗号，一般人不会，而巫师以及后来的道士有通神的本领，所以可以呼叫神来治鬼，所以《太平经》卷五十称之为"神祝"，有了神力，当然咒语就很灵。道士念咒时，要心里想着神，口中念着针对性的咒。比如陶弘景《登真隐诀》卷中驱疾治病的咒语就是：

天蓬天蓬（天蓬元帅，猪八戒的原来职称）、九元杀童（一专杀鬼的少年神将）……（念上一大串神名）威剑神王，斩邪灭踪（把邪鬼斩掉，让它绝踪）（然后啄齿，据说神就被召来，恶鬼被念三次，就眼瞎烂而死）。

邓有功《上清天心正法》卷一的治病咒语是：

开天门、闭地户、留人门、塞鬼路、横金梁、竖玉柱、收罡气、捏斗诀、众神藏、万鬼灭，急急如律令。（左手捏捉鬼诀，右手捏剑诀，吹气三口，可除妖魅）

后来的咒语就太多了，各式各样，连上厕所也要念咒："圊（厕所）夫人，除某死籍，入以生门。"

## 五、解决世俗困厄的法术：画符

画符的方法也来历久远，至少汉代就已经有了，但具体来源尚不清楚，大概也是来自对语言文字的敬畏，我不知道现在还有没有人迷信文字的魔力，但古人是迷信的，尤其是对人的名字所用的文字。因为古代人相信"名"和"实"有神秘关系，"名"不是"任意符号"，不是拼音符号。胡适在《名教》这篇文章里就说到过，像"叫魂"就是通过叫名字把"魂"叫回来，所以有"天皇皇"这样的法术；又有把"招财进宝"写在一团或把"福"字倒写的风俗。把别人的名字打上叉或者倒着写，就可以侮辱或治住别人，所以小孩子在墙上写了仇人的名字然后打叉，迷信的妇女用刀剁，同时叫仇人的名字，也是因为相信名和人有关。

小说里面常常有这样的情节，像《封神演义》里面，张桂芳可以呼名下马，"黄飞虎还不下马，更待何时？"《西游记》里金角大王用净瓶装孙悟空，就是叫了一声"孙悟空"，孙悟空一答应，就被装进去了。古人祭祀祖先，在一块木板上写上祖先名字，就可以供养了；治仇人，把仇人名字咒上，钉上小钉子，也可以治死仇人。胡适总结这种对"名"的信仰说，一是古人非常相信"名"就是魂，二是古人相信"名"有不可思议的力量，三是古代的圣贤也有意提倡一种对"名"的迷信。所以古代中国有"名教",这个总结是很对的。"名"是"字",古人确实觉得,文字和文字所代表的事物有必然联系,一旦事物有了表达它的文字,它就被文字所固定,所以古代要"敬惜字纸"。

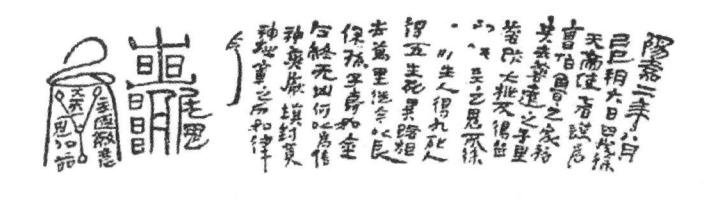

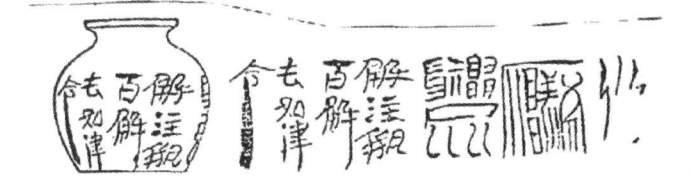

户县出土东汉曹氏解注瓶(上)的符文与洛阳西郊出土东汉解注瓶(下)的符文

回到画符,画符最早其实就是写字,陕西户县汉墓出土的曹氏朱书解注瓶上画的符,左边画的星图是"太一锋",下是太一(大天一)即北极,上面三星是太一的前锋。据《史记·孝武本纪》说这是灵旗图像,可以战无不胜,所以文字写了"大天一",能驱逐恶鬼,这个符的意思就是驱除鬼的侵扰。右边这个是由日、月、尾、鬼等字组成的,日月是古人崇拜的神,尾、鬼是二十八宿,意思是曹氏遵循日、月之时而死去了,请日、月相信,请尾星(据《天官书》中"尾为九子"、主多子多福)保佑阳间人繁衍、鬼星(舆鬼,《天官书》中"舆鬼、鬼祠事",《正义》中"主祠事……中一星……主丧死祠祀")保佑阴间死者。《太平经》里把这种符叫"复文",可见早期符就有把若干文字合在一起表示某种意思、某种愿望的做法。可后来,道教为了垄断画符的专利权,便越画越奇怪,逐渐不可辨认,他们引入篆书写法和图画画法,把符画得根本不像文字了,这样,别人也就不明其意,不能自己仿画了。道士还说,画符时要默念咒语、默想神灵,然后才能有效,即"画符不知窍,反惹

鬼神笑，画符若知窍，惊得鬼神叫"。葛洪在《抱朴子·遐览》里就说，吴国介象能认符字读符文，可见三国时的符还主要是字的组合，而西晋时就变了。"今符上字不可读，误不可觉"。我们看当时流传的各种符，真是丈二金刚摸不着头脑了。

不过，就是这些符，现在仍然很流行，而且符的功能越来越细致，像天后宫的保平安符、香港历书里面的"镇宅""消灾"符，解决所有问题的"百解纸"，好像是广谱抗生素药包治百病。当然还有各种箓、牒等，箓是写了很多天兵天将名号的纸，好像有了这张纸，就可以召请好多的神一样，它常常和符一起，像"万法宗坛"发的符箓，甚至连去地狱也要这种通行证，像道教发的"冥途路引"（"冥途"就是去阴间的路，"路引"就是通行证）。符传得很广，现在日本也有很多种符，有写在木片上的，有写在纸上的，最早有相当于唐代时期的，像奈良出土的就是古代的符。

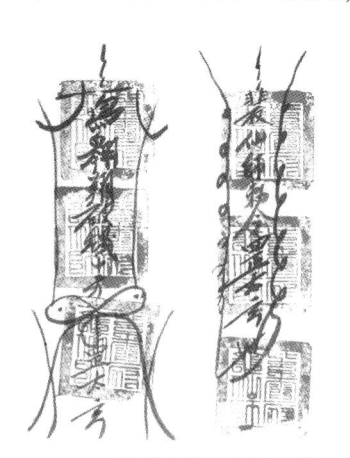

道符之一种

现代福建福州裴仙宫和莆田忠门镇天后宫的两种符纸

## 六、解决世俗困厄的法术：法器

在道教里面，还有很多很多据说有大神通的法器，其中，用剑、印、镜劾治鬼物的方法就很古老。

古代中国人认为，剑是有辟邪功能的"金精"，又是杀伐号令的武器。传说中"剑"的故事常常很神，比如欧冶子铸剑，夫妻一起跳到炉中化为雌雄二剑；现在出土的越王剑，技术实在是很高明，埋了千年还是寒光闪闪，所以民间又有剑气化龙的传说。道士认为，剑是神器，可以斩鬼，所以在仪式上常常写到武当道士的剑法，《水浒》里宋江打不过高廉，没办法请了公孙胜来，公孙胜以松纹古剑上阵，念念有词，喝一声"疾"，就变出天兵天将，卷一阵狂风，把敌人

宝剑是道教法器之一

吓得直跑。金庸武侠小说也常写到武当道士的剑法，像张三丰的太极剑法、武当道长的披风剑法等。就连民间道士也常用木剑劈空，喷一口茜草水，弄得红彤彤、血淋淋的，叫做"劈空斩鬼"。

印是权力的象征，官府大印更是权力无边，古人迷信印，就在想象中创造了道教的印法，道士刻上"北极驱邪院印"、"太上老君敕令"、"北极杀鬼印"，用来劾治邪鬼，比如前面说的入阴间的"冥途路引"，就盖了太上老君大印（江西南昌明代墓中有出土），而在前心后背上贴上盖了大印的除病符，据说就很管用，甚至吞服盖了大印的纸，就可以除噩梦，用印纸化水洗眼睛，就可以治眼病等，我一次去茅山，就参观了茅山四宝，其中一宝就是宋代皇帝赐给的"九老仙都印"。

大家也许都知道"照妖镜"的故事，古人相信，妖魔邪怪能变化各

种形状，但是不能照镜子，镜子里一照就现原形，所以魏晋时人上山，要背一面镜子在背后，妖邪鬼魅跟在你背后，一看见镜子里自己还是原形，就以为没有变好，于是就不再跟了，这样，人就能避免伤害。所以后来就有"照妖镜"一说，《西游记》里孙大圣不敌二郎神，变化了到灌口直捣本营，结果被托塔天王用照妖镜在天上一照就知道了，现在民间家门口也还挂镜子避邪。

道教的各种神印及令牌

## 七、道教是一种宗教，是一种中国的宗教

以上我们说了道教寻求永恒生命的内外丹知识和技术，也讲了道教解决人间困厄的神鬼系谱和沟通人神之间的仪式和方法。这些东西，都是为了解决人们的各种忧患问题，它的中心是人与神鬼、人与天地的沟通。宗教是一种信仰，但也是一种在虚拟的关系中双向交流的过程，也就是说，在道士的主持和帮助下，人和神鬼天地之间有一种交流，通过道士的帮助，人把自己的意思和愿望告诉天地神鬼（如祈祷、上青词、步虚赞诵之类），也通过道士所知道的神秘技术，天地神鬼把旨意和承诺赋予人间，至于它是不是真的能够使人永生和幸福，就要看信仰者是不是真的有虔诚的信仰，因为这需要靠想象甚至幻想来支持的，通过虔诚的想象，信仰者得到天地神鬼的许诺与护佑，通过对道士象征性动作（印、剑、镜）的联想，信仰者得到心理上的安慰与抚平，这彷佛是"心理治疗"，马克思说"宗教是人民的鸦片"，鸦片也有治疗的一面，这里其实是"信"加上"想"，如果你在一旁冷眼旁观，不投入感情和心情，彷佛看电影始终固执一个"这是拍的电影"的想法，你就不会被感动，也没有看电影的意义，好像用X光机看美人，用地质学看山水画。但是，你看了却不发挥幻想和想象，也不行，像道教会念咒画符，你就要想，咒在鬼身上发生作用，符一烧就降下神兵神将，衣服里别上法符，你身上彷佛藏了成千上万天兵天将，于是这时道教法术在信仰者的参与下，就产生了幻觉般的作用。换句话说吧，无论是祈求神灵，还是驱除恶鬼邪佞，最要紧的一条道路是要通过道士的帮忙，最关键的一种心理是相信道教的法术，人一旦有了种种困难的苦恼，就要进入一种最虔诚的心情中，以真挚的信仰，幻想神鬼天地的沟通，幻想道士的帮忙，这样就彷佛请心理医生，使自己进入催眠状态，从而得到心理治疗一样。否则，"心不诚则不灵"，宗教信仰也就失却了意义，道士也帮不了你的忙。

道教就是这样一种宗教，它信仰三清、玉皇等无数神灵，有着沟通人神的种种技术，也设立了一个追求永生与幸福的终极理想，还以"治"

或"洞天福地"为中心建立了自己的教团组织，它把古代中国各种真实的或想象的知识技术、神话传说统统收到它的口袋里，也把古代中国人最深刻的生死忧虑和最普遍的生活理想放在它所关心的位置，为他们设计了超越生命和趋吉避凶的道路，这就是中国人的宗教。

# 第十一回

## 古代中国的两个信仰世界

**引子：实际的和书本上的**

　　这里讲的话题，既有关古代，也有关现代。我们谈论古代中国，就是为了理解现代中国，换句话说，就是理解我们现在所处的这个中国，是怎样从历史上的那个古代中国转化而来的。我们需要追问，到底现代中国有哪些地方已经和古代中国断裂了，哪些地方又还在和古代中国藕断丝连？到底哪些方面我们已经被西方文化所笼罩，哪些方面我们还保存着自己的传统？到底哪些古代的影子还支持着现代人的心灵，哪些古代的文化已经被现代的文明摧毁了？

　　前面我们谈到的，主要是书本上的、上层士大夫的信仰世界，在这个由书本延续的世界中，古代中国与现代中国似乎已经不同了，可是，在民间信仰世界中，古代和现代并没有那么泾渭分明地出现断裂。顺便要说的是，对于这个在日常生活领域中影响很大的民间信仰世界，有两个原则对于我们很重要，一是要对这些东西有了解的同情，不要动辄就斥之为"迷信"或者"愚昧"，二是不要太相信书本上、报纸上说的，要出去看一看真实的生活世界才会知道。很早以前，我听过一个故事，说的是一个外国很有名的佛教专家，他在大学、研究院读过很多关于中国宗教的书，别人都对他非常佩服，可是，他第一次到中国农村来做宗教的调查，突然发现，他满肚子关于中国佛教的知识好像都没有用，"如入无物之阵"似的，都对不上号。

为什么？因为学校的书本里讲的，大多是高明的道理，比如说，佛教的般若学说讲的"空"，唯识学说的"八识"，最起码的也是"十二因缘"、"四谛"、"三学"。可是，在普通民众生活这里，佛教更重要的不是学问、道理，在他们记忆世界里面，佛教就是放焰口，是念《血盆经》，是超度亡灵，是在各种节日里演目连戏等。特别是在乡村，祭祀的各种神灵、举行的各种仪式、以及各种信仰者的礼拜动作和赞颂歌曲，好像都和书本里讲的不一样，比如明明是佛教的活动，为什么还有抬关公像？明明是佛教的寺庙，为什么还会用道士的吹打音乐？后来，这个外国的佛教专家渐渐明白，原来，中国宗教，无论是佛教还是道教，实际上都有两种不同的信仰世界，一个是人数很少的，高文化水平的人的信仰，这个信仰是由书本传播，由道理、学说为基础的；一个是人数很多的，普通人的信仰，这个信仰是以能不能灵验，有没有实际用处为基础的。前一种是自觉的信仰，有理解的信仰，后一种常常是自然的信仰，不需要理解的信仰。

后一个信仰世界，从古到今的延续性很强。

## 一、上下分流：两个不同的观念世界

真的，上层和下层观念世界真的是不一样。

现在环顾我们身边，很多人在讨论 WTO，讨论全球化、现代性，讨论网络对社会的影响，讨论远离自身的那个世界里所发生的种种不公平和不合理。但是你有没有注意到，大多数为生活忙碌的人，更关注的是今天有没有工作，能不能养家糊口，街市的菜是否比昨天贵了，就像不同的人看不同的报纸一样，不同的人听不同的音乐，上层贵族、白领爱听交响乐，爱去展览会，平民却要听流行歌曲。

举一个"吃"的例子吧。在中国，吃是很能体现文化差异的，据说有教养的中国文化人、上等人，讲究的是"清淡"、"原味"，中国理念里所谓好吃的东西、被标志为极品的东西，是那些并没有什么滋味，要靠"有教养的舌头"才能体验出来的东西，是那些眼睛看上去颜色很淡、半透明的东西，是那些吃上去口感很爽脆的东西，像鱼翅、熊掌之类。可是民众却不一样，大概还是吃色浓味重的鸡鸭鱼肉过瘾吧。又举一个"听"的例子，像文化人喜欢的戏，比如昆曲，要细细地品，要领悟其中的韵，要三两人在清风明月下无伴奏的情况下唱，所谓丝不如竹，竹不如肉，渐近自然；可是民众看戏是既要"听"还要"看"，要热闹的，翻筋斗，锣鼓喧天。再说一个"饮"的例子，文化人讲究的是瓷杯清雅，松风泉边，清茶自然，细品慢饮，而绝不是民众中那种大壶大碗，撸袖喧呼，配菜加料，那是《红楼梦》里妙玉讽刺的，都只是"饮驴"似的粗。

同样，在上层文化人看起来很粗鄙的民间信仰活动，在古代一般人的生活世界里，倒是非常非常重要的，它才是真正影响大多数人生活的东西。这个道理很简单，举两个例子，我们研究古代中国人的文化，天天讲四书五经、《老子》《庄子》，天天讲唐诗宋词，可是一般民众里面有多少人读过它们？如果按照阅读者的数量和生活里使用的普遍性来说，直到现在，中国的书印得最多的，恐怕不是什么四书五经、《老子》《庄子》，而是皇历，就是记日子的历书，这些书不仅给了人们生活的时间，而且里面有很多最最普通，可是又最最常用的知识，像什么时候可以出行，什么时候可以结婚，什么时候可以播种，什么时候需要祭祀祖先。到现在，很多人还是照着这些东西生活，在这里找到最基本的生活原则。去看看皇历就明白了，这里面不光有历法，有宜忌，还有做人的道德原则，有关于世界的知识，有生活和生产的常识。这就是常识，虽然说起来常识很普通，可是却最重要，就像常备的感冒药、每天吃的大米饭一样。

所以民众信仰世界和我们书本中说的不太一样，以佛教为例，在佛教的寺庙里，就有对民众进行常识教育的方法，他们深知，对于民众来说，最主要的就是要他们懂得"人生苦难"、"因果报应"、"有求必应"，什么道理呢？我们下面再讲，大家可以去看看，很多寺庙里最经常"流通"的，不是最高明的《涅槃经》《楞伽经》《大品般若》《大智度论》等，甚至不是《维摩诘经》《起信论》，而是很普通的《阿弥陀经》《金刚经》《心经》《普门品》，而佛教在中国社会上最重要，也是最普遍的活动，按照我们的了解，也就是超度亡灵（佛教之血盆忏、道教之炼度）、驱邪打鬼（有特别需要时作法事以祈禳）、例行的节日中的仪式（如七月半的盂兰盆、四月八的浴佛节）。

其实，如果我们倒退回去一百来年，我们可以看到中国人的生活其实和现在很不一样，我们可以看到祖先的牌位被很恭敬地供着，人们的生活中，过满月、贺周岁、婚礼、丧礼是最重要的，人们的想法和行为，常常受制于很多现在看来是很不可思议的知识，比如择日术、占卜术，今天是否可以出门，今天可不可以动土等，人们相信很多奇奇怪怪的原则，像生病是因为虐鬼，小孩夜哭是因为鬼在作祟；人们会花很多时间去拜菩萨、到关帝庙求签、到城隍庙里进香。大家都奉行集体优先的原则，聚在一起居住，而且分出各种等级。那个时候和现在真的很不同，举一个特别有趣的例子，现在我们知道各种消息是由于电视、广播、伊妹儿、报纸、文件、书信等，可是在很多年前，村口大树下、妇女洗衣服的水井台、家族的祠堂等是消息集散的中心。可是，这些知识在我们的历史书里都没有，历史书里记载的都是帝王的政治活动、官员的智慧和道德，上层士大夫的生活和信仰。

这就是所谓的"大传统"和"小传统"的分别。

## 二、大传统与小传统

所谓"大传统"和"小传统"的分别，是美国社会学者雷德斐尔德提出来的，他在《农民社会与文化》第三章"传统社会组织"中说，所谓大传统和小传统，也可以叫做"上层文化和下层文化，正统文化和民间文化，学者文化和通俗文化，科层文化和世俗文化"。在所有的社会里，都有一种属于少数上层文化人的文化传统，叫做"大传统"，它是经过学院、寺庙的教育而形成的，哲学家、神学家、文化人的这个传统，是有意识培养和延续的产物，主要是通过有计划的设计过的教育而传播；但是，还有一种属于非文人的文化传统，它产生于日常生活，而且这种传统也没有人专门去培养和发展，它是自然生成的。

这个说法有一定的道理，在中国也大体适用，我们可以看得很清楚，至少离现在一百年前，确实有一个大传统，有一个小传统。

这个大传统，是由私塾、学校、书院的教育来传播的。现在受过新式学校教育的人可能会看不起私塾，虽然那些私塾先生很早以前就常常是文学讽刺的对象，比如讽刺有的私塾先生把"郁郁乎文哉"念成"都都平丈我"，鲁迅在《从百草园到三味书屋》里嘲笑先生摇头晃脑念"金叵罗"，但是，他们实际上在文化传播上是最重要的，这个大传统，就通过一些有财产有教养的家庭环境的影响，和上层社会的通行规则，逐渐建立起来，在古代中国，一个在这样传统里生活的人，从小就受家塾教育，从小就读经典，长大考经典，成人以后按照经典的礼仪规则参加社会活动，依靠书信、诗词往来的必要知识，就形成互相认同的一个阶层，他们的行为、举止、谈吐是他们互相认同的标志，这个传统的延续，也由一代一代的教育来保证，同时，他们还通过科举考试、婚姻关系，使这个阶层保持开放性和流动性。

而民众有民众的传统，我们不要以为民众没有"知识"，他们只

杨柳青年画《杨家将》，传达的是杨家将的"忠义"

是没有书本的、抽象的、学校教出来的"知识",实际上他们有另一套"知识"。这些知识构成小传统,而这些知识主要是通过以下几个途径来传播。

第一个是耳濡目染的经验。乡土中国在几千年里已经形成一些习俗和规则,像和谁亲,和谁疏,哪一类亲戚更重要,什么是父、母、妻三党,祖、父、子、孙等辈分应该谁尊谁卑,见了什么人该用什么态度,到了什么日子该做什么,特别是什么是高贵,什么是低贱,什么是荣耀,什么是可耻,什么是好,什么是坏等,一个人在家里、在乡里、在和小时就一起玩的同伴之间,就渐渐受到这样的教育,这种教育是无形的。

第二个是文化阶层的影响。就是这些不识字或识字有限的人,也会受到文化阶层的影响,比如会有很多识字的人来讲一些通俗的书,这些人如福建的"礼生"、北方的"乡秀才",他们在乡村是很被尊重的,古代中国乡村有一个好习惯,就是对读书人的仰慕和尊敬。很多关于宗教信仰的知识和道理,被记录在民间善书、皇历、家族规约等里面,有时,乡村的识字人会来宣传和讲说,也有一些人在乡村学校教书,在教书中间,不知不觉就把这些道理和知识传到了下层社会。

第三个是传统仪式的暗示。在农村的节庆日、祭祀日等时间里,大家看到,会有祠堂的仪式、婚姻的仪式、丧葬的仪式等,那些仪式就告诉人们祖先的重要性,而祖先的重要就意味着家庭的重要。家庭放大就是家族,家族是互相认同和互相支持的共同体。而仪式上的站位、先后次序,也传达了很多道理,比如男尊女卑、家族关系、父党母党、家族的中心和边缘、道德伦理的报应等。

此外第四个,乡村生活中很重要的,还有演戏听说书之类的娱乐活动,戏文、故事很有用,它们常常把最通俗也是最简单化了的伦理道德规则传达给大众。比如"四郎探母",其中就有家庭与国家、个人爱情和民族大义之间的大道理;"十五贯",就有关于偷盗等的因果报应问题;"隔江救阿斗",就传达了忠义的伦理。看了戏,人们就接受了这套知识和道理,就常常就会引用戏文说事,也会引用戏曲故事来教小孩子。

所以，古代中国民众的信仰世界，也就和上层的信仰世界不同。

## 三、不分儒、道、佛：混融的信仰

很多人可能都听说这样一个事情，统计起来，日本的宗教信仰者人数比总人口还多，为什么？因为他们一个人可以信仰好几个宗教，比如结婚的时候，到神社去，那么算是神道教的信仰者，可是日本人死后都葬在佛寺里面，又有很多人也相信天主教，时时到教堂里面去祷告、礼拜、忏悔。所以，算起来日本宗教信仰者的人数就超过了总人口。中国没有统计过，不过情况可能也差不多，从古代到现代，中国人就没有太清楚、太严厉的宗教界限，像中东的犹太教徒和伊斯兰教徒、爱尔兰的清教徒和天主教徒、伊斯兰教里面的什叶派和逊尼派这样彼此的分界，中国不大有。像古代大诗人李白，很多人说他是信仰道教，不过碰上和尚他也一样恭恭敬敬，有时候还要谈谈儒家的大道理；有人说杜甫是儒家思想的坚定信仰者，不过他也照样信仰佛教，信仰道教；像最激烈反对佛教的韩愈，其实也和大颠和尚很友好，没有那么立场坚定；苏东坡就更明显，他是儒也信，道也信，佛也信。

三教合一的众神像

古代中国皇帝也一样，他们常常是各种宗教都提倡，唐玄宗曾亲自注三部书，一部是《孝经》，一部是《金刚经》，一部是《道德经》；

南宋孝宗的《三教论》就说,"大略谓之以佛修心,以道养生,以儒治世,可也,又何惑焉",看上去完全是实用主义,一直到清朝的雍正皇帝,还认为"佛教治心,道教治身,儒家治世"。这很有意思,也很实际。当然,在汉族中国的民众中间,对于宗教更是不怎么区分,像这里给大家看的一些清代描绘众神的图像,就说明古代中国的宗教信仰是三教合一的,就像一句老话说,"他说是灯你就添油,他说是庙你就磕头",说得一点儿也不错。

简单地说,从古代中国到近代中国的知识阶层常常在各种宗教里面吸收他们所想要吸收的东西,建立他们自己的人生兴趣,一般来说,他们的宗教观念里面不太分别什么是佛教、什么是道教,大体上信仰的是这样一些观念和原则:第一,是关于"空"和"无"的本原思想,他们相信一切的终极本原是佛道所说的拥有无限性的无,或空空如也的空。第二,应当有淡泊的观念和自然的态度,这才是高雅的和超越的人生。第三,无论如何要服从忠孝为中心的社会道德观念,这样才能维持社会和家族的秩序。第四,他们也会相信善恶报应的天道观念,因为他们认为这种观念有助于秩序的维护。

可是,平民百姓信仰的观念和原则却不太一样。

## 四、信仰什么,祈求什么?

过去十几年里,我们对民众信仰常识做了一些调查,这些调查的结果很普通,可是恰恰说明它确实是很普遍的常识。

第一,信仰的目的是什么?

在这些信仰者里面,祈求保佑家人平安无灾的,占近两成,因为家人有病而祈祷病体康复的,占一成半左右;而有关生育,包括生男生女以及求子嗣兴旺的,占了三成半以上;祈求发财与生意兴隆的,约占一成;至于其他方面,比如寻找好配偶、企盼升学等,也大约占了两成。

这很能反映中国普通民众的宗教愿望,中国人都是在家庭、家族、

《百子图》　　　　　　　　　清代高密年画《五子夺魁》

家乡中生长，也是要在这些环境中寻找安全感的，所以个人的幸福、家人的健康、子孙的延续、家宅的平安，都是相当重要的，这是他们相信宗教的主要原因。过去，北京、上海常常有商人印行《喜歌》，就是唱给人听的贺喜歌，这种歌要唱到人的心里，很能反映人的愿望。这些歌曲唱的内容主要就是六类：贺登科、贺生子、祝寿、盖房、贺开张、娶亲。你就可以知道一般民众关心的是什么，古代中国人的几件喜事：洞房花烛夜，金榜题名时，他乡遇故知，你不能说这是庸俗的愿望，应当说它是世俗的愿望，这一点古今中外都一样，像日本神社中的绘马上，你可以看到人们主要就是乞求安产、升学、求职嘛。

第二，我们再来看一般民众关于宗教知识，到底有多少？

在我们询问过的这些人里面，读过宗教书籍五种以上的，一个也没有，读过宗教书一种的也只是百分之十二，有百分之八十几是一本书也没有读过的。那么，他们的宗教知识从哪里来？他们的宗教知识有多

赐福财神像两种

少呢？在我们对进山朝拜进香的佛教信众的调查中，大多数人对于佛教的知识仅限于知道如来佛、观音菩萨、弥勒佛，知道"念南无阿弥陀佛，有效验"、"大慈大悲救苦救难观世音菩萨保佑"、"某某庙（或某某神）灵验、有求必应"、"前世来世、因果报应"。而在相信道教的人里面，关于道教的知识似乎更差，大多数知道的神灵是玉皇大帝、太上老君、送子娘娘，甚至常常和佛教的菩萨、鬼神分不清。不过，在普遍都敬畏的神鬼中，人们最清楚的，是主管死亡世界的阎王（包括小鬼、牛头马面、黑白无常、判官、孟婆茶、奈何桥）。

第三，我们再来看一看宗教仪式与方法。

说起来，正规的，比如佛教的水陆大会、无遮大会、道教的罗天大醮等，大多数是官方的或上层人士的仪式，与一般民众无缘。而民众中间常常进行的佛道仪式有以下几类：第一类是超度亡灵的，就是丧葬或忌日请佛道教中人主持的法事，目的在于使死者在另一个世界平安，期盼他们能度过地狱中的苦难历程，更希望他们能够护佑后人平安，至少不要来骚扰生者。这在各地民间信仰仪式中占到大多数，常见的比如念《血盆经》（据说，女人生育时血污地祇，又以血污于河中洗濯，使下游人用此污染之水煎茶敬佛，所以在另一个世界要得恶报，但如果念此经，则可以消灾）、演目连戏（今之《宝莲灯》即出于此，演目连劈山救母出离苦海）、道教的水火炼度等，都是期望把死者救出地狱苦难。

第二类是宗族聚会、祭祀先祖的仪式，也有请佛道的，这在各地都很流行。第三类是日常的治病驱邪，这是最常见的，比如家中有人生病，要请法师"打鬼"，又如"见怪"（如蛇入屋、鸟粪淋身、母鸡鸣、雷击树、半夜鸡鸣等），也需要用方术驱邪避灾，又如"遇祟"，也常常会请人打醮设斋。

显然，这些都是针对具体生活中的困难和问题来的，没有这些具体的困难，民众一般不会主动花钱去请佛道举行仪式，古代中国的宗教信仰尤其是民间的宗教信仰是很实际的，他们不去分别佛教还是道教，也不需要坚持

清代年画中的送子娘娘

什么无功利的纯粹信仰，只是强调道德无亏，心里虔诚。像河南安阳地区流行一首《劝孝子》歌，里面就说"劝孝子，你听清，朝山拜顶枉费神。打什么醮，斋什么心，堂上现放二佛尊（指父母），你能在家孝父母，胜似出外拜金身"，又如关帝庙里常见的一副对联，也说"居心正大，见吾不拜又何妨"。甚至他们也不很强调宗教仪式和节日的神圣性和超越性，像家族祭祀时请佛道，常常有娱乐民众的意思，宗教节日常常也是农闲季节的商品交换场合、男女交往场合。但是，他们的信仰，

他们内心的虔诚和仪式的隆重热闹,是需要实际回报的,有求必应的回报就是他们信仰的目的。

## 五、民众宗教信仰的基本观念

刚才我说过了,在中国民众中间,对于宗教的深奥道理其实并不那么注意,很多民众是从生活实用方面来信仰各种宗教的,只要有用,就相信,要是太抽象太高深了,也没有必要去信仰。信仰是要付出代价的,要花钱,要用很多时间,进香、磕头,甚至花钱做功德,捐物造寺度人。所以,古代中国民众的宗教信仰,并不像一种想象中的、单纯而虔诚的宗教信仰,而是一些很实际的信仰。那么,在民众信仰里面,有没有很清楚的宗教观念呢?有的,用几个最常见的词汇来说,就是"诸善奉行"、"因果报应"、"有求必应",这三个词汇也许很普通,但是这里面却包含了中国民间对于佛教、道教以及其他宗教信仰的世俗性基础。

第一,在各种佛教、道教的寺观里,都可以听到"诸善奉行,诸恶莫作",这是中国佛寺、道院都常念的一个话头,这句话里的"善""恶"二字,包括了宗教伦理的全部内容,也包括了宗教伦理思想的核心即价值观念。

世界上所有的人也许都会知道不要作恶而要行善的道理,但是,什么是"善"什么是"恶"呢?在中国的宗教里面,很有趣的是,社会伦理道德原则,基本上是儒家的领地,佛教也好,道教也好,最后都是用儒家的是非善恶标准。特别是元明清以后,佛教与道教的社会伦理基本上全部是以儒家伦理为基础的,从古代的善书,到现在还十分流行的宗教宣传品中,我们可以看到,所谓"善",常常指的是孝顺忠诚、重视亲情、勤俭自律等,所谓"恶",常常指的是犯上作乱、鱼肉乡里、荒淫贪婪等。也就是说,在人际关系上是以血缘亲情为基础的,在个人质量上是以谦让和睦为目标的,在日常生活上是以勤劳节俭为标准的。

第二,由什么来判定人的"善"和"恶"并使人的"善"和"恶"

得到监督呢？中国民间凡是信仰佛教、道教的人都会提到的，就是"因果报应"，如果说，"善"和"恶"的伦理原则是根据儒家思想来规定的，那么，监督和保证这一伦理原则被大家所遵守，则要靠佛教与道教，这种监督和保证最有力量的，就是"因果报应"的想象。从古到今，佛教、道教都在宣传一个天堂或仙境，把那里说得多好多好，美丽极了，也幸福极了，可是，同时它们又在渲染一个恐怖的世界，就是地狱，那里有阎王、北阴酆都大帝，有很恐怖的刑罚，有刀山剑树，有斧劈锯割。佛教和道教在其最通俗的宣传中一直在传播这一"善有善报，恶有恶报"的说法，比如佛教，从初入中国时的安世高译《十八泥梨经》、康巨译《问地狱事经》以来，关于善者所去的西方极乐世界和恶人所堕的地狱恐怖世界的故事，就成了世俗生活伦理的象征性意象，《阿弥陀经》《无量寿经》对于净土的描述，以及《经律异相》卷四十九、卷五十，《法苑珠林》卷七里对地狱的描述，都使得人们不能不对自己的世俗行为有所约束。

钟馗像

这成了后来中国民间的普遍信仰。过去各地的城隍庙里常常有一副对联，说"善恶报施，莫道竟无前世事；利名争竞，须知总有下场时"，就是说，你不怕活着的时候遭到失败，你怕不怕死后那个奖惩很严厉的世界的报应？近代民间流行很广的、关于死后地狱的《全图十殿宝卷》里就有一段说，"天理昭彰有报应，黄（皇）天不负善心人"，"善人投胎阳间去，恶人地狱哭悲伤"，过去汉族中国民众大都相信，即使人间有不平，阴间也会有公平，这一世不能看到公正的结果，下一世也一定可以看到公正的结果,"善"和"恶"的心理和行为会得到应有的报偿。你看有名的《六月雪》,就是《窦娥冤》最后一出,六月天下了雪,里面有一段就唱,"因何故,六月间,大雪满天,想必是老天爷,感灵来显,观见我,窦娥女,遭此深冤",人间不公平,但是阴间总有正义,这就是"因果报应"的信仰在戏曲里的寄托。

第三,在大多数民间信仰者那里,佛教和道教都宣传"有求必应"的思想,它对于信仰者是一个许诺,佛教宣扬念佛号、拜菩萨的效应,道教宣传拜神求仙的好处。在民众中,凡是有效验的神庙、寺院,香火会很兴盛,很多人会不远千里去朝拜,这一方面是宗教必须的承诺,一方面也是民众的期望。过去西湖边上有个送子观音院,就有一副对联说,"我具一片婆心,抱个孩儿送汝;你做百般好事,留些阴骘与他",就是说一报还一报呀。清代小说《歧路灯》第三十八回里面就说有人刻《阴骘文》,读书人惠养民表示反对,说里面宣传异端,是"先图获福,才做阴功",不是真正信仰,可是,普通民众根本不理你那一套,还是相信这些报应,还是相信"有求必应",所以还是要去求神拜佛。民间信仰者人人会念的"神仙显灵"和"菩萨保佑"一类的口头禅,反映了宗教在中国民间的入世性质和中国民间信仰者的实用心理。

人们出于实用心理信仰宗教,宗教也只能由实用的结果来维持信仰。

## 六、民众宗教观念的传播

前面我们说,大传统是由教育与阅读得来的,那么,小传统是自然的,由耳濡目染、生活经验自然传播的。不过,在中国民众信仰世界,还是有一些渠道的,前面我们说到了,这里再重复一下。

首先要注意固定的寺庙法会及临时性的民间法事。这里所说的"法会"和"法事"在中国民间生活中曾是极为常见的。前者如四月八之"浴佛"、七月十五之"盂兰盆",道教正月初九的"玉皇诞"、正月十五、七月十五、十月十五的"三元节",都会举行各种大的仪式,演戏、念经、说法等。后者如家庭办丧葬之事，就要请和尚道士来念经、礼忏、步虚、踏斗。在这些法会及仪式中，不光有很多吸引人的表演（像湖南的踩火砖、上刀山、滚油锅、喷火、斩鬼；像阜宁求雨时，请黄灵官、李将军、宋太尉出场表演；香港的洪圣诞，也要演粤剧，如八仙、送子等），还包含了宗教的很多伦理道德思想，比如说在俗称"放焰口"的活动中，一方面供鬼神，一方面祭亡灵，在祭祖先亡灵的活动中，关于血缘的伦理思想，比如"孝"、"悌"，以及"轮回"、"报应"等宗教意识，就自然而然地传达到了参与者的心中。在佛教最大的仪式"水陆道场"中，有"礼忏"这一节目，这使得参与者要对自己的行为进行反省，在反省过程中，就必然要拿宗教的伦理准则作为衡量的尺度，在回忆中将自己所作所为的"善"与"恶"梳理一遍，这样，"诸善奉行，诸恶莫作"，以换取来世的或现世的福祉。

所以，我们不能小看这些仪式，这些仪式会给观看的人和参加的人很多知识或者暗示，告诉他们很多道理，比如善和恶、死后的惩罚和报应、未来的幸福和希望等。在广东东莞与香港元朗地区，宗族祭祀仪式上都有"建醮"，就是道教祭神仪式，但四天五夜的"建醮"中除了道士"打鬼"、"祭星"、"除邪"之外，还有演戏，像元朗建神棚中，供奉了关帝像、妈祖像、如来、二帝，以及当地的邓氏主神。祭祀的时候，会发金花榜告示三界（天地人），"敬为十年惠泽，家家享无事之天，户户沾有缘之福"，然后由剧团演出，剧目中有各种教化的戏，福建南平的宗族祭祀，甚至还要加演《英雄儿女保江山》《林冲》，而潮州则加演《贺

包公戏曲传达了对公正的期待

寿大送子》（送子娘娘闹剧）、《花好月圆》，在观看这些仪式和戏剧中，民众其实渐渐接受了很多宗教的观念。

上面提到了演出，其实，通俗性的善书、善歌及渗透了佛教伦理思想的民间文艺形式（如说书、评弹、演剧），在传播宗教观念方面是很重要的。在近代中国民间，能够自己阅读宗教经典并理解宗教思想的人数是极少的，就像我们前面的调查所表示的，一般老百姓对于宗教的了解，常常要通过那些通俗化的形式才能得到，例如唐代流行的说唱（俗讲）、元明出现的劝善歌词（宝卷），清代民间常有的社戏、祠堂戏。民国二十三年（1934年）《河南获嘉县志》中就说，"乡人历史知识大都自戏剧中得来"，社会上很受欢迎的文艺表演，像说书、评弹、戏剧等，常常也充当了宗教思想传播的渠道，像流传已久的"目连戏"、"西游戏"、"跳无常"等，就将诸如"报恩"、"还愿"、"阴骘"等观念输入了人们的思想，成为一些人的"童年经验"。

最后要提到的是，一些寺庙或道观中常备经文中的教义，及其中的伦理思想也会影响民众。在中国大陆及香港、台湾的寺庙道观中，尽管宗派并不一定相同，但所念诵的经文却往往相近，教导信仰者的基本经典也大体差不多，我们曾经了解过一些信仰者平时所念诵的经文，发现大多一致，比如现有几种大陆、台湾佛寺出售的袖珍经卷，也并无不同，都是《药师本愿经》《法华经·普门品》《心经》《金刚经》《阿弥陀经》等。而道教的宫观里，多卖一些《太上感应篇》《关圣帝君觉世真经》《阴骘文》等。包括一些资深的信徒在内，他们真正能够阅读和理解的经典是很有限的，这些有限的经典中关于世界本质与生活目标的"一切皆空"论、关于幸福与苦难的"三世轮回"、"因果报应"思想、关于社会道德与世俗行为的"善"、"恶"标准，常常就在这些比较虔诚的信徒平时看似无心的经文念诵中，对他们进行了潜移默化的影响。

# 第十二回

## 从风水说到阴阳五行

### 引子：从风水说起

凡是有华人的地方，很少有不讲究风水的，商人建楼要讲依山傍水和四至朝向，平民葬亲要请风水先生相阴宅，做官的选办公室，也要挑挑拣拣，看看是否犯煞，是否旺财，是不是需要用什么冲一冲。就连贵为皇帝也一样，明清皇帝选皇陵，就是要挑选能够使皇族兴旺的龙脉，这种想法流传很广。

这就是风水，风水也叫做"堪舆"，两千年前的《史记·日者列传》《汉书·艺文志》里面就有堪舆的名称，据说有一次为了汉武帝问某天可不可以娶妇的问题，一大批占卜专家议论纷纷，五行家说可以，堪舆家说不可以，建除家说不吉利，丛辰家说大凶险，历家大概是根据历法说不太凶，天人家却说小小吉利，而太乙家按照太乙之法说大吉大利。这里说的堪舆家，大概就是根据天地变化来预测祸福的人。许慎，就是作《说文解字》的大学问家解释说，堪是天道，舆是地道，所以它是上观天文，下知地理的大学问，至于为什么叫风水呢？《地理新书》卷一解释说，"出处为水，入处为风"，观察阴阳宅地，就得看水脉、风路，要使这个房子或者墓地，能藏风、能得水，得水就能够有活路，藏风就有生气，活人也好，死人也好，没有水、没有气怎么成呢？所以叫做"风水"。

这门学问，有时候还叫"青囊"，这是用的典故。传说，晋朝的郭璞是这一行的开山祖宗，史书里说，他是从一个老人那里得到这门知识的，老人从青囊里拿出九卷"武林秘籍"给他，由此他通晓玄机。后来，他的弟子还想偷这些秘籍，但是偷到手还没有来得及读，就被天火烧了，就是说这是神授天书，你不该看就不能看，偷了也是白偷。当然，这门学问还叫"相宅"或者"卜宅"，道理很简单，因为这就是给活人和死人找可以保佑将来能够发达的住处的，活的是阳宅，死的是阴宅。

## 一、风水之源

风水的理论和方法是什么时候开始的，说不清楚，但肯定很早，它可以分为两个来源：一是"数"，和阴阳数术有关，可能是"堪舆"的一系，汉代有《堪舆金匮》书；一是"形"，和形势地理有关，汉代也有《宫宅地形》等，可能可以叫"形法"。前一种情况，大家看北京大学教授李零的《中国方术考》；后一种，有人认为与南北朝时代的风景爱好有关，其实更早，打仗的人懂得"兵形势"、"兵阴阳"，"形势"就是所谓"形法"，东汉大学者班固解释说，"形法者，大举九州岛之势，以立城郭、室舍形……以求其声气贵贱吉凶，犹律有长短，而各征其声，非有鬼神，数自然也"，也是很早就有了的。不过，这里说的"形法"还是观看整个大形势，像一个地区、一个城市，不是一个小山头、一个小村庄，不过，随着这门技术渐渐进入民间生活，看大形势的城市设计师变成跑村串乡的风水先生，就不能专看大模样了，也得"深入生活"。到了汉魏以后，可能是中国北方的人口在东晋时代渐渐向南迁徙的缘故罢，南朝的时候，这类著作确实渐渐多起来了，据说这是因为在山多水多的南方开垦、卜居的需要。

把"形"和"数"合起来，就有了风水的基本内容。"形"是看房屋、墓地的朝向、位置、大小、形状，以及它周边的水脉山势等外在的空间。"数"是根据一套精细的理论，看看房屋、墓地与阴阳五行八卦九宫二十八宿等的配置关系。

那么，最早的风水书是什么样的呢？很遗憾，我们说不清楚，因为长期以来渐渐丢失了。现存最早的相宅书，还是考古重新发掘出来的，就是睡虎地第十一号秦墓《日书》中的一篇，杜正胜把它命名为《睡虎宅经》，因为其中讨论到内即内室、井、庑即廊房、门、仓、厕，水渎即出水口、池等。不过，从这个文献看，好像理论还不那么复杂，各种配置关系也还没有那么讲究。后来渐渐发展，有了各种各样的人加油添醋，增订删改，就面貌大变，到了敦煌本 (p. 3865) 唐代的《宅经》（今本《黄帝宅经》上卷即本此）、宋代的《重校正地理新书》（有 1192 年张谦序）、明代万历年间王君荣编《阳宅十书》等，就越来越复杂和麻烦了。

## 二、想象大地：风水的思想背景

古代中国有所谓的三才说，三才就是天、地、人，这三者有一些很微妙的对应和呼应关系。天上有风，地下有水，人也有经络气脉血流，据说，地和人一样，有"生气流注"的脉络，这种脉络也叫龙脉。古代中国人认定从昆仑山延伸出五条龙脉，在中国这个空间，就有三条大龙脉（三大干），源自昆仑，分为北条、中条、南条，向东延伸。

每个地方也都有自己特别的龙脉。这个具体的龙脉怎样寻找和确定呢？按照一般的说法，可以分为四大要素叫做"龙"、"穴"、"砂"、"水"，当然，阳宅或者阴宅所处的形势，一般来说，要背山面水，这叫"负阴抱阳"，这是最基本的，大体上，北方属玄武，背后的山要略高，要有丰茂的树木；南方朱雀

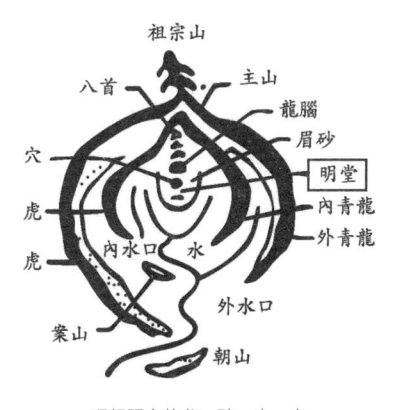

理想阴宅的龙、砂、水、穴

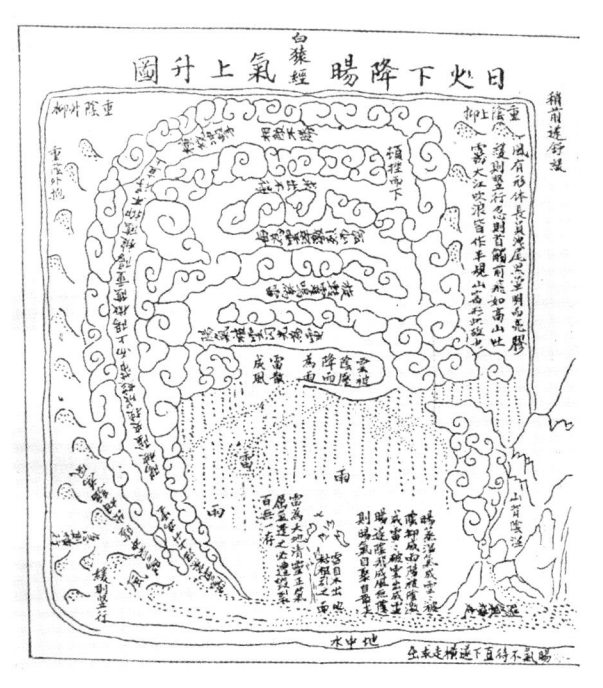

风水书《白猿经》中的风水示意图

要开阔，如果是宅子，最好有月牙形的池塘，如果是村庄，最好有弯弯的河流，而且对面远处最好还有"对山"，从背后的山到对面的山，中间穿过阳宅、阴宅或村庄，成为中轴线；而两侧东西的青龙白虎，最好也要成为对称的屏障。具体说来，第一，背后的山势走向要像龙身一样，有起伏的曲线，构成一个连贯的脉络，据说这不仅象征着祖先到子孙的脉络延绵，且就像人的血脉一样运行无碍，在背后屏蔽的那座主山就叫"镇山"，又叫"来龙"，以石头为骨，土为肉，水为血，草木为皮毛，不能有缺陷，山的形状还要比较阔大，这一要素就叫"龙"。第二是"砂"，就是说周边环抱的山水形势和主山要相配，风水术中间讲究砂法，有种种象征性的说法，比如锦屏、三台、宝顶、华盖、笔架等。按照传统的观念，主山是君，环抱的群山是臣，就得讲究君臣配合，好像中医里面抓药讲究"君臣佐使"一样，一般群山要小于主山，所谓"近而小，案山也，远而高，朝山也"，就是说近处的山彷佛是几案，远处的山彷佛是来朝见。第三，选择阴宅也罢，阳宅也罢，都要注意水势，"未看山时先看水"，水是一地的生气血脉，除了要注意水脉的弯曲环绕之外，还要注意水和山的相配。第四，还要看一地的"穴"，所谓"穴"，当然是一种从人体出发的比喻，就像中医里面的"穴位"一样，是生气血脉凝聚的一点，从这一点常常可以激活或者抓住全身，风水理论里面讲，这是"山水相交，阴阳融凝"的地方，就是龙、砂、水的聚合点，好像画龙点睛一样的地方，又好像平衡的焦点所在。比如你要观察背后来龙山的走向、门前水流的弧度、两侧山的形状，综合起来找到一个结合点，如果后山山形略偏，则选择建阴宅的穴位就要随之而偏，使其中轴线调整，如果是城镇或村落，则要把祠堂或明堂建在能够调整四周山水形势的中心处。

　　以上说的，当然多风水的理论而少风水的方法，而且这只是简化了的理论和方法，真正看风水的方法复杂极了，不光看形势、配五行、观察龙脉水口，而且还要下合九宫、上配星辰，这里没法一一细说。不过，任何理论和方法常常就是从简到繁的，而我们了解它呢，就得倒着来，有一句话叫做"以简驭繁"，就是"提纲挈领"，只要抓住纲领，就"纲举目张"。看起来风水理论很复杂，但实际上大体上都是一个原则。即内形看房屋或墓地的形状，外形看居宅或墓地与周围山水形势的配合，然后根据阴阳五行的原理，测定其对居住者的祸福。传说是明代初期有名的刘基写的《堪舆漫谈》说得很简明，他说，"堪舆要领不难知，后要岗来前要溪。穴不受风堂局正，诸般卦例不须疑"，"诸般卦例

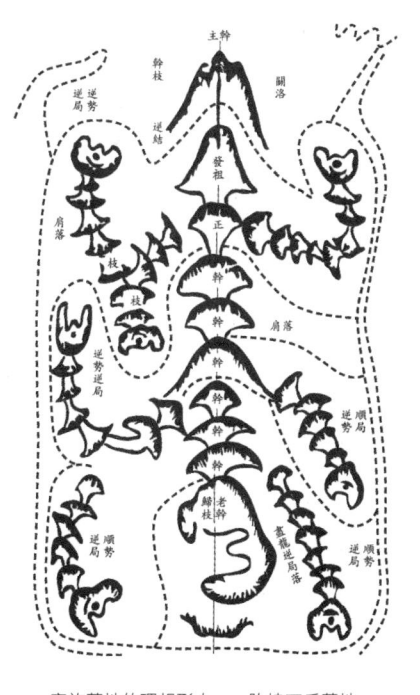

家族墓地的理想形态——陈埭丁氏墓地

不须疑,穴正龙真便可处,水不须关有案拱,绵绵瓜瓞与人期"。其原则就是这样简单。当然有时候它还受到山水观念和风景爱好的影响,有人指出,对于风水先生来说,他们看到的好风水,并不是一般人看到的山水之美,它对于山势的延展、远近、大小、形状,对于水的流动、离合、远近都有不同的理论。风水观念中理想的空间是什么呢?大体上说,就是后面有屏障,左右有依靠,前面有流水环抱,远处有案山、朝山呼应。

### 三、儒者与风水

风水在中国民间很流行,可是它在上层社会一直很受鄙薄。中国古代理性的文人很多,他们总觉得这些东西是孔子所瞧不起的"怪、力、乱、神",尽管这种风水术的背后有很多中国的道理,尽管这些道理也是为中国的家庭、家族组织所用,但是他们还是觉得,第一,现世的政治秩序更重要,第二,做人的伦理道德更重要,第三,内心的自觉更重要。所以他们希望凭着政治伦理道德的修养和知识,得到个人、家庭和家族的幸福,而不应当靠这些东西,这些东西会使人心存侥幸。所以,对于风水他们有三种态度,一是怀疑和批判,像东汉的王充,就对风水相宅很怀疑,比如相阳宅中,门的方向很重要,他就质疑说,门重要,为什么厅堂不重要?如果你看他的著作《论衡》,里面就有很多这类的批评。二是敬而远之,像嵇康写《难宅无吉凶摄生论》,就对吉凶宅相很怀疑,他说,药可以治病,可以看到验证,所以君子可以相信,但是"宅之吉凶,其报赊远,故君子疑之",很怀疑它的真实性。三是尽量改造,唐代的吕才看到有人用郭璞的《葬书》骗钱,就批评人"如使吉凶,拘而多忌",所以他自己也搞一些关于相阴宅的文书,用埋葬的日月选择、安葬的吉凶、五姓不同的选墓,来纠正专门选择山岗流水处这类弊病。

这些态度很有意思,可是私下里也有人对风水暗暗好奇,甚至也有上层人士公开表示相信,因为对于阴宅、阳宅关系人的命运的说法,来源很久了。《南史》卷五十三记载了一件事，梁武帝的丁贵嫔，即昭明太子萧统，及后来的梁简文帝共同的的母亲，她去世后，昭明太子让人求得一块很好的墓地，正准备去除草，有一个人通过太监来卖另一块地，太监就对梁武帝说，这块地比太子的更好，梁武帝就同意了。可是据说下葬以后，有一个道士就说，这块地并不好，特别是"不利太子"，如果用法术，也许还可以免除灾祸，所以太子"乃为蜡鹅及诸物埋墓侧长子位"，但是此事被一个叫鲍邈之的人告发，梁武帝很不高兴，就把道士给杀了，而太子也因此不得梁武帝喜欢。

这个故事说明，这种关于墓地和命运的说法，上层社会中，像编了《文选》的萧统那样有文化的人都相信，可见没有多少人能够抵挡预知未来命运的诱惑，在不可知的未来的压力下，就是有理性传统的文化人，也只好对这种知识和技术网开一面。像北宋仁宗就让司天监的官员编修有关"地理"（不是现在的地理学）的官方著作《重校正地理新书》，而作序的就是当时赫赫有名的翰林学士王洙。后来的大理学家程颐、朱熹、陆九渊等，也对看风水、相阴宅的说法，既表示有限度的赞成，又试图努力往"气"（气之厚薄与富之盛衰）和"道德"（孝敬之心的表现）方面引导，让这种知识更加理性化一些。所以，宋代虽然有像司马光《葬论》和《言山陵择地札子》那样，反驳朝野流行的选择葬送时日和查看山水形势并相信这些会对子孙福祸有影响的言论，但还是有很多士大夫对这种东西睁一只眼闭一只眼，甚至有的理学家对此还甚有兴趣。比如南宋绍熙五年（1194年），为宋孝宗选择陵寝之地，一个叫赵彦逾的官员觉得原来选的地方不好，因为土浅肉薄，下面五尺就有水石，两个当权的大官赵汝愚和留正意见不一，而六十五岁的朱熹就为这件事情上了《山陵议状》，说皇帝的陵墓应当好好地寻找"吉土"，所以不要着急，要"广求术士，博访名山"。虽然朱熹在和弟子的议论中，说不要固执"山是如何，水须从某方位盘转，经过某方位，从某方位环抱"，但是他还是觉得应当尽心尽力去找好地方。我想，正是在士大夫这种集体的态度暧昧和默认中，风水术才能够在民众生活里面存在，并且越发盛行了。

## 四、降而为风水先生

风水形成虽然很早，但到了唐宋以后，风水观念好像越发流行，风水理论也渐渐完备，风水书也多起来了，这是为什么？

简单说，到了宋代，天下比较安定了，城市商业越来越发达，书本印刷也越来越方便，政府也鼓励和提升文化人，而且文武学、宗学、京学、县学这些官方的学校之外，到处都有乡校、家塾、舍馆、书会，还有最兴盛的书院，这使得读书人越来越多。美国学者贾志扬（John Chaffee）曾经统计过，说宋代成年男性中的百分之三点二会参加科举考试，北宋大文人苏辙《上皇帝书》里面就说，现在农工商贾的后代都不守旧业去当读书人了，他担心这种情况愈演愈烈，天下没有人从事生产，而且他也指出，这些读书人不管家庭，到处游荡，真是麻烦。

读书人多了，就有了出路的麻烦，科举考试比现代的大学考试要难得多，要想在千军万马中冲过科举考试的独木桥，那是难上加难。很多从小读书的人，到了成年，无法通过科举这个充满荆棘的大门，就只好另谋出路。南宋袁采（约1140—1195年）编的《袁氏世范》就说，士大夫的子弟，如果没有世代相传的产业，当然只好去读书，可是读书人里面大多数不能通过考试成为文人和官员的怎么办呢？他说，可以"开门教授以受束修之奉"，就是当中学老师啦，还有更多的连中学老师都当不了的怎么办呢？他说，一是可以"事笔札，代笺筒"，就是帮人写信谋生，二是可以"习点读，为童蒙之师"，就是当小学老师，再不行连这都混不上呢？他说，那就"医卜星相，农圃商贾"都可以做。这后面说的医卜星相里面，就包括当风水先生。元明清几代里面，真的有很多读书人就成了风水先生，大的替皇帝、贵族安排官邸府第、祠庙陵墓，甚至设计城镇布局，小的帮民众相家族和家庭的阳宅阴宅。还有一些读书人和学问家，写了一些风水地理的著作，像明代项乔有《风水辨》，清初陈确有《葬书》《地脉论》等。明代一位有名的文人金瑶，就说他的一位精通风水的同乡朋友吴乐山很了不起，他说，地理之学（就是看风水）有三到，一是心到，二是目到，三是足到，好像我们今天说的

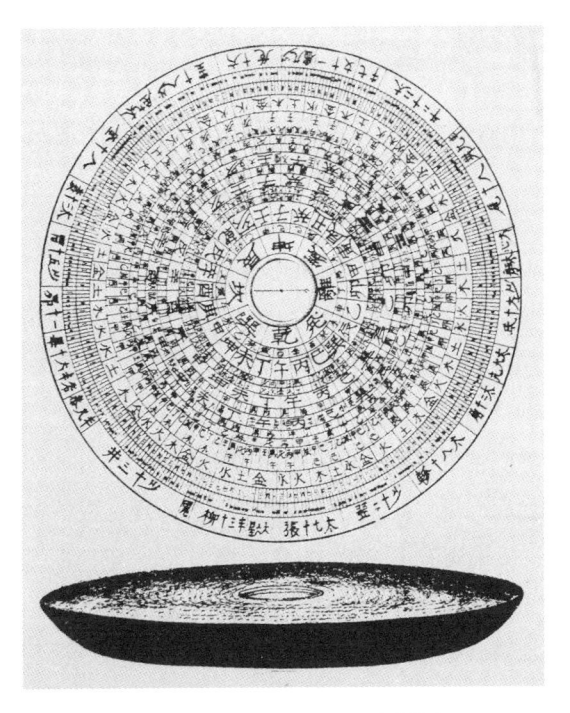

古代的式——风水先生的工具罗盘的前身

要用心思考，要勤于观察，要多跑多走，吴乐山在这三方面都很有造诣，所以他看风水很出名，还写了一本书叫《三到心法》，对龙、穴、砂、水四法有特别的心得，完全不是普通世俗的风水先生。

其实，就算是普通的风水先生，也并不丢人，毕竟还是"先生"，在古代能叫先生的，一定是有特别本领的人，在中国乡村能看风水的，多是对乡村影响很大的乡秀才一类的下层知识分子。说起来，看风水也是一门很专门的技术，本来这门技术也是大学问，它背后有很深刻的知识背景，就像东汉大史学家班固在《汉书·艺文志》里面引西汉末年刘歆的话说，"方技者，皆生生之具，王官之一守也"，什么意思呢？就是说，这些看病、抓药、念咒，也包括这些风水堪舆的东西，本来也是人类生存的必要工具，原来也是官方需要派专人学习和传授的知识。

## 五、阴阳五行，为什么是阴阳五行？

那么，前面说的这门技术背后的大知识背景是什么呢？就是阴阳五行。

《红楼梦》里面有史湘云的丫头翠缕说的一段话，可以说明中国人对于阴阳的知识真是深入人心，她的话大意是，天底下的什么事都有阴阳，树叶正面是阳反面是阴，砖头上面是阳底下是阴，连个蠓虫儿也分公母，有阳有阴，而人里面呢，主子是阳，奴才是阴，也分得出阴阳。这大概是"普遍常识"，像现在的中国人，就能凭着感觉，把好多吃的食品分出上火的阳性食品和去火的阴性食品。

阴阳的观念起源很早，至于早到什么时候，现在说不太清楚，至少在周代就有了。传说周幽王二年，发生大地震，一个叫伯阳父的人就说，周王朝将灭亡了。为什么呢？他说，天地阴阳之气是不能乱的，一乱就要发生问题，地震就是因为"阳伏而不能出，阴迫而不能烝"，现在三川地震，是阴阳失调。果然后来西周就灭亡了。这个阴阳贯穿整个自然，也同样贯穿社会和人。人也有阴阳，这不仅仅是说男和女，对应了阴阳，就是一个人的身体内部，也有阴阳的问题，阴阳要平衡，不平衡人就会死亡，《左传》里面就记载公元前541年，医和讨论晋侯之病，就说过阴阳是"阴、阳、风、雨、晦、明"六气中的两气，它上和自然气候变化相关，和四时（春夏秋冬）对应，下同人的生理相关，过了头就会成灾，"阴淫寒疾，阳淫热疾"。特别是，古代中国"阴阳"概念，绝不会仅仅停留在寒热晴雨等具体事物和现象之中，而是贯穿了其他感觉上相近的所有的现象和事物，把自然、社会、人的所有东西都按照阴阳分配，这就是所谓的"物生有两"，两两相配，所以《左传》说，一切都有"清浊、大小、短长、疾徐、哀乐、刚柔、迟速、高下、出入、周疏，以相济也"，也就是《国语·越语》里面说的"因阴阳之恒，顺天地之常"。

至于五行，也一样起源很早，以前，顾颉刚先生就说"五行是中国人的思想律，是中国人对于宇宙系统的信仰"。在最早记载五行的《尚书·洪范》里面，五行就是金、木、水、火、土，这五行有五种性质，水是滋润向下，火是炎热向上，木有曲有直，金可以制皮革，土则适于种庄稼，而且它们也各有各的味道，水偏咸，火偏苦，木偏酸，金偏辣，土偏甘。渐渐的，五行就像阴阳一样，开始贯穿各个领域了，比如，它和大地的五方（东南西北中）、色彩中的五色（青赤白黑黄）、天上的五星（金木水火土）、五声（宫商角徵羽）等相联系，甚至传说里面，古代还有配合五行的五方神，这就成为了一种宇宙观。大家有兴趣，可以看《左传》昭公二十五年引子产的话，他就说五行是来自自然的，是符合天地的，所以叫"则天之明，因地之性，生其六气，用其五行。气为五味，发为五色，章为五声……"

这种阴阳和五行的思想，后来结合在一起，就成了古代中国认识一切现象的宇宙观。当然，后来的阴阳五行思想，比起我们说的要复杂多了，它不仅加上了更复杂的"数"，像八方（或者八卦、八风）、九宫、十二辰（或者十二月）、二十八宿等，而且深入古代中国人生活的各个方面，包括医疗保健、政治军事、天文地理。因为古人想象，宇宙既然是一个彼此相连又和谐的整体，而且把天地人鬼贯通起来的就是气（一）、阴阳（二）、三才（三）、五行（五）、八方（八）等基本要素，宇宙间万事万物就有共同的存在方式，天地人鬼之间也有可能发生神秘的但又是必然的联系和感应。方技、数术基本上就是根据这一思想而产生的。其中大家最熟悉的可能就是中医了，当阴阳和人的"气"、五行和人的"五脏"联系起来的时候，它就进入这个宇宙观念里面去了，大家如果看《黄帝内经》就会知道，里面观察、分析、判断和处理人的生命、健康的支配性观念，不就是阴阳五行吗？

### 六、"相其阴阳，观其流泉"

风水之学，其基础也就是阴阳五行的一套，起源也很早，《诗经·大雅·公刘》说，周族的祖先寻找栖息地，就"相其阴阳，观其流泉"，本来阴阳就是山南山北、水北水南的意思，阴阳两个字都从"阜"这个偏旁，阜就是小山嘛。

风水就是这么渐渐发展起来的，也许最早的时候，它只是为活人寻找一个适于生存的空间，为死人安顿一个合适的地方，观察的主要是自然环境，但是，渐渐地它就有了各种各样的附加意义，其中两点最重要：第一点是它有了关于吉凶的实用意义，也就是要考虑，活人的阳宅合不合阴阳五行的规矩？如果不合规矩，吉利不吉利；死人的阴宅是否能够得到自然天地的配合，使死去的人安稳，使活着的子孙幸福。所以就衍生出来种种神秘的"形"和"数"，之所以神秘，一来是它确实和天地之大道理有关，不是一般人可以懂得的，二来是它也要成为一个由某些有专业知识的人掌握的"专利"，不能变成"家为巫医、人能通神"的混乱局面。第二点是它有了审美的意义，你看，无论是人找阳宅还是阴宅，最好都是找风景秀丽、草木葱茏的地方，随着风水择地观念的普遍，墓地、村落、住宅都渐渐有了风景的配合，后来的风水书里面就说，如果"气吉，则形必秀丽，端庄圆净，气凶，则形必粗顽，欹斜破碎"。所以有人就说，风水知识和中国的山水观念、山水画，有很大的关系。

顺便介绍一下，最早的风水书之一，就是有名的《葬书》（或名《葬经》），这本书传说是晋代大学问家郭璞写的，郭璞注过《山海经》，是很博学的人，目前无法确认这部书是否真是他的作品，不过，大体上我们都相信它是六朝时候的著作，它是风水这一行的古代经典，也是确定风水背后的哲理的书。后来这本书很流行也很权威，不过，也有很多人把风水流行的后果算在郭璞的身上。宋代人罗大经说，很多人迷信郭璞的这本书，为了追求吉利的墓地十几年都无法把死人下葬，也有人家，已经下葬了，觉得不吉利，于是又挖开另外下葬，一葬再葬，有埋下挖开三四次的，甚至还有人为了买好的地而打官司的，因为听了不同风水师的话，骨肉互相成为仇人的。他说，这都是郭璞造下的罪过。

## 七、在历史中看才是公平的

一般来说,古代中国的读书人,就是我们说的士大夫或者精英分子,多数不怎么相信这些风水的说法,像北宋的司马光就批评说:"世俗信葬师之说,既择年月日时,又择山水形势,以为子孙贫富贵贱。"他觉得,这样的迷信,一是风水说法不一造成争论不已,二是搞得已经去世的亲人久久不能入土为安,三是让很多愚昧的人把希望寄托在这上面,对于社会来说是很不好的事情。所以,尽管我们前面也说有很多知识人对风水有兴趣,不过,这毕竟是少数,而且是私下里的,司马光这种看法则代表了主流。中国传统的知识分子里面,这种理性倾向还是很强烈的,何况中国古代知识系统,总是把道德与政治放在首位,对这种东西不很重视,所以风水在古代中国,还是属于边缘性的、民众生活世界的知识。这种旧传统,在近代以来又加上新传统,即西方的科学知识传进中国,形成了一个科学主义的信仰传统,这更使风水技术,以及风水技术背后的阴阳五行观念背景,失去了它的合理性。从晚清到民国初年,我们看到,对于风水的批评几乎不断,而且极其严厉,一般来说,就是指责它违背科学。

它确实不符合科学。可是,我们今天却要从历史角度来评价它,第一,它是源于古代中国知识世界的一种知识和技术,它在古代中国历史中,在那个知识世界里面,是应当可以得到合理解释的,也就是说,它是从那个基础上正常地生长出来的。第二,古代中国的知识世界,也就是以阴阳五行为基础的知识世界,可能是需要同情之理解的,因为它有可能是另一种观察世界的角度,它构成了和西方现代科学不一样的知识体系,有其历史合理性。第三,在现代西方科学之外,有没有一些可以得到认同的知识对于人类是有益、有效的?西方科学是否已经终结了认识的历史?如果没有,那么,古代中国阴阳五行这类知识,是否还有其意义?比如中医在阴阳五行基础上的、至今有效的诊断、预防和治疗技术,岂是一个"科学"或者"迷信"可以概括的?

也许我们可以从里面寻找一些资源?也许我们可以从中体会古人的

思想？现在已经有人把风水与中国的建筑、中国的空间观念联系起来讨论，试图从里面找到一些启示了。而我们在这里，是希望各位懂得一个历史学的道理。即把一切放在历史里面看，人们便更容易对古代有确切的理解，也更能够体会古人曾经拥有的智慧，而不至于有现代人对古代人无端的和盲目的傲慢。

# 结　语

## 文化，什么是中国的文化？

### 引子：从"古代"走到"现代"的中国

生活在现代中国的人，当然要了解现代中国的事情，不过，要了解现代中国，可能还是要知道传统的中国，西方人有一句名言，叫做"过去即一个外国"（The past is a foreign country），那么，为什么要了解过去或外国呢？其实所谓了解"过去"也好，了解"外国"也好，都是为了了解"现在的中国"。道理很简单，因为你不知道那个过去的中国，你就没法知道现代这个中国怎么个现代法，不知道外国有什么和我们不同的文化习惯、风俗特点，就不知道中国的文化习惯风俗哪些是"中国"的，这就像你不拿个镜子不知道自己什么样，不看另一个人就无法知道自己是高是矮是胖是瘦一样。这就是歌德说的"只知其一，便一无所知"（He who knows one, knows none）。特别是，现在的中国，毕竟是从传统的中国延续过来的。

如果可以回到百年以前来看中国，你就会看到，那个时候的中国，和现在的中国大不一样。举几个例子，人们读的书不是休闲杂志、计算机书籍、报纸漫画，主要还是儒家的古典，以及由这些古典衍生出来的童蒙课本、考试范文，当然也有一些小说、散文和诗歌，但那主要是士大夫的读物；人获得知识和消息的途径主要不是报纸广播电视，而是一些刻印的书本、道听途说的见闻以及乡亲父老的经验传授；人们的社会生活空间主要是在大家族、家乡中进行的，家乡彷佛是一个圆心或者轴心；人们对于地理远近的观念和今天大不相同，从北京到天津就是出了远门了。对于一般人来说，婚、丧、嫁、娶，加上一些年节、常常有的驱邪打鬼举动，似乎是最普通的仪式或节日，佛教和道教与人们的生活隔得并不远。饮食方面无论粗细，传统的米饭、面饼、杂粮、小菜加上饮茶，都是主要的东西，吃饭是大事，占了生活中的不少时间。

通常，我们自己不会太注意这些往日生活的记录，因为那个时候的人们意识里会觉得，这很普通，普通得没有必要仔细记录，倒是外国人到了中国，他也看到了一个"过去"或者"外国"，他会看到一些生活场景，这些场景和他们西方的、近代的生活不一样，所以会很惊诧，会津津乐道，于是就画了好多画，拍了好多照片。现在，通过看很多当时外国人的文字记载和摄影作品，我们可以回过头来看到自己百年前的旧风景。

## 一、回首已是百年身：唤回历史记忆

当今天的中国人通过这些旧照片、回忆录来回头看自己这些旧时代的生活时，也觉得有些陌生了。这是因为今天的中国和那时的中国有了巨大的变化，很多人都说，二十世纪中国发生了翻天覆地的变化，变化的开端是十九世纪末。

现在，一般人都会同意当年张之洞的一个说法，自从十九世纪近代西洋文明进入中国，使中国经历了一次"两千年未有之大变局"，中国似乎与传统有了"断裂"。举一些身边日常生活里的例子，比如，我们现在的时间观念和过去大不一样了，因为政府的推动，我们不再用王朝与皇帝的纪年，而改用西洋的公历了，可按照传统的观念，"天不变，道亦不变"，历法改了，这就是"改正朔"一样的天翻地覆。又比如风俗也不一样了，今天我们禁止吸食鸦片、妇女缠足，而且我们变革了旧日的称呼，法律规定了男女平等、一夫一妻和自由结婚离婚。我们也渐渐把注意公共卫生和提倡清洁习惯当做文明来提倡，禁止有碍风化的印刷品和广告，而且革除了旧时的礼仪。民国时期一个叫做包天笑的文人在他的《钏影楼回忆录》里曾经说到，以前北方人就是请安也有很多规矩，做大官的要会旋转式地请安，因为可能有很多下属会围着你，你得回礼，满族妇女则要会请双安，当然见了皇帝还要三叩九拜，"请安请得好，算是风芒、漂亮、边式"。可是到了民国时代，1912年就规定新的《礼制》，男子共五条，在各种场合都是脱帽鞠躬，只是多少略有不同，这虽然只是一个小小的礼节的更改，但也体现了很大的变化，也就是说人与人的关系变化了。

再说语言文字，今天的汉语已经羼入了太多的现代的或西方的新词汇，报纸、信件、说话中有好多"经济"、"自由"、"民主"这些看似相识却意义不同的旧词，也有"意识形态"、"计算机网络"、"某某主义"这些过去从未有过的新词，口语中也越来越多地有了"一般说来"、"因为所以"、"作为我来说"这样的语句，甚至还有"秀"（show）、"酷"（cool）、"WTO"这样的进口词，如果一个百年以前的人还能从坟墓中走出来，就像张艺谋拍的《古今大战秦俑情》中的那个人，他肯定听不懂我们说的话。

今天的中国已经大变，中国拥有了太多的现代城市、现代交通、现代通信。过去我们的生活世界是四合院、园林、农舍，人们从一个地方到另一个地方，要乘牛车马车，所以从岭南快运荔枝到长安，就得跑死马，成为奢侈的话题，苏轼被贬海南，就不像今天的旅游节目，连林冲发配沧州，一路上也好像远得可以，董超、薛霸来得及做好些次手脚，而鲁智深得天天护送；至于信件，更比不上"伊妹儿"，所以那个时候的中国人关于空间远近、时间快慢的观念，和今天大不同，今天的人才真的觉得"天涯若比邻"。同样，今天的中国生活已经变得越来越西方化了，麦当劳成了年轻人的favorite，吃饭的观念越来越不同于过去了，就说住罢，在现代人与人可能头对脚上下楼住得很近，比旧时代的人与人相邻而居还近，但公寓单元式的住房却使人与人实际隔得很远，过去那种大杂院、村落式的邻里关系已经在城市里消失了。

至于大家族，那是更少见了，七妯娌八连襟、堂兄堂弟、姑嫂舅甥的那种矛盾或融洽，都已经像田园诗时代的旧事情，离我们似乎很遥远了。大家族的亲戚关系已经被小家庭的契约关系所替代，所以旧时中国建立社会秩序的基础，也就是家族关系、家族礼仪和伦理观念，也已经成了过去的故事。

## 二、文化与文明：不得不分辨的两个概念

可是，为什么现代还要讲"过去的故事"呢？这一点我们最后再来细说，先说一下"文化"和"文明"的差别。

本来这两个词的差别不是很清楚的，不过，为了下面讨论的方便，我们采取欧洲人伊里亚斯（Norbert Elias, 1897—1990年）在《文明的进程》一书里的说法。第一，我们把"文化"看成是使民族之间表现出差异性的东西，它时时表现着一个民族的自我和特色，而把"文明"看成是使各个民族差异性逐渐减少的那些东西，表现着人类的普遍的行为和成就。换句话说，就是"文化"使各个民族不一样，"文明"使各个民族越来越接近。第二，我们把"文化"看成是一种不必特意传授，由于耳濡目染就会获得的性格特征和精神气质；而把"文明"看成是一种需要学习才能获得的东西，因而它总是和"有教养""有知识"等词语相连。第三，在某种意义上说，各个民族的"文化"往往是固守的、不变的，它表现出一种对外来文化的抗拒；而"文明"常常是始终在运动的、前进的，表现着殖民和扩张的倾向。也就是说，"文化"与传统有关，表现着过去对现在如影随形的影响，而"文明"与未来有关，表示着将来普遍的趋势和方向。

那么，在汉族中国的古代的历史和传统中，足以表现出与其他类型的文化不同的究竟是什么呢？

## 三、家族与亲情：中国（汉族）文化的若干侧面

很多人特别是生活在另一文化环境里的异国异族人，如果乍一进入汉族中国生活世界，或者在本国突然接触汉族中国移民群，很容易感觉到的是，对于中国人尤其是汉族人来说，血缘所形成的亲族关系和家庭家族中的亲情是相当重要的和可以依赖的，所谓"血浓于水"这个词就可以形容这种关系，"打虎还需亲兄弟，上阵仍靠父子兵"，也可以说明这种关系和感情的重要。

在前面第二回《从婚礼丧仪想象古代中国》里，我已经详细地说明了这一点。并不是说其他文化圈里的人不重视亲情，而是说在汉族中国，亲缘和亲情不仅表现了个人与家庭、家族的密切关系，而且从中衍生出了整个社会赖以建立的结构和基础。中国的父子夫妻兄弟姐妹等亲族，不仅在名分上要区别得清清楚楚，强调不同名分之间的不同等级，同时又强调不同名分和等级的人们之间要各安其位，才能和谐相处。而和谐相处的前提，就是"男女有别，上下有序"，费孝通在《乡土中国》里就说，中国和西洋的基本社会单位不同，我们的格局不是一捆一捆扎清楚的柴，各自立在那里，而是好像把一块石头丢在水面上所发生的一圈圈推出去的波纹。我在前面已经讲到，古代中国依靠"五服"和"九族"的观念和制度，建立严格而又整齐的家族秩序。其中，最重要的是"父""母"或者"夫""妻"两姓之间的差别，一定要分清楚，这是"内"和"外"。老话讲"胳膊肘子不能向外拐"，就指要偏向同姓的族人或家人，这是大原则。老话又说，"女生外向"，就是说嫁出去的女性，她的立场会倾向于夫家，而夫家是另一姓，所以是向外，因此有"嫁出去的女儿泼出去的水"的说法，这个内外界限非常清楚。

但是，如何使内外沟通、两姓和睦？第一，恰恰是在内外分清的基础上建立关系，通婚使两姓有了亲戚关系，比起没有亲戚关系的家族来说，这两姓之间就比较密切，但是两姓之内，又需要各偏男性姓氏，这样关系就理顺了。第二，古代中国又强调在一个家庭或家族之内，要上下有序，也就是分清上下长幼以建立相互尊重和爱护的关系，父子之间

有孝，兄弟之间有悌，兄弟姐妹之间、堂兄弟姐妹之间、表亲之间，甚至同姓一族的人之间，都要有大小上下的次序。大的要爱护小的，长的要照顾幼的，但是小的也要服从大的，幼的也要尊重长的。换句话说，就是按照远近亲疏的不同等级，把家庭、家族、宗族甚至不同姓氏的家族的秩序建立起来，甚至依据这种秩序扩大到整个社会，建立了国家的、社会的秩序，所以，古代中国不仅有家族族长的权威可以笼罩整个家族，干预任何家庭内部的现象，也有"国家"这样把"国"和"家"连在一起的词汇，也有把地方官称为"父母官"的传统。

从家庭、家族到国家，这种秩序叫做"伦理"，"伦"的原意是"水文相次有伦理也"，用在人类身上，就表示社会各种关系有次序、类别、条理。伦理最重要的是分别亲疏远近，《礼记》里面讲有十伦，是鬼神、君臣、父子、贵贱、亲疏、爵赏、夫妇、政事、长幼、上下，几乎把现实的和虚构的关系全囊括了，但主要就是在区别父子、远近、亲疏。这是不可以改变的社会秩序，所以《礼记·大传》里说"亲亲也，尊尊也，长长也，男女有别，此其不可得与民变革者也"，就是说这是社会的基本秩序，社会无论怎么变，这是不可以变的，变了就不是"这一个""古代中国"了。

## 四、历史与现实：合理的与不合理的

历史地说，在古代社会中这种秩序有它的合理性，它把社会秩序和国家权力建立的依据和基础，放在了人性中最自然的亲情上了，因为父子之情、手足之情而扩展到社会，成了君臣之义、朋友之谊，而内外有别、上下有序，也就成了建构社会等级制度的基础，使得社会不至于混乱。但是，从现代价值观念上看，这背后也隐藏了深刻的问题，就是说，当这种所谓的亲缘和亲情被放大化、绝对化了的时候，"孝"就绝对优先于一切，甚至使真理和原则也退居于次要地位，形成对长上的绝对服从，所谓"子为父隐，直在其中"就是极端的说法。当本来拥有优先价值的亲情被政治权力所占有，成为一种绝对的伦理律令，于是，本末就倒置了。当这种血缘的天然关系被放大到社会国家的时候，本来应当由社会契约和社会共识确认的政治关系，却成了似乎不需要论证的自然等级关系，于是，君臣的"忠"不仅压倒了父子的"孝"，而且成了对个人专制的基础，像"君要臣死，臣不得不死"就是专制政治的极端。显然，当这种家庭、家族的秩序放大为国家政治秩序，并且拥有绝对正确性而不可违逆的时候，国家便不仅绝对优先于家庭，而且绝对优先于个人了，这样，从亲情开始建构的社会秩序，反而走向了绝情的极端。

不管怎么说，家庭、家族或宗族为基础的亲缘关系，是古代中国的一个相当清楚的传统，这种传统一直延续到现在，产生了很多后果，比如：（一）它使得中国人至今还是相当看重家庭、看重亲情、服从长上，这也许是汉文化的一个特色。（二）它也是古代中国社会的相当重要的基础，由于这种社会似乎建立在天经地义的服从、爱护、彼此依赖的"亲族"关系上，所以在上面的统治者拥有父亲一样的权威、拥有不言而喻的正义和真理、拥有天然的合法性，所以古代中国形成了"绝对的和普遍的皇权"（unconditional and universal kingship）。（三）这种皇权的统治又使得中国不像西方那样，可能存在与皇权分庭抗礼的宗教权力，皇帝以及朝廷掌握了政权、话语权和神权，于是像佛教、道教以及后来的天主教、基督教、伊斯兰教等，都只有渐渐屈服，并改变自己的宗教性质和社会位置，在皇权和主流意识形态的范围内，行使辅助性的功能，而同时它又使得宗教信仰者也常常并没有特别清晰和坚定的宗教立场，形成所谓三教混融的实用性宗教观念。在第十一回《古代中国的两个信仰世界》中，我已经比较详细地讲了这个问题。这就在极大程度上决定了中国的社会与文化特征，也在很大程度上影响了现代中国。

## 五、天人之际：中国（汉族）文化的若干侧面（续）

接下来我要和各位讨论的，是关于"天"与"人"之间的关系，在古代中国尤其是汉族人的理解中，天人关系似乎相当特殊。

古代中国人普遍相信，"天"不仅是人类生存于其中的空间与时间，还是人类理解和判断一切的基本依据，"天"和"人"之间有一种神秘的互相依赖、互相摹仿和互相感应的关系，所以，人一方面应当仿效"天"的构造，模拟"天"的运行，遵循"天"的规则，以获得思想与行为的合理性。近年来考古发现的一些早期文献中也说，不仅是治理国家要"尚（上）可合星辰日月，下可合阴阳四时"，就连修炼身心，也要和"天地四时"对应配合，就是"治身欲与天地相求，犹橐龠也"，天地的一些规律像四季，也影响着人的生活，所以人要像天一样"春产，夏长，秋收，冬藏，此彭祖之道也"，就是说人的生存原理，就是使自己"与燥湿寒暑相应"，治身就是使天人相应，与天地四时的变化相应，从中求得永恒。

在古代中国人的心目中，凡是仿效"天"的，就能够拥有"天"的神秘与权威，于是，这种"天"的意义，在祭祀仪式中转化为神秘的支配力量，在占卜仪式中转化为神秘的对应关系，在实际生活中又显现为神秘的希望世界，支撑起人们的信心，也为人们解决种种困厄。不仅是一般民众，就连掌握了世间权力的天子与贵族，也相信合理依据和权力基础来自于"天"，秦汉时代皇宫的建筑要仿效天的结构，汉代的墓室顶部要绘上天的星象，汉代皇家的祭祀要遍祭上天的神祇，祭祀的场所更要仿造一个与天体一致的结构，在人们的心目中，"天"仍然具有无比崇高的地位，天是自然的天象，是终极的境界，是至上的神祇，还是一种不言自明的前提和依据。

虽然荀子曾经呼吁中国人要"制天命"也就是征服"天"（自然），但是似乎这种想法在古代中国起的作用并不大，古代中国主流的观念里，人和天一定要和睦相处，人要尊重和仿效"天"，因为这个"天"是"天经地义"的"天"，是"天理"的"天"，是"人法地，地法天，天法道，道法自然"，体现着"道"和"自然"的东西。那么怎么才是"奉天承运"或者是"顺天行事"、"替天行道"呢？就要按照一些化约了的"数字式概念"来思考和处理问题。

## 六、数字式概念：阴阳五行八卦九宫十二月

什么是化约了的"数字式概念"？就是一些由"天"所显示的自然法则，在古代中国被用一二三这样的数字表达出来，而古代中国人就在这些简洁的思路中，把"天"与"人"联系起来。

其中，首先当然是"一"，这是一个可以被理解为"中心"、"绝对"、"神圣"或"唯一"的概念，在秦汉时代它既是唯一的本原、至上的神祇，又是天下一统、君主权威、理性法则、知识基础和一切的终极依据，还是天下笼罩和控制众多蛮夷戎狄的唯一中心，"一切都取法于天行或宇宙的结构"，但又不仅指宇宙的运行与结构，这是一种"秩序的观念"，在第一回中，我曾经讲到它对于古代中国天下观念的影响。其次是"二"，"二"当然即阴阳，但它既可以被比拟成日月、天地，也可以被象征君臣、上下，以及从阴阳中进一步引申出来的冷暖、湿燥、尊卑、贵贱，而且也暗示了一系列的调节技术。再次是"五"，在古代中国人那里，他们曾经把宇宙中最基本的"五"视为五种基本元素"金木水火土"，叫做五行，而且还为"五"并列出种种匹配的事物和现象，甚至对应人的五种品德"仁义礼智圣"，这说明人们普遍接受和相信"五行"可以归纳和整理宇宙间的一切，使宇宙整齐有序，而有条不紊是符合宇宙法则和人类理性的，相反，如果五行、五色、五声、五味、五方、五脏、五祀等发生紊乱，人们就要用技术将其调整过来，否则人就会生病，社会就会混乱，宇宙就会无序。比如朝代的变更，要依序吻合五德的排行，人们的服饰，要吻合五色的轮次，祭祀的对象，要凸显五方的地位。

这只是简单地说，如果细说，从一到十二都有种种象征：

一，生成天地阴阳万物的"道"，或者是天穹上唯一不动的"极"，或是众神之神的"太一"，这是绝对与唯一的存在本源。

二，天地（或阴阳、乾坤、黑白、寒暑）。

三，天地人，这叫三才，或直接代表人（天一、地二、人三）。

四，四时（春夏秋冬）、四方（东南西北）、四神（青龙、朱雀、

白虎、玄武）等。

五，五音（宫商角徵羽）、五行（木火土金水）、五色（青赤白黑黄）等。

六，六合（左右前后上下）、六律（黄钟、太蔟等）等。

七，七曜（日月和五星）或七星（北斗）。

八，八卦（乾坤等）、八风（八方之风）。

九，九宫（八方加上中央）、九土（九州岛、九野）或九天。

十，十日（十天干）。

十一，六气五行（天六地五）。

十二，十二辰（十二地支）或十二月。

这种"数字式的概念"发生很早，经历了漫长的整合和论证过程，在秦汉时代终于以系统的形式固定下来，并渗透到各个领域，影响着古代到现代中国人的思路，并且由此衍生出种种知识与技术。

## 七、东西大不同：这理性不是那理性

这也是一种"理性"的结果，不过，它当然和黄仁宇所说的"数字式管理"是两回事，也与西方思想有根本的差异。这里不能细说，只是略举一例，《怀海德对话录》里说到，中国发明了磁针，可是，孔子的态度是，"好了，这就足够了，事实就是一切"，他不愿意去追究背后的"理"，而是很快把注意力转向社会道德和伦理领域，可是西方人却不同，中国人发明的指南针传到欧洲，人们就会提出种种无聊的问题，比如为什么它要指向北方，要去探究背后的"理"，而正好这种问题是实用主义者所漠视的，但在西方，它却使种种有益的成果纷纷出现，他认为孔子和杜威一样，"排斥无聊的想法，单纯的事实便该足够你使用了，别多浪费时间去追问藏在那些单纯事实之下之最后原因"。

看起来似乎是这样的。古代中国人并不是很善于推究现象之下的深层道理，也并不是非常习惯用细致的纯粹的逻辑进行分析。西方的阿奎那（Thomas Aquinas）在证明上帝存在的时候，用层层推进的五层逻辑即圣托马斯五路来推论，这样的事情在中国是很少有的，所以，有人总说汉族为主的中国人，思维特征一是经常"化约"，二是多用"譬喻"或"象征"、"暗示"，三是思路不是"逻辑"或"推理"而常常是"体验"和"类推"。这也许没有错。不过，关键要知道，古代中国人的思维早就有这样一个关于"天"、"地"、"人"的基本预设，正是从这个基本平台出发，依据这种今天看来相当特殊的思路，推想和假设一切现象或事物的本质和关联，然后按照这种假设或推想，处理和应对面前的世界，形成自己的知识、技术和思想。这个基本的预设，是"天人"关系，而根据天人合一、天人感应这一基本预设出发，用来理解和判断世间一切现象事物的方法，就是"阴阳五行"。

比如，中国的中医药学就是按照阴阳五行的理论和思路来建立它的诊断和治疗的（《黄帝内经》的理论基础就是阴阳五行），在中医中药中，很多病症和药物被"阴"和"阳"的学说归纳为若干种性质，这些性质彷佛天地间的寒热四季变化，用在"人"的身上，它被表达为"寒热"、"湿燥"或者是较细致的"热、温、凉、寒"等词语，病症被这些术语分为不同的类型，而使用的药物又被比喻为"君、臣、佐、使"，彷佛社会领域的政治关系，按照互相制约与互相支持的关系，搭配使用。可是，所谓"阴阳"、"热寒"，很多是凭借经验和感觉的，所谓"去火"或"上火"的性质，所谓"阴气"、"阳气"也是无法用实验判断而只能由体验和感觉总结的，古代中国人对于药物、食品、天气、空间的阴阳判断，令很多西洋人很难理解，但是，直到现在，中国人还是凭着感觉区分阴阳。像什么萝卜清火，人参上火，橘子上火，广柑不上火，猪肉性温，羊肉性燥，冬天可以进补，夏天则要清凉等。这都是洋人觉得莫名其妙的，但难道这里没有一点"道理"吗？

同样，关于人的身体，五脏、五官、四肢和五行、五味、五色、五音等相互关系，以及分属五行的各种现象和事物何以能够相生相克，如何在不同的环境和季节下得到配合，这种关系又如何可以衍伸到人的身体状况和对身体的治疗方法,更是不可以用西洋式的思路和逻辑来理解。像经络学说,从西洋的解剖学上完全没有办法解释,可是古代的中国人凭借自己的体验和揣摩,就是确信"气"和"血"一样,在身体中有它的流动运行路径,像湖北张家山出土的汉代的《引书》《脉书》、双包山出土的汉代针灸木人,都说明古代人从另一思路,发现了一些真理,而现代对于经脉、对于针灸的实践,也证明古代中国人思想有其特殊处。

当然,并不只是中医中药,我在前面已经讲到了,在古代中国,很多事情都与阴阳五行有关,比如建造陵墓,需要看阴阳,建造房屋,需要看风水,这都要配合阴阳五行。再比如祭祀天地祖先,祭祀的坛场或祠堂要按照阴阳五行的适当方位,设明堂、圜丘、天坛、灵台等也要遵照阴阳五行以及九宫八卦的原理,所有的年月日也都配上了阴阳五行,于是每天的行动要符合阴阳五行的宜避,而天上的星辰、地下的方位,更是被分配了阴阳五行,于是凡是在空间中的行为,都无法离开这种阴阳五行。也许大家还记得,我在关于道教的一回中,曾经在"外丹"和"内丹"两部分里详细地谈到了这种阴阳五行学说在道教思想、技术中的关键性意义。

## 八、汉字如魔方:中国(汉族)文化的若干侧面(再续)

最后我想指出中国汉族文化的特点,是汉字及其对古代思想方式的影响。

我总觉得汉族人很多思考的方式、认知的方式,都和汉字有关,在全世界,现在只有汉字还保存着最初象形文字的基本格局,而古老的埃及象形文字、苏美的楔形文字等,都早已在历史中消失,硕果仅存的纳西族文字使用范围很小,可以存而不论。那么,这种以象形为基础,既表意又表音的文字,是否会影响古往今来的中国人呢?比如说对文字表达有一种异常的感觉、对纯粹符号运算有一种不适应,对形象思维如比喻、象征的特殊习惯,善于将抽象问题形象化的思考方式,这些和汉字是否都有关系?

　　古代中国的汉字很有意思,很多字是"象形"的,很直接,像日、月、木、水、火、手、口、刀等。但也有很多字需要更仔细更复杂的表述,于是就别出心裁加上一些,像刀口上加一点是"刃"而不是刀背,手放在树上是"采",牛关在圈里是"牢",这还算简单,鲁迅曾经举过一个例子是"宝",繁体的"宝"字,是由一个屋顶、一串玉、一个缶、一个贝组成的,而且缶还是杵和臼合成的,五个加在一起,这是"会意"。但是会意不够用,因为有的形太接近,写字又不能画得太细致,所以又有用义类来区分,并加上声音来标志不同,于是有了"形声",像江、河、松、柏等。

　　但是,基础还是"形",汉字很多意思是可以从字的形状中猜测出来的,而且很多意义的字也是从有直接象形的字中孳生出来的,像"木"指树,而"日"在"木"中,太阳从东方升起,就是"东"。"日"是太阳,如果它落在"草"中,那么就是"莫"(暮)。"手"象征力量,而手持木棒,就是掌握权力的"尹"或是威严的"父",可如果是下面加上"口",表示动口不动手的,就是"君"。而"人"这个字呢?它的衍生就多了,很多与人有关的字如"大"、"天"、"欠"、"兄"、"既"、"企"、"见"、"卧"等,都可以看到它字形所表示的意义。这样,汉字就影响了人的思考和想象,也使中国读书人有了"猜"、"揣",或者说"望文生义"的阅读和思考习惯。

　　现在还不能说明白汉字对中国文化以及对汉族人思维的影响。说到汉字对中国文化的影响,很多人都特别喜欢提起书法,但这种影响绝不仅仅在书法等方面。汉族中国人有一些和异族不同的文化现象,也许真的和汉字有关。举一些例子:(一)"一目十行"的感觉式阅读,以及"望文生义"的诠释和理解方式(古人相信,一贯三为王、推十合一为士,其实就是从文字形状中倒推原始意义的,而古人相信甲像人头,乙像人颈,自环者谓之私,背私者谓之公,则是想象汉字,至于"色"字如蛇,精气等字从"米",那更是掺入了很多后人的道德观念后对汉字的臆测)。(二)在中国思想世界中,总认为指代的文字符号与被指代的现象世界不可分割，这是说象形的字形和指代的事物之间，不像表音文字那样，只是一个"纯粹的符号"，它的形状和原始的涵义有关，原始的涵义又与现在的意义有联系，"能指"和"所指"彼此相关，也就是说，文字与它所指代的事和物之间有很深的关系。可能正是因为如此，古代中国人不习惯脱离具体事物在抽象的纯符号、纯逻辑中思维。古代中国人对于文字有特别的敬畏，关于仓颉造字时"天雨粟，鬼夜哭"的故事，说明了人们想象中文字的魔力，而古代中国人敬惜字纸的习惯，和道教相信画符（文字）念咒（语音）能够灵验的心理，都说明了这种观念。（三）可以提出来的，还有中国古典文学中近体诗和骈偶文、对联的发达，这些文学特征的形成，都依赖于它的语言基础——汉字。（四）特别是因为这种主要依赖字形而不是依赖声音书写的文字，使得使用不同方言的各地汉族人，都有一种可以识别的文字，使他们不至于分裂成不同的区域和文化，维系着汉族的认同。

## 九、文化分类：究竟什么是"中国的"文化？

　　文化的问题相当复杂，上面只是举了一些我觉得重要的例子，并不是想以偏概全，对中国文化作一个完整的论述。
　　问题是，既然很复杂，那么，究竟什么是中国或者说是汉民族的文化或传统？这里有一点要特别请大家注意，当我们用"中国"或"汉族"这个词作定语，来修饰"文化"或"传统"的时候，我们就要描述一个可以概括它们同一性的特征，这是很困难的。我们知道，人类可以有种种不同的分法，但任何分法都不能深刻和准确地区分"文化"的归属问题。比如，你当然可以从人种分，有黑种人、白种人等，但是，这并不能说明问题，汉族为主的中国人种可能是由蒙古和马来两个人种组成的，在历史上还曾经融入了相当多不同种族的血液和基因，流行歌曲中唱的"黑头发，黄皮肤"，看来是说中国人，但是又如何区分出也是"黑头发黄皮肤"的日本人和韩国人？所以人种或基因并不是根本的区分方法。当然你也可以按照语言来分，讲汉语的就是汉族人，可是并不一定，汉语的使用者中，还有很多其他族裔的人，使用汉字的更是应当包括古代日本和朝鲜，汉字文化圈这一个概念，其实比汉族文化要大，何况在讲汉语的人中间，还有现在很多"少数民族"。你还可以按照宗教来分，但是宗教更不能区分中国与外国、汉族与其他族群，因为汉族并没有一个统一的宗教，他们中间的一部分人和其他一部分民族共享一个宗教，而另一些人又与其他族群分享一种宗教，甚至一个汉族人可以相信好几种宗教。或者你说，我们可以从地域分，"中国"这个词当然可以包括大部分人，也包括香港、澳门和台湾人，但是，海外的很多华人，他们也认同中国汉族，他们的文化算不算中国文化？所以地域也不能算划分的基本依据。最后，你也许觉得还可以从阶层分，上等人和下等人，有知识的人和没有知识的人，精英和民众，富人和穷人，我承认，大传统与小传统确实差异很大，但是这种阶层却同属于我们说的"中国文化"。

所以无论"人种"、"语言"、"信仰"、"地域"和"阶层"，都不能和"文化"重叠。那么，文化是什么？既然我们前面说了"文化是表现着一个民族的自我和特色"的东西，那么，在什么地方才最深刻地表现了中国或汉族的自我和特色？

一个比较笼统的说法是："文化是指一种由历史延续下来，被深深地植根于一个民族心中的，无论何时何地何种阶层都无须思索地信奉和认同，并且在他们的日常生活的各个方面都会始终表现出来的传统精神。"当然这太抽象了，但是目前我们没有更好的表达和论证的方法，只能说，中国文化建构了一个文化的中国，这个文化中国有一种传统，它使得中国人和其他人有着不一样的价值标准、生活习惯和精神气质。顺便说一个有趣的笑话，在很多书里都有很多关于不同民族文化特征的比喻和故事，这些故事和比喻不一定准确，不过不妨听一听。其中一个故事说，面对大象，各民族人被要求写出一篇描述性的论文，于是，德国人写的是一厚册《大象在生物学分类中的位置及其哲学意味》，英国人写的是一本《论大象的绅士风度》，法国人写得最薄，一小册《大象的爱情》，日本人写得最厚，三大册《大象研究资料汇编》，而中国人呢，写的是《象、相、像考》。这当然是玩笑，但是各个文化传统下的人，肯定有相当不同的地方，过去曾经把这种不同称为"民族性"或"国民性"，即英文的 nationality，而国民性或民族性，是由于传统积累与熏染的缘故，而同时对这种气质精神不由得有认同感和亲切感，就成了一个民族形成和凝聚的原因，这种传统是每一个人的记忆中自然拥有的东西，也是他们响应变化的环境的时候的天然资源。

## 十、重新思考中国文化

也许这还是一个相当难以讲述和理解的东西，不过我们要尽可能地在这里进行描述。因此，在前面的十二回里，我讲的就是这个很大的题目："究竟什么是中国文化的特色？"在这十二回里面，我讲到古代中国的天下观念，它是怎么样影响古代中国人对于自我和对于异族的态度的；还从古代中国的家族和仪式讲起，说到儒家和古代中国政治学说的形成；也简单地从老子到庄子，讨论道家的思想和影响；还讨论了古代中国和外部世界交往的途径，当然主要是从佛教进入中国的途径说起的；另外，还简单地介绍了佛教和道教的思想、方法、技术和影响，其中特别重点地介绍了观音信仰和禅宗思想，原因是前者在中国民间的影响实在是大，而且它的形象和故事演变很有意思，可以折射出不同文化的差异，后者当然是佛教真正中国化的一个典型，它对于中国知识人的影响超过了所有的佛教宗派，也反映了一种异文化要进入中国这种拥有自我完足文化系统时，需要什么样的适应和改变。最后，我还特别介绍古代中国的两个信仰世界，因为和其他文化圈比较起来，可能这种宗教界限相当模糊而文化层次相当清晰的信仰情况，在中国特别突出。只是这里需要再次提醒各位的是，其实，主要并不在于我"讲"，而在于您"听"，如果您是中国（汉族）人，那么，恰当的途径应当是通过我的"讲"，"激活"您的记忆、体验与经验，反身体验一下自己的周围、自己所处的社会、自己所熟悉的文化，调动心底的"储备"，和我所"讲"的内容一道，重建"中国（汉族）社会与文化"这个大概念。

# 建议阅读文献

**第一回**

《中国古代地图集》三册，北京：文物出版社，1990。

洪煨莲（业）：《考利玛窦的世界地图》，《洪业论学集》，北京：中华书局，1981。

陈观胜：《利玛窦对中国地理学的贡献及其影响》，《禹贡》第五卷第三、四合期，1936。

艾儒略：《职方外纪》，谢方校释，北京：中华书局，1996。

李孝聪：《欧洲收藏部分中文古地图叙录》，北京：国际文化出版公司，1996。

葛兆光：《天下、中国与四夷》，《学术集林》卷十六，上海：上海远东出版社，1999。

**第二回**

钱玄等：《三礼辞典》，南京：江苏古籍出版社，1998。

袁庭栋：《古人称谓漫谈》，北京：中华书局，1997。

费成康等编：《中国的家族法规》，上海：上海社科院出版社，1998。

川濑昌久著，钱杭译：《族谱：华南汉族的宗族、风水、移居》，上海：上海书店出版社，1999。

弗里德曼（Maurice Freedman）：*Chinese Lineage and Society: Fukien and Kwangtang*（《中国的宗族与社会：福建和广东》），The Athlone Press of the University of London, 1966.

格罗特（J. J. M. Groot）：*The Riligious System of China*（《中国宗教系统》），Vol. I-VI, 1892—1910.

梁章钜：《称谓录》，《称谓录、亲属记》合印本，北京：中华书局，1996。

## 第三回

本杰明·史华兹（Benjamin I. Schwartz）著，程钢译：《古代中国的思想世界》第三章《孔子：论语的通见》，南京：江苏人民出版社，2004。

葛瑞汉（Angus C. Graham）著，张海晏译：《论道者——中国古代哲学论辩》第一章《天命秩序的崩溃》，北京：中国社会科学出版社，2003。

郝大维、安乐哲（David L. Hall and Roger Ames）：*Thinking through Confucius*（《孔子哲学思微》），中译本，南京：江苏人民出版社，1996。

葛兆光：《七世纪前中国知识、思想与信仰世界——中国思想史第一卷》，上海：复旦大学出版社，1998。

黄进兴：《优入圣域：权力、信仰与正当性》，台北：允晨文化实业公司，1994；西安：陕西师范大学出版社，1998。

## 第四回

梁启超：《佛学研究十八篇》第二篇《佛教之初输入》，北京：中华书局重印本，1989。

吕澂：《中国佛学源流略讲》第一讲《佛学的初传》，北京：中华书局，1979、1993。

汤用彤：《汉魏两晋南北朝佛教史》第一册第二章《永平求法传说之考证》，北京：中华书局重印本，1983。

任继愈主编：《中国佛教史》第二章第三节《两汉之际佛教的输入》，北京：中国社会科学出版社，1981。

季羡林：《浮屠与佛》，《中央研究院历史语言研究所集刊》第二十本，1947；《再谈浮屠与佛》，《历史研究》1990年2期。

周一良：《牟子理惑论时代考》，收于周一良《魏晋南北朝史论集》，北京：中华书局，1963。

俞伟超：《东汉佛教图像考》，《先秦两汉考古学论集》，北京：文物出版社，1990。

## 第五回

梁启超：《佛学研究十八篇》第二篇《佛教之初输入》，北京：中华书局重印本，1989。

任继愈主编：《中国佛教史》第一、二、三卷，北京：中国社会科学出版社，1985—1988。

镰田茂雄：《简明中国佛教史》，上海：译文出版社，1986。

许理和著，裴勇、李四龙译：《佛教征服中国》，南京：江苏人民出版社，1998。

白化文：《佛光的折射》，香港：中华书局，1988。

## 第六回

葛兆光：《禅宗与中国文化》，上海：上海人民出版社，1986。

葛兆光：《中国禅思想史——从六世纪到九世纪》，北京：北京大学出版社，1995。

铃木大拙著，葛兆光译：《通向禅学之道》，上海：上海古籍出版社，1990。

印顺，《中国禅宗史》，南昌：江西人民出版社，1990。

## 第七回

杜德桥（Glen Dudbridge）：《妙善传说——观世音菩萨缘起考》，中译本，台北：巨流出版公司，1990。

孙昌武：《中国文学中的维摩与观音》，北京：高等教育出版社，1996。

释圣严：《佛教救世的精神——观世音菩萨之事迹》，《从东洋到西洋》，台北：东初出版社，1987。

业露华等：《中国佛教图像解说》，香港：中华书局，1993。

赵超：《妙善传说与观世音造像的演化》，《中国佛学》一卷一号，台北，1998。

西大午辰走人订著，朱鼎臣编辑：《全相南海观世音菩萨出身修行传》，《古本小说集成》影印明焕文堂本，上海：上海古籍出版社，1986。

## 第八回

陈鼓应：《老子注释及评介》，北京：中华书局，1984。

陈鼓应：《庄子今注今译》，北京：中华书局，1983。

葛瑞汉著，张海晏译：《论道者：中国古代哲学论辩》，北京：中国社会科学出版社，2003。

刘笑敢：《庄子哲学及其演变》，北京：中华书局，1987。

葛兆光：《中国经典十种》，上海：上海书店出版社，2002。

## 第九回

陈国符：《中国外丹黄白法考》，上海：上海古籍出版社，1997。

席文（Nathan Sivin）：*Chinese Alchemy: Preliminary Studies*（《中国炼丹术的初步研究》），Cambridge, Mass.: Harvard University Press, 1968.

李约瑟：《中国科学技术史》第二卷《科学思想史》，中译本，北京：科学出版社，1990。

## 第十回

福井康顺等：《道教》三卷本，中译本，上海：上海古籍出版社，1990—1992。

洼德忠：《道教史》，中译本，上海：上海译文出版社，1990。

吉冈义丰：《永生への愿い》，《世界の宗教》9，京都：淡交社，1970。

任继愈主编：《中国道教史》，上海：上海人民出版社，1994。

葛兆光：《道教与中国文化》，上海：上海人民出版社，1987。

柳存仁：《道教史探源》，北京：北京大学出版社，2000。

## 第十一回

王秋桂、李丰楙编：《中国民间信仰资料汇编》第一辑三十一册，台北：学生书局，1989。

马西沙、韩秉方：《中国民间宗教史》，上海：上海人民出版社，1992。

欧大年著，刘心勇译：《中国民间宗教教派研究》，上海：上海古籍出版社，1993。

田仲一成著，钱杭、任余白译：《中国的宗族与戏剧》，上海：上海古籍出版社，1992。

## 第十二回

约翰·雅各布·玛丽亚·德·格罗特（Johann Jakob Maria de Groot）著，牧尾良海译：*The Religious System of China*, Vol. III（《中国の风水思想》），东京：第一书房，1986。

渡边欣雄：《风水气の景观地理镙》，京都：人文书院，1994。

濑川昌久著，钱杭译：《族谱：华南汉族的宗族、风水、移居》，上海：上海书店出版社，1999。

王其亨主编：《风水理论研究》，天津：天津大学出版社，1992。

汉宝德：《风水与环境》，天津：天津古籍出版社，2003。

郑正浩：《莽湾における风水の俏承》，《牧尾良海博士颂洗纪念论集：中国の宗教·思想と科镙》，东京：国书刊行会，1984。

杜正胜：《内外与八方：中国传统居室空间的伦理观和宇宙观》，黄应贵主编，《空间、力与社会》，台北：中研院民族学研究所，1995。